Einsicht in das Selbst

Dirk de Sousa

Einsicht in das Selbst

Die natürliche Auflösung von psychischem Leid

Dirk de Sousa

Copyright © 2016 Dirk de Sousa

Das Werk einschließlich aller Inhalte ist urheberrechtlich geschützt. Alle Rechte vorbehalten. Nachdruck oder Reproduktion (auch auszugsweise) in irgendeiner Form (Druck, Fotokopie oder anderes Verfahren) sowie die Einspeicherung, Verarbeitung, Vervielfältigung und Verbreitung mit Hilfe elektronischer Systeme jeglicher Art, gesamt oder auszugsweise, ist ohne ausdrückliche schriftliche Genehmigung des Verlages untersagt. Alle Übersetzungsrechte vorbehalten.
www.selbsteinsicht.eu

Titelbild: © Benjamin Williamson www.benwill.com.
Lektorat: Annette Scholonek, Andreas Ebbert.
Buch Design: Agentur Farbenkollektiv www.farbenkollektiv.de.
Satz: Carina Matzky bei Agentur Farbenkollektiv.
Verlegt von: Pegasus Beratung, Bildung & Investment AG, Schweiz.
ISBN 978-3-9524554-0-1

1. Auflage 2015
2. Auflage 2016

Haftungsausschluss

Die Ratschläge in diesem Buch sind sorgfältig erwogen und geprüft. Sie bieten jedoch keinen Ersatz für individuell notwendigen medizinischen Rat, sondern dienen der Begleitung und der Anregung der psychischen Selbstheilungskräfte. Alle Angaben in diesem Buch erfolgen daher ohne Gewährleistung oder Garantie seitens des Autors oder des Verlages. Eine Haftung des Autors bzw. des Verlages und seiner Beauftragten für Personen-, Sach- und Vermögensschäden ist daher ausgeschlossen.

Für alle Menschen, deren Bestimmung es ist, sich von psychologischem Leid zu befreien; die bereit sind die Leidenschaft aufzubringen, um das Abenteuer der wahren Veränderung zu unternehmen. Um des Gewinns willen, der einzig im Verlust besteht und darin, zu finden, was man nie zu suchen im Stande war.

Der Vogel kämpft sich aus dem Ei. Das Ei ist die Welt.
Wer geboren werden will, muss eine Welt zerstören.
Herrmann Hesse, Demian

Beyond Myself ™
Ein Angebot von Seminaren, Workshops und Dialogen welche Erfahrungen und Erkenntnisse innerhalb der Conscious Realization vermittelt, um diese dann in das tagtägliche Leben, der Erziehung von Kindern und Partnerschaften zu integrieren.
Eine Buchreihe welche die konditionierte Entstehung von Leid, Konflikten, Depressionen und Ängsten nachvollziehbar und verständlich macht und die eine tiefe Einsicht in das wirkliche Selbst jenseits von Ideen und falschen Vorstellungen vermittelt.

Wenn es mir gelingt nur einem Menschen diese Einsicht
in das wahre Selbst zugänglich zu machen,
so war all' mein Bemühen von Erfolg gekrönt.
Dirk de Sousa

www.selbsteinsicht.eu

Inhaltsverzeichnis

Einleitung	9
Teil I Den Weg ebnen	15
Kapitel 1 Reisen mit leichtem Gepäck	17
Kapitel 2 Eine Bestandsaufnahme der Psyche	23
Kapitel 3 Mein Körper	39
Kapitel 4 Die Entstehung der Identität	53
Teil II Auswirkungen und Symptome von Konditionierungen	79
Kapitel 5 Die Sinne	81
Kapitel 6 Emotionen	87
Kapitel 7 Das „Ich"'	105
Kapitel 8 Gedanken	127
Kapitel 9 Zeit	153
Kapitel 10 Veränderung	169
Kapitel 11 Leben und Tod	193
Teil III Heilung	213
Kapitel 12 Den Sprung wagen	215
Kapitel 13 Jenseits des „Ich"	221
Kapitel 14 Glück	235
Teil IV Conscious Realization (Bewusste Selbst-Realisation) Der Weg zum absoluten Bewusstsein	245
Kapitel 15 Conscious Realization	249
Kapitel 16 Die Einheit des Geistes	279
Quellen und Anmerkungen	296
Über den Autor	299
Danksagungen	300

Einleitung

Und du? Wann wirst du die lange Reise
hinein in dich selbst beginnen?
Rumi

Im Jahre 2011 litten laut der Weltgesundheitsorganisation (WHO) etwa 16 Millionen erwachsene Amerikaner an einer sogenannten „Major-Depression".[1]

Weiterhin schätzt die WHO, dass in Europa einer von 15 Menschen an einer solchen, schweren Depression leidet. Fügt man dieser Erhebung noch das Leiden an Angststörungen hinzu, kommt man auf einen Gesamtschnitt von etwa vier psychisch Leidende je 15 Personen. Die unglaubliche Zahl von 802.000 Selbstmorden weltweit im Jahr 2012 entstammt ebenfalls einer von der WHO publizierten Erhebung. 90% dieser Suizide ereigneten sich in den sogenannten wohlhabenden Ländern mit hohem Durchschnittseinkommen und werden in einen direkten Zusammenhang mit anderen psychischen Leiden gebracht.[2]

Die britische Gesundheitsorganisation „MIND" schätzt, dass jedes Jahr einer von vier Menschen in Großbritannien an einem psychischen Leiden erkrankt. Hierin sind Depressionen, Angststörungen, Phobien, posttraumatische Stressstörungen sowie verschiedene Essstörungen und weitere enthalten.[3]

Zugleich steigt der globale Konsum von Psychopharmaka, also von Medikamenten zur Behandlung von psychischen Erkrankungen, jedes Jahr weiter an. In Spanien beispielsweise stieg der Verbrauch von Antidepressiva allein zwischen 2007 und 2011 um nahezu 25%. In Island nehmen erschreckenderweise 30% aller Frauen über 65, verschreibungspflichtige Antidepressiva.[4] Diese Zahlen machen mehr als deutlich, dass das Ausmaß an psychischem Leid der Menschen in der modernen Welt ständig weiter voranschreitet.

Die bisher gegebenen Antworten auf dieses Problem können daher nicht richtig oder nicht ausreichend sein und sollten schon aus dem Grund hinterfragt werden.

Viel wurde bislang über jede Form psychischen Leids geschrieben. Von allen möglichen Experten und Therapeuten, von Heilern bis zu Schamanen gibt es Veröffentlichungen zu dem Thema. Aber *dieses Buch* ist anders als alles, was Sie vielleicht bisher über den menschlichen Geist gelesen haben. Wir werden innerhalb des Buches einen anderen und – wie wir glauben – den einzig Erfolg versprechenden Weg hinein ins Bewusstsein und damit in den Geist des Menschen nehmen, um auf der Suche nach den wahren Ursachen psychischen Leids zu einem persönlichen Prozess zu gelangen, der es uns erlaubt, dieses Leid zurückzulassen, und zwar ein für alle Mal.

Dieser Weg basiert weder auf der Akzeptanz von wissenschaftlichen Erkenntnissen, noch haben wir uns um sie bemüht. Wir haben sie sogar bewusst außer Acht gelassen und uns vielmehr dem allgemeinen Bewusstsein mit Hilfe unseres eigenen genähert. Solcherart sind wir ihm nicht von außen begegnet, sondern haben es innerhalb seiner eigenen Räume erforscht. Für uns ist das die offensichtlichste und nächstliegende Methode der Annäherung an das Mysterium der menschlichen Psyche und des Bewusstseins – die Innenschau.

Auf diese Weise begegneten wir auch anderen Mythen und Fragen, die mit dem Bereich untrennbar verbunden sind und bisher ebenfalls häufig ungelöst blieben.

Was ist die Persönlichkeit? Was ist von ihr vererbt und was erworben?

Was ist das „Ich"? Welchen Mechanismen unterliegt es? Und existiert noch etwas Größeres oder Jenseitiges?

Ist es möglich, sich seiner selbst zu 100 Prozent bewusst zu sein?

Kann man seine Seele wahrnehmen und ist sie getrennt von dem, was man Geist nennt?

Was bleibt, wenn Körper und Gehirn sterben?

Kann man, wenn es so etwas gibt, seine unsterbliche Seele oder seinen Geist realisieren? Und falls ja, wie?

Wie kann man – falls es überhaupt möglich sein sollte – ein Leben in völliger Abwesenheit von psychischem Leid und Konflikten führen?

Das Buch wird Ihnen die Antworten auf diese sowie weitere Fragen auf eine Weise zugänglich machen, die nichts mit dem Akzeptieren von Fakten zu tun hat. Sie werden nicht aus dem Wissen im herkömmlichen Sinne oder der Akzeptanz von Fachleuten und deren Theorien bestehen. Vielmehr werden die Antworten aus einem Prozess Ihrer Selbsterkenntnis resultieren, der durch das aktive Nachfolgen des Buches und damit Ihrer eigenen Reise in das Bewusstsein initiiert wird.[5]

Die Reise durch das Buch und damit zugleich Ihre Reise gleicht einem natürlichen Prozess der Selbsterfahrung auf dem Weg zur Selbsterkenntnis. Die damit einhergehenden Erfahrungen werden unerschütterlich sein, da sie jederzeit überprüft werden können und sich nicht von denen anderer Menschen oder deren Bewusstsein unterscheiden.

Die hierdurch erlangten Erkenntnisse werden nicht aus Wissen, einem abstrakten, im Hirn gespeicherten und angesammelten Bestandteil der Psyche bestehen. Vielmehr werden sie Einsichten als Resultat eines inneren Prozesses der Resonanz bilden, die fortan eine unerschütterliche Basis schaffen werden. Daher wird es sich nicht um Wissen, sondern um Gewissheit handeln.

Wir sind davon überzeugt, dass der Autor sowie sämtliche Autoritäten, Kapazitäten oder vermeintlich höhere Instanzen keinerlei Rolle bei einem wie auch immer gearteten psychischen Selbsterfahrungs- oder Entwicklungsprozess spielen dürfen. Jeder, der behauptet, mehr über Sie zu wissen, als Sie selber erfahren können, unterliegt einer Selbsttäuschung oder ist ein Täuscher.

Wenn man sich mit einem gewissen Abstand vor einen Spiegel stellt und sich in ihm betrachtet, so reflektiert dieser nicht nur das Spiegelbild des eigenen Körpers, sondern darüber hinaus auch das Abbild der Umgebung des Betrachters.

Unser Buch soll als Spiegel der Psyche und des Geistes dienen. Es reflektiert, in dieser Funktion, das innere und innerste Erleben. Sowohl die willkürlichen als auch die unwillkürlichen psychischen Bewegungen und Mechanismen des Menschen werden hier auf dieselbe Weise reflektiert, wie das der physische Spiegel auf der äußerlichen Ebene bewerkstelligt.

Doch ebenso wie ein normaler Spiegel reflektiert auch der Spiegel der Psyche Nebenerscheinungen und die Dinge der unmittelbaren Umgebung. Aufgabe des Lesers wird es daher sein, die Selbst-Reflexionen, also das Abbild seines Selbst, welches das Buch widerspiegelt, zu erkennen bzw. wiederzuerkennen. Dieser Prozess ist es, der „Selbsterkenntnis" genannt wird.

Die Reflexionen der Dinge, welche man nicht in sich erkennt oder wiedererkennt beziehungsweise die nicht zu einem zu gehören scheinen, sollte man aussortieren und, zunächst außer Acht lassen. Die Erkenntnis, eben dieser Nebenerscheinungen ist jedoch in demselben Maße von entscheidender Bedeutung wie die Erkenntnis des tatsächlichen eigenen Selbst.

Es bleibt anzumerken, dass dieses Buch in keiner Weise religiösem oder esoterischem Glauben entspringt oder sie in irgendeiner Form zu nähren sucht. Esoterik bezieht sich, gemäß unserer Definition, im Allgemeinen auf den Glauben an eine höhere Kraft oder Instanz, welche mehr oder weniger in der Lage ist, Einfluss auf die darunter liegende Ebenen auszuüben. Die Religion als Institution hingegen bezieht sich grundsätzlich auf eine eher klar definierte und zu benennende höhere Instanz mit mindestens derselben Möglichkeit zur Einflussnahme.

Hier beschäftigen wir uns jedoch lediglich mit den unmittelbar zu erlebenden oder erfahrbaren Bereichen unseres Seins und lassen gegebenenfalls vorhandene, darüber hinaus existierende Instanzen vollständig außer Acht. Der Inhalt des Buches ist daher in seiner Ausrichtung so logisch, rational und nachvollziehbar gehalten wie nur möglich.

Glaube kann und sollte daher in unserem Zusammenhang keine Rolle spielen. Der Glaube beschreibt nämlich prinzipiell die Akzeptanz einer nicht überprüfbaren Annahme, an welcher der Glaubende festhält und sie als Tatsache akzeptiert. Unserer Ansicht nach verhindert ein solcher Glaube eher das Erlangen von Erkenntnis oder Gewissheit.

Die Wissenschaft untersucht üblicherweise von einem sogenannten „neutralen" physischen Standpunkt aus, materielle oder phänomenale Zusammenhänge mit dem Ziel, dahinterliegende Gesetzmäßigkeiten oder Eigenschaften zu ergründen und zu beweisen. Eine Grundvoraussetzung hierfür ist in der Regel ein „Getrenntsein" von dem zu untersuchenden Objekt. Also „Ich" oder „Wir" untersuchen etwas außerhalb unseres Selbst.

Die von uns in diesem Buch beschriebene *Conscious Realization* dient jedoch nicht dem Zweck, „Wissen zu schaffen", sondern das „Selbst zu erkennen".

Also nicht Wissenschaft, sondern Selbsterkenntnis ist das Ziel unseres gemeinsamen Weges zur Freiheit von psychologischem Leid. Sie liegt am Ende des Prozesses der „Einsicht in das Selbst". Sollte unser Buch dazu beitragen, auch nur einen einzigen Leser auf diesem Weg zu leiten, so ist sein Zweck erfüllt.

In diesem Sinne wünschen wir eine gute Reise!

Teil I
Den Weg ebnen

Kapitel 1
Reisen mit leichtem Gepäck

> *Um uns selbst verwirklichen zu können,*
> *müssen wir uns zunächst einmal selbst finden.*
> E. Ferstl

Zu Beginn der Reise in den eigenen, menschlichen Geist und das Bewusstsein sollten zunächst Gepäck und Transportmittel geklärt und definiert werden.

Wie und auf welche Weise versuchen wir, uns dem Gewünschten zu nähern? Bereits hier lauern einige Fallstricke, denen es auszuweichen gilt, um Missverständnisse und Fehlinterpretationen zu vermeiden.

Die Idee vom Unbekannten

Auf der Suche nach dem Unbekannten oder dem wenig Erforschten ist man oft voll von Vorstellungen über eben das, was man sucht. Denn wenn man nicht weiß, was man sucht, wie kann man dann je sicher sein, es gefunden zu haben? Wie ist zum Beispiel die Vorstellung des Lesers von seinem Bewusstsein? In aller Regel ist sie diffus und unklar. Jedoch enthält die Idee des Bewusstseins eine Fülle von zum Teil irreleitenden Informationen, die in emotionale Bilder umgesetzt werden. Ein gläubiger Mensch mag denken, dass es sich bei dem Bewusstsein um die Manifestation Gottes handelt. Ein psychologisch Vorgebildeter denkt bei Bewusstsein vielleicht vorrangig an die Summe mentaler Zustände und Prozesse und setzt ihm vielleicht das Unbewusste entgegen. Das Unbewusste mag er in diesem Zusammenhang als eine ihm nicht zugängliche Kraft betrachten, die sein Leben mehrheitlich leitet oder bestimmt. Der Psychologe mag sich in diesem Punkt nicht so sehr von Esoterikern oder religiös geleiteten Menschen, so wie wir sie definiert haben, unterscheiden. Diese halten Gott oder eine unbekannte Macht bzw. Energieform für bewusstseinsbestimmend oder -leitend.

Ein Chemiker sucht unter Umständen nach Botenstoffen, die körperliche oder psychische Reaktionen auslösen. Und ein Neurologe oder Hirnspezialist forscht vielleicht nach der einen Synapse oder dem speziellen Bereich im Gehirn, welche bzw. welcher für die Rückkopplung zuständig ist, die dazu führt, sich schließlich selber wahrzunehmen.

Tatsache ist, selbst wenn wir nicht genau wissen, was wir finden, so haben wir doch bereits eine Vorstellung davon, und sei sie auch noch so diffus.

Die Idee vom Bekannten

Wer ist es, der sich auf die Suche begibt? Ist es der ambitionierte Wissenschaftler, der im Auftrag eines Unternehmens mit einem klaren Ziel vor Augen die Suche beginnt? Ist es der unabhängige Forscher, der sich einen Platz auf der Liste der Nobelpreisgewinner sichern möchte? Der Mediziner, der eine neue Entdeckung machen möchte? Der Psychiater, welcher sich von der Masse abzuheben trachtet? Der verzweifelt, an sich Leidende, der in dem Finden des Bewusstseins Hilfe und Befreiung vermutet? Der Mensch mit Todesangst, der sich durch die Suche nach der höheren Instanz Linderung erhofft? Der Gläubige, der die Nähe zu Gott sucht?

Die jeweilige Grundmotivation des Suchenden oder Forschenden beeinflusst erheblich die Erwartungen und führt fast ebenso unweigerlich zu hiervon beeinflussten Interpretationen der gewonnenen Informationen.

Das Transportmittel zum gewünschten Ziel

Wie finden wir, was wir suchen? Psychoanalyse vielleicht? Oder verschiedene andere Arten der Therapie? Wissenschaft? Technologie? Meditation? Drogen? Gebete? Die Interpretationen der Menschen vom Bekannten und deren Vorstellungen vom Unbekannten bestimmen häufig über das Mittel der Wahl, um zum gewünschten Ziel zu gelangen.

Wer sich auf die Suche begibt, der wird nur allzu häufig auch etwas finden. Entscheidend jedoch für das, was man findet, ist: Wer man ist oder welchen Hintergrund man hat. Was die Motivation für die Suche ist. Was für ein Ziel man hat. Welches Transportmittel oder welchen Weg man nimmt, um zum Ziel zu gelangen.

„Wir treten durch das Tor unserer Erwartungen", sagt eine alte Weisheit. Diesem Sprichwort werden wir auf unserer Reise noch häufiger begegnen, denn es scheint uns, wie übrigens auch das Nachfolgende, nicht ganz aus der Luft gegriffen zu sein.

Wer sucht, der findet!

Suchet, so werdet ihr finden.
Jesus von Nazareth

Die Gefahr bei jeder Suche innerhalb der eigenen Psyche ist also, dass man findet, was man sucht. Das Ergebnis auf unserer Reise durch den menschlichen Geist scheint also unter anderem davon abzuhängen, welche Vorstellungen man von dem Ergebnis hat oder welche Erwartungen man mit dem Erreichen des Zieles verbindet. All das bildet das Paradigma der Suche und wird sich im Ergebnis niederschlagen. Auf diese Weise gleicht die Suche nach dem Bewusstsein der einstigen Suche nach dem Licht. Ebenso wenig wie die Bestandteile des Bewusstseins kann man die Bestandteile des Lichtes sehen – und doch ist man sich sicher, dass es existiert. Im 17. Jahrhundert entwickelten und bewiesen zwei Physiker und Mathematiker, dass das Licht aus Teilchen besteht.(„Korpuskel-Theorie": Willebrord Snellius 1580-1626 und Isaac Newton 1642-1727.) Anfang des 19. Jahrhunderts jedoch konnte der englische Physiker Thomas Young anhand eines neuen Versuchsaufbaus beweisen, dass es sich bei dem Licht um Wellen handeln muss. Diese „Wellen-Theorie" des Lichts bestätigte nun seinerseits Albert Einstein etwa 100 Jahre später.

Ein interessantes Beispiel dafür, wie auch Wissenschaftler „durch das Tor ihrer Erwartungen treten", wie wir finden. Heutzutage lehrt man, dass beide Theorien richtig sind, und dass das Licht je nach Versuchsaufbau entweder aus Wellen oder aus Teilchen besteht.

Um die für unsere Suche richtige Annäherung zu wählen, müssen wir die oben genannten drei Fragen sowie die Frage der richtigen Annäherung an ein Problem im Allgemeinen klären, bevor wir uns auf den Weg machen. Der nachfolgend von uns beschriebene Ansatz bzw. die von uns gewählte „neutrale" Annäherung gilt prototypisch für die Konfrontation mit allen vorhandenen inneren Konflikten, Problemen oder Erkundungen, da sie in unseren Augen die einzig mögliche Vorgehensweise, frei von Vorstellungen und Erwartungen darstellt.

Wissen des Nichtwissens

Ich weiß, dass ich nichts weiß.
Sokrates

„Wissen ist Macht" heißt es, und auf der materiellen Ebene der äußeren Welt entbehrt dieses Sprichwort von Francis Bacon sicher nicht gewisser Tatsachen. In der Erkundung der eigenen Psyche aber behindert – wie wir erfahren haben – das Festhalten an erworbenem und nicht mehr hinterfragtem Wissen die Erkenntnis von etwas Neuem. Ein Problem unserer Zeit ist daher die Überbewertung von Faktenwissen gegenüber den Emotionen. Dies mag durchaus in der modernen äußeren Welt seine Berechtigung haben, jedoch in Bezug auf die eigene Psyche schaffen wir uns bei der Übertragung dieses Prinzips ein Paradoxon. Denn innerhalb des eigenen Erlebens stehen Wissen und Fühlen scheinbar verbindungslos nebeneinander. Faktenwissen kann Emotionen nicht nach Belieben beeinflussen. Sonst würden alle lieben, wen sie wollten. Tatsächlich aber wollen sie meistens, wen sie lieben – und das ist auf die gleiche Weise absurd, wie wir noch erfahren werden.

„Erfahrung" beschreibt einen Prozess des „Gewissheit-Erlangens". Wirklich zu erfahren, was Liebe oder Hass ist, befreit einen von der Notwendigkeit, Wissen darüber anzusammeln. Sein wahres Selbst oder seinen inneren Kern tatsächlich zu erfahren, macht daher die Suche so vieler Menschen nach dem Wissen darüber, wer sie sind, unnötig. In der Tat kann man gar nicht wissen, wer man ist. Man kann jedoch – und das ist ungleich mehr wert – Gewissheit darüber empfinden.

Man kann sich nicht er-lernen, sondern nur er-fahren. Man kann sich nicht finden oder er-finden, sondern nur emp-finden.

Für diese Selbsterfahrung ist es jedoch notwendig, sich seinem inneren Erleben auf tatsächlich „neutrale" Weise zu nähern. Dies wiederum kann nur im Anschluss an die Erkenntnis zweier nachfolgend genannter Tatsachen geschehen:

1. Alles bereits angesammelte Wissen über einen selbst hat keinerlei Wert und muss zugunsten der Möglichkeit eines neuen Erlebens zurück- oder unbeachtet gelassen werden. „Ich weiß nicht, was es ist", führt einen also solcherart zu neuen Erfahrungen.
2. Niemand anderes, und hat er noch so viel Wissen oder Weisheit, kann einem Gewissheit über sich oder sein inneres Selbst vermitteln. Diese Gewissheit kann einzig über eigenes Erleben zur Erfahrung werden.

Auf diese „neutrale" Weise begegnet man also allem, was einem auf seiner Reise in die Psyche widerfährt, in der Haltung des „Nichtwissens".

Kapitel 2
Eine Bestandsaufnahme der Psyche

Beginnen wir zunächst mit der offiziellen Beschreibung und der entsprechenden Definition des Bewusstseins. Das Wort „Bewusstsein" entstammt dem lateinischen Begriff „conscientia". Er ist nicht eindeutig definiert und wird innerhalb verschiedener Bereiche unterschiedlich angewendet. Die Definition des Dudens lautet wie folgt: Bewusstsein (Psychologie): Gesamtheit aller jener psychischen Vorgänge, durch die sich der Mensch der Außenwelt und seiner selbst bewusst wird. So viel dazu.

Wir verwenden den Begriff „Bewusstsein" in unserem Zusammenhang gemäß folgender eigenen Definition:

- Bewusstsein beinhaltet die Fähigkeit, zu denken sowie die Wahrnehmung von…
- …äußeren Phänomenen wie Geräusche, Gerüche, Oberflächen, Geschmäcker usw. sowie…

- ...die Wahrnehmung seiner selbst als denkendes Wesen, also die Wahrnehmung der eigenen Gedanken, und...
- ...die Wahrnehmung seiner selbst als eigenständiges, von anderen unterschiedlich existierendes Wesen, also die Wahrnehmung des eigenen „Ich".

Abgesehen von der klassischen oder unserer Definition ist das, was wir Bewusstsein nennen, noch immer eines der größten Rätsel unserer Existenz. Gläubige aller Religionen halten es für die Gabe Gottes, Biologen für die Krone der evolutionären Schöpfung. Es gilt allgemein als das, was den Menschen von den Tieren unterscheidet – das, was ihn als Menschen ausmacht und ihn damit menschlich macht.

Philosophen haben seit tausenden von Jahren versucht, sich des Bewusstseins jeweils auf ihre eigene Weise anzunähern. Wissenschaftler verschiedener Fachrichtungen trachten schon seit langem danach, es zu ergründen und zu entschlüsseln. Psychologen und Psychoanalytiker haben es bis heute bereits mehrfach unterteilt in Bewusstes, Überbewusstes und Unterbewusstes, in kollektives Bewusstsein und individuelles Bewusstsein. Neuere Theorien berichten bereits gar davon, dass man Anzeichen für ein Überbewusstsein über dem Überbewussten entdeckt habe. Der mystischste Teil des Bewusstseins innerhalb der Psychologie ist jedoch nach wie vor das Unbewusste.

Das Unbewusste

Das Unbewusste ist zuerst als Konzept entstanden unter Carl Gustav Carus (1789-1869), einem deutschen Arzt, der es in seinem Buch „Psyche" (1869) erstmalig mit diesem Namen belegte. Gemäß seiner Definition handelte es sich bei dem Unbewussten um die „göttliche Natur".

Ein anderer deutscher Arzt, „Franz Anton Mesmer", versuchte jedoch vor Carus schon, in der Annahme eines der Idee vom Unbewussten ähnlichen Konzeptes, auf eben diese Überlegung der „göttlichen Natur" Einfluss zu nehmen. Seither gilt Mesmer als der Begründer der Hypnose.

Der französische Arzt und Psychotherapeut Pierre Janet (1859–1947) widmete sich in seinem Schaffen der Vereinigung vorhandener Theorien, Konzepte und Behandlungsmethoden und schuf damit die Grundlage für den daraus hervorgehenden Trend der Psychologie, wie er von Sigmund Freud, Carl Gustav Jung und Alfred Adler vertreten wurde.

Einfach ausgedrückt definierten diese drei Herren, deren Theorien noch heute der gesamten Psychologie die Richtung vorgeben, das Unbewusste. Sie alle gingen mehr oder weniger davon aus, dass es sich bei dem Unbewussten mehrheitlich um Inhalte handelt, die meist frühkindlich erworben und dann verdrängt worden sind.

Der Psychologe Sigmund Freud hat in diesem Zusammenhang eine mehr oder weniger umfangreiche Liste von sogenannten Verdrängungsmechanismen erstellt, welche diesen Vorgang, laut Freud, bewirken. Diese Mechanismen begründen demnach unter anderem das, was als „neurotisches Verhalten" eines Menschen bekannt ist. Neurosen sind Fehlanpassungen oder widersprüchliche Verhaltensweisen, welche die Betroffenen mit sich selber oder mit ihrem Umfeld in Konflikt bringen. Der Umfang dieser Konflikte im Zusammenhang mit den Einschränkungen, die daraus im Leben der Betroffenen entstehen, entscheidet heutzutage über die Diagnose und die damit einhergehende Therapiebedürftigkeit.

Ziel der „modernen" Psychoanalyse ist es daher, diese verdrängten Mechanismen des Unbewussten dem Bewussten wieder zugänglich zu machen, um dem Betroffenen die Kontrolle über sie zurückzugeben. So vielfältig die Methoden auch sind, die entwickelt wurden, um dieses Ziel zu erreichen, so ist ihnen doch mehr oder weniger die dahinterstehende Grundidee gemein: Mit der Bewusstwerdung dieser unbewussten Mechanismen sollten die hieraus resultierenden Konflikte und Probleme zugleich verschwinden.

Dass diese Theorien zumindest fehlerhaft oder unvollständig sind sowie der Realität nicht standhalten, sollte nunmehr, im Laufe der Jahre offensichtlich geworden sein. Schon im Angesicht der ständig fortschreitenden Zahl von Therapeuten, denen immer mehr Hilfesuchende und psychologisch leidende Menschen gegenüberstehen, sollte klar sein, dass altbewährte Annahmen nunmehr erneut auf den Prüfstand gehören. Dies belegen die zu Beginn unserer Einleitung zitierten Studien mehr als eindrücklich.

Seit Entwicklung der „modernen" Psychologie gibt es prozentual nicht weniger, sondern deutlich mehr psychisch leidende Menschen. Und das Hilfsmittel der Wahl sind heutzutage mehr und mehr pharmazeutische Mittel! Psychopharmaka und „Stimmungsaufheller" sind in unserer Gesellschaft die mit Abstand am meisten verschriebenen Medikamente weltweit! Laut einer Studie der OECD[6] hat sich der Konsum verschreibungspflichtiger Medikamente in Europa allein im Vergleich von 2010-2011 im Durchschnitt um 60% erhöht.

Wir werden nachfolgend aufzeigen, warum die Theorie dieser Psychologen nicht vollständig ist, und darüber hinaus zu erklären versuchen, wie es sich wirklich verhält und was einen tatsächlich und nachhaltig von Neurosen befreien kann.

Das Bewusstsein als solches scheint jedenfalls über die Jahrhunderte zu einem nicht zu entschlüsselnden Mythos geworden zu sein, von dem heutzutage ein ganzer Dienstleistungsbereich und diverse Zweige der Pharmaindustrie zu existieren vermögen.

Die Erweiterung des Bewusstseins

Suchende und Esoteriker sind schon seit langem auf der Suche nach dem sogenannten „absoluten Bewusstsein" beziehungsweise nach der größtmöglichen Erweiterung des eigenen Bewusstseins. Um sich diesem Ziel anzunähern, praktizieren sie bisweilen täglich langwierige körperliche und geistige Übungen wie Meditation, Yoga, Zen oder Tai-Chi. Nicht wenige versuchen sich sogar in der Einnahme sogenannter bewusstseins-verändernder, oder -erweiternder Drogen. Der Begriff des „absoluten Bewusstseins" bezieht sich auf die Idee der 100%igen Wahrnehmung aller möglichen Bewusstseins-Inhalte, wie sie von uns zu Beginn dieses Kapitels als Bewusstsein definiert wurden.

Das Bewusstsein eines Menschen ist in der Regel jeweils auf einen kleinen Bereich der ihm möglichen Wahrnehmungen beschränkt. Es bildet also nur den Ausschnitt eines größeren Ganzen ab. Um Ihnen die Möglichkeit zu bieten, dies nicht nur zu verstehen, sondern auch zu erfahren, beginnen wir den gemeinsamen Weg mit einem kleinen Experiment, das diese Theorie belegen sollte.

Während Sie diese Worte aufnehmen und sich auf sie und ihre Bedeutung konzentrieren, sind Sie sich nicht im selben Augenblick der Empfindung bewusst, die dadurch ausgelöst wird, dass der Stuhl oder die Unterlage, auf der Sie sitzen, Ihr jeweiliges Hinterteil berührt. Diese spezielle Wahrnehmung war bis zu ihrer Erwähnung in Ihrem Unterbewussten verborgen. Nun jedoch, da Sie diese Tatsache realisieren, werden Sie sich dieser Empfindung unmittelbar bewusst. Sie haben also faktisch Ihr Bewusstsein in diesem Moment um eine Wahrnehmung erweitert. Bis jetzt spürten Sie aber vermutlich nicht, wie die Uhr auf Ihrem Handgelenk ruht, oder wie der Gürtel Ihre Taille einschnürt. Empfinden Sie es aber nun aufgrund unseres Hinweises, so verlieren Sie vermutlich zugleich wieder die Empfindung der Unterlage oder des Stuhles unter Ihrem Gesäß. So könnten wir unser Experiment immer weiter führen.

Sie sehen hier abgesehen von der Erfahrung der Beschränktheit des eigenen Bewusstseins recht eindrücklich, wie jemand anderes (in dem Falle wir) in der Lage ist, Ihre Aufmerksamkeit zu steuern und zu beeinflussen, ohne dass man sich wiederum der Tatsache einer Manipulation „bewusst" ist. Diese Möglichkeit der Manipulation ist es übrigens, welche sich die Hypnose zu eigen macht.

Das Bewusstsein

Das eigene Bewusstsein bildet also üblicherweise nur einen begrenzten Teil aller potenziell möglichen Wahrnehmungen des Menschen ab. Im Gegensatz hierzu steht das große Ganze als Summe aller einem Menschen theoretisch zugänglichen Wahrnehmungen und Bewusstseinsinhalte. In der Welt, die einem Ozean an verfügbaren Wahrnehmungen und Sinnesreizen gleicht, ist unser Bewusstsein nur in der Lage etwa eine Handvoll Wasser auf- und wahrzunehmen.

Die Grenzen des menschlichen Bewusstseins beziehungsweise seine Wahrnehmungskapazität sind wissenschaftlich untersucht worden und in etwa bekannt. Demnach liegt die Verarbeitungskapazität des Bewusstseins bei ca. 24 Bit pro Sekunde. Hingegen ist die Gesamtheit der Eindrücke, welche auf uns einprasseln, mit 10 hoch 9 Bit pro Sekunde beziffert.

Auch als Nicht-Mathematiker und ohne die Fähigkeit zu besitzen, im Kopf ausrechnen zu können, wie viel Prozent unserer Gesamtwahrnehmung im jeweiligen Moment unseres Lebens im Dunkeln und damit im Unbewussten bleiben, vermitteln diese Zahlen doch unabhängig von ihrer Genauigkeit eine eindrückliche Idee davon, wie limitiert unser Bewusstsein tatsächlich ist.

Zum besseren Verständnis in Bezug auf das Bewusstsein und seine Begrenzung möchten wir nachfolgend die Metapher einer Taschenlampe bemühen. Geht man in tiefster Finsternis mit einer Taschenlampe hinaus in die Welt, so sieht man jeweils nur einen kleinen Ausschnitt seiner Umgebung. Dieser Ausschnitt beschränkt sich eben auf den Lichtkegel, der auf die Objekte trifft, die von der gehaltenen Taschenlampe beleuchtet werden. Die beleuchteten Objekte der Umgebung repräsentieren in unserem Gleichnis die Inhalte des Bewusstseins und die im Dunkel bleibenden stellen eben die nicht bewusst wahrgenommenen Reize dar. Am Rand gibt es jeweils schemenhafte, nur schlecht beleuchtete Gegenstände. Sie finden ihre Entsprechung in den vielen vorhandenen halb bewussten Wahrnehmungen wie zum Beispiel dem Straßenlärm, den man nach einiger Zeit nicht mehr bewusst wahrnimmt oder ausblendet. Genau wie beim Bewusstsein ist auch in unserer Metapher die Welt außerhalb des Scheines der Lampe ungleich größer, als es der Inhalt des Lichtkegels abbilden kann.

Das Verständnis für diese Tatsache ist aus einem wichtigen Grund besonders relevant. Üblicherweise ist man sich nämlich der Tatsache, dass man sich des größten Teils seiner selbst gar nicht bewusst ist, eben leider auch nicht bewusst. Man lebt also häufig, um bei unserem Gleichnis zu bleiben, in der Vorstellung, der Inhalt des Lichtkegels der jeweiligen persönlichen Taschenlampe würde die gesamte Welt beinhalten.

Und die trügerische Gewissheit, dass es sich hierbei um eine Tatsache handelt, gibt den Objekten in dem Lichtkegel natürlich eine völlig andere Bedeutung.

Man tritt also – auch hier – durch das Tor seiner Erwartungen. Dieses Tor entscheidet, wie man die Welt sieht, was man sucht oder wie sich die Welt für einen darstellt.

In der asiatischen Kultur gibt es eine kleine Geschichte, welche die unterschiedlichen persönlichen Erwartungen und Betrachtungsweisen in Bezug auf die Welt recht amüsant beschreibt.

In dieser Geschichte geht es um fünf blinde Männer, die alle dasselbe Tier durch Betasten zu charakterisieren und zu beschreiben versuchen. Da jeder der Blinden nur einen kleinen Teil, einen Ausschnitt des Tieres untersuchen kann, bleibt der Rest für ihn unsichtbar und jeder erlebt ihn daher auf unterschiedliche Weise. Jener, der das Ohr betastet, nimmt das Tier, in Form eines großen Fächers war. Der Blinde, welcher sich mit Fuß und Bein beschäftigt, hält es für eine Art Säule. Der Blinde mit dem Schwanz in der Hand ist von einem Tier in Form eines Seiles überzeugt, wohingegen, der Blinde dem die Untersuchung des vorderen Endes obliegt, von einer Existenz des Tieres in der Form einer Schlange berichtet. Ein anderer interpretiert den vorhandenen Zahn als Speer und wieder ein anderer sieht in dem massiven Körper gar eine Wand. Alle fünf, die gemeinsam den Elefanten untersuchen, sind natürlich davon überzeugt, dass es sich bei ihrer Darstellung jeweils um die einzig existierende Wahrheit handelt.

Auf dieselbe Weise glauben viele Menschen, dass es sich bei ihrer Art, die Welt zu sehen oder diese wahrzunehmen, um die einzig richtige handelt.

Wir werden nachfolgend – auf die gleiche Art, wie wir die Bedeutung des Bewusstseins relativiert und ihr, die ihr zustehende Bedeutung zugewiesen haben – auch alle weiteren Bereiche unserer Psyche, die Inhalte des Bewusstseins sowie die jenseits davon existierenden Bestandteile und Instanzen beleuchten. Dies tun wir in der gleichen Weise, als würden wir, innerhalb unserer „Taschenlampen-Metapher", einfach sukzessive den Lichtkegel unseres Bewusstseins vergrößern beziehungsweise das Bewusstsein erweitern. So beleuchten wir einen Bestandteil des Selbst nach dem anderen und rücken ihn in damit in das Bewusstsein.

Das Unwillkürliche

Der Mensch ist frei wie ein Vogel im Käfig; er kann sich innerhalb gewisser Grenzen bewegen.
Johann Kaspar Lavater

Um Konflikte oder Verwechslungen, mit vorhandenen Begrifflichkeiten zu vermeiden, ist es uns wichtig, den Begriff des „Unwillkürlichen" noch etwas genauer von dem des „Unbewussten" abzugrenzen. Der Begriff des „Unbewussten" besteht, wie beschrieben, aus der Summe der theoretisch wahrnehmbaren Informationen der Umgebung sowie auch der inneren psychischen Struktur. Hierin enthalten sind beispielsweise die Empfindungen der Uhr am Handgelenk sowie das nicht bewusst wahrgenommene Ticken einer Pendeluhr, während man zum Beispiel ein spannendes Buch liest.

Der Begriff des „Unwillkürlichen" hingegen beschreibt einen im Unbewussten enthaltenen Bereich. Hierbei handelt es sich um Konditionierungen und Mechanismen, die ähnlich wie Programme eines Computers unbeachtet eine bestimmte Arbeit verrichten. Ebenso wie ein laienhafter Computerbenutzer keinen Zugriff oder Einblick in diese hintergründig ablaufenden Programme hat, sondern nur, deren Auswirkungen zu sehen bekommt, so werden auch hier die Menschen sich lediglich der Auswirkungen dieser unwillkürlichen Mechanismen bewusst.

Der Begriff „unwillkürlich" beschreibt eben, dass hier ein vor dem Licht des Bewusstseins verborgener Dienst geleistet wird, den man jedoch nicht willkürlich oder willentlich beeinflussen kann. Die Auswirkungen dieser unwillkürlichen Mechanismen finden allerdings nicht selten den Weg in das Bewusstsein. Dort werden sie jedoch leider häufig nicht als Wirkung, sondern vielmehr als Ursache wahrgenommen.

Die Auswirkungen dieser unwillkürlichen Mechanismen können sich, unter anderem, als die verschiedensten Emotionen manifestieren. Psychische Süchte oder übertriebener Appetit beispielsweise können Manifestationen bewusst gewordener Auswirkungen der Arbeit des Unwillkürlichen sein.

Wir werden im weiteren Verlauf des Buches immer wieder auf das Unwillkürliche, seine Mechanismen und deren Auswirkungen zurückkehren. So werden Sie ein tieferes Verständnis darüber erlangen und erfahren, wie Sie diese unwillkürlichen Prozesse in das Licht Ihres Bewusstseins rücken können.

Zunächst einmal gilt jedoch für das Unwillkürliche festzuhalten, dass das Einfügen unwillkürlicher Bestandteile in das Bewusstsein noch nicht automatisch bedeutet, dass man damit zugleich die Kontrolle darüber in der Form erlangt, dass damit einhergehende nicht erwünschte Symptome automatisch verschwinden. Die Tatsache allein, dass wir etwas wahrnehmen, bedeutet noch nicht notwendigerweise die Erkenntnis seiner wahren Beschaffenheit. Denn zwischen Wahrnehmung und Erkenntnis hat die menschliche Psyche die Interpretation gesetzt.

Einen Elefantenrüssel beispielsweise, den man als Schlange interpretiert, hindert einen, wie bereits beschrieben, daran, den Rüssel auf neutrale Art wahrzunehmen. Eine der wichtigsten Grundlagen für die Annäherung an sich selbst und an die Einigung der einzelnen psychologischen Bestandteile ist also die Neutralität.

Neutralität

*Wer ein wirklicher Sucher nach der Wahrheit werden will, muss mindestens **einmal** im Leben möglichst alles angezweifelt haben.*
Descartes

Warum scheint es also so schwer zu sein, sich dem Selbst, dem Bewusstsein, seiner Bestandteile oder dem Ich zu nähern bzw. es zu ergründen? Hinsichtlich der Tatsache, dass es so viele Menschen aus den verschiedensten Bereichen seit Jahrhunderten versuchen, stellt sich die Frage: Was ist es, das dieses Unterfangen so häufig scheinbar unmöglich machte?

Hierbei scheint die eine besondere, nicht von der Hand zu weisende Tatsache, die den Unterschied macht zu allen anderen sogenannten neutralen wissenschaftlichen und nicht wissenschaftlichen Untersuchungen, maßgebend zu sein. Das individuelle persönliche Bewusstsein untersucht das Bewusstsein als solches und im Allgemeinen. Diese beiden Dinge lassen sich jedoch nicht voneinander trennen. Das zu untersuchende Objekt ist und kann also, in diesem Fall, nicht unterschiedlich von dem Subjekt sein, welches es untersucht. Das Bewusstsein untersucht sich selber.

Wenn man eine Weile darüber nachdenkt, ob das so ist und welchen Unterschied das machen könnte, wird man vielleicht feststellen, dass es sich hierbei um denselben Mechanismus handelt, der es neurotischen Patienten so schwierig macht, sich selbst von ihren Problemen zu befreien. Denn auch hier gilt, dass jener, der versucht, sich von seinem Konflikt zu befreien, sich nicht von dem unterscheidet, der das Problem realisiert beziehungsweise erschaffen hat.

Um aber einen Konflikt oder ein Problem lösen zu können, ist es unabdingbar notwendig, in der Lage zu sein, sich dem Problem auf neutrale Weise nähern zu können.

Neutralität gilt seit jeher als Grundvoraussetzung und Grundlage einer jeden wissenschaftlichen Untersuchung. Neutralität bedeutet die absolute Abstinenz von Vorurteilen, Erwartungen, Beurteilungen, Interpretationen und anderen subjektiven Einschätzungen oder Verzerrungen. Bei dem Versuch jedoch, sich neutral dem Bewusstsein zu nähern, befindet man sich in einem Dilemma, da das Bewusstsein beziehungsweise die Wahrnehmung und Interpretation des Bewusstseins ja bereits etwas Subjektives und nichts Objektives ist.

Es ist das „Ich", welches sich aufmacht, das Bewusstsein zu untersuchen. Es ist daher vollkommen paradox, sich dem Bewusstsein eines anderen „Ich" zu nähern, da es – wie bereits beschrieben und noch zu beweisen ist – offensichtlich etwas Subjektives zu sein scheint.

Würde man aber diesen Weg theoretisch beschreiben wollen, so wie es bereits einige Wissenschaftler getan haben, nähmen die Untersuchungen vermutlich folgenden Verlauf. Man würde innerhalb der untersuchten verschiedenen Bewusstseine jeweils unterschiedliche Inhalte beziehungsweise deren unterschiedlichste Interpretationen vorfinden. Daraufhin würde man versuchen, allgemeine dahinterliegende Regeln zu definieren oder zu ergründen. Dies würde einen vermutlich unweigerlich immer wieder zu dem gleichen allgemeinen nachfolgenden Ergebnis führen: „Das Bewusstsein ist die Summe der phänomenologischen Wahrnehmungen der äußeren und inneren Welt sowie die der subjektiven Interpretationen des jeweilig wahrnehmenden Individuums." Also einfacher ausgedrückt besteht das Bewusstsein, aus der Gesamtheit dessen was es wahrnimmt und den persönlichen Interpretation dessen.

Das Selbst-Bewusstsein ist in diesem Zusammenhang die Fähigkeit, sich selber als eigenständiges Individuum, getrennt von diesen Wahrnehmungen, zu erfahren. Die Gewissheit des „Ich bin es, der wahrnimmt" drückt dieses „Sich selber bewusst sein" aus. Diese Erkenntnis führt dann wiederum unweigerlich zu dem Phänomen des „Ich".

Das „Ich" scheint, psychiatrische Erkrankungen und sogenannte Ich-Störungen einmal ausgeklammert, eine individuelle, universal bei allen Menschen vorhandene Instanz zu sein, die nicht nur subjektiv zu nennen, sondern vielmehr die Subjektivität selber ist. Damit ist sie identisch mit ihrer Ursache. Das bedeutet, dass alles, was das „Ich" als Subjektivität hervorbringt, Teil eben dieser Subjektivität, also Teil des „Ich" ist.

Die Ergründung und Erfahrung dieses „Ich" wird ein wichtiges Kapitel dieses Buches und damit einen wichtigen Schritt in Ihrer Selbsterkenntnis ausmachen.

Im weiteren Verlauf dieser theoretischen Untersuchung würde man sich vermutlich die Frage stellen, worauf diese subjektiven Interpretationen basieren und wie sie entstehen. Hierbei wäre man also wieder im Bereich der Psychologie, der Philosophie und so weiter. Also wieder an dem Punkt angelangt, an dem man die Suche begonnen hatte. Es bleibt also das Problem oder die Frage, wie man sich objektiv der Subjektivität nähert, ohne am Ende dort herauszukommen, wo man begonnen hat. Der Versuch und die Erfahrungen vieler, die es bereits versuchten, haben offenbar gezeigt, dass sich die Funktionsweise des Bewusstseins nicht in der Form der Annäherung eines subjektiven Bewusstseins an ein anderes untersuchen lässt. Daher bleibt uns als einziger logischer und rationaler Schluss nur die Untersuchung des eigenen Bewusstseins. Das wiederum scheint aber auf den ersten Blick schwierig zu sein, da wir hier – weiter denn je – vom Maßstab der Neutralität entfernt sind. Aus diesem Grund ist es wichtig, die eingangs beschriebene Notwendigkeit vom „Wissen des Nichtwissens" während des Weges durch die eigene Psyche im Bewusstsein zu behalten. Auf diese Weise kann man sich der Subjektivität auf subjektive Weise nähern, ohne ihr jedoch subjektive Bedeutung beizumessen.

So komplex und abstrakt all` das manchem Leser zum jetzigen Zeitpunkt auch erscheinen mag – es wird im weiteren Verlauf durch die Praxiserfahrung klarer und deutlicher werden.

Die eigene Subjektivität ist viel näher und einsehbarer als die eines anderen und nichts sollte einem theoretisch vertrauter und bekannter sein. Man ist unter gewissen Umständen viel besser in der Lage, die eigenen Manipulationsversuche, Tricks und Ziele zu erkennen, als man dazu bei anderen in der Lage wäre. Bei anderen darf man diese vermuten, unterstellen oder statistisch annehmen, man wird jedoch unter Umständen niemals Gewissheit darüber haben.

Wir fassen also als Fazit zusammen, dass das größte Hindernis in der Untersuchung des Bewusstseins die Tatsache ist, dass das Bewusstsein die subjektive Instanz des „Ich" enthält. Um das Bewusstsein objektiv und neutral untersuchen und entschlüsseln zu können, wäre es also unabdingbar notwendig, dieses „Ich" zu isolieren, um es vom Rest des Bewusstseins unterscheiden zu können. Diese notwendige Grundvoraussetzung ist daher von uns innerhalb des Buches gemeinsam mit den Lesern zu erschaffen. Der für die Entwicklung und Erweiterung des eigenen Bewusstseins sowie für den Prozess der absoluten

Selbsterkenntnis notwendige Vorgang ist von uns mit dem Begriff „Conscious Realization" (dt.; „Bewusste Erkenntnis) belegt worden und wird im 4. Teil dieses Buches ausführlich beschrieben. Tatsächlich ist es dieser Prozess, der mit Hilfe unseres Buches beim Leser zu initiieren versucht wird.

Das Puppenspiel

Wer so tut, als bringe er die Menschen zum Nachdenken, den lieben sie. Wer sie wirklich zum Nachdenken bringt, den hassen sie.
Don Marquis

Ein für das Verständnis der Vorgehensweise der Psyche wichtiger Bestandteil auf dem weiteren Weg ist ein bedeutender Mechanismus, den wir mit dem Begriff „Puppenspiel" benennen. Dieser fällt in den Bereich des „Unwillkürlichen", da es sich hierbei – zur Wiederholung – um die Summe der Mechanismen handelt, die selber üblicherweise nicht bewusst werden, deren Auswirkungen und Resultate jedoch häufig in das Bewusstsein geraten. Der Mechanismus des Puppenspiels setzt in der Regel bei jeder Form von innerem Konflikt ein.

Ein Konflikt besteht aus einem Widerspruch zweier innerer Anschauungen oder Beurteilungen, die aufeinanderprallen. Ein Beispiel hierfür könnte sein: „Ich würde gerne aufhören zu rauchen, aber ich schaffe es nicht." Ein Teil des Bewusstseins bewertet das Rauchen als negativ und damit unerwünscht, ein anderer Teil jedoch interpretiert es als dienlich, was zu dieser Art von Konflikt führt.

Wir werden im Laufe dieses Buches erfahren, dass jedoch beide „Instanzen" des Konfliktes derselben Quelle oder demselben unwillkürlichen Mechanismus entstammen und aus diesem Grunde nicht verschieden, sondern im Gegenteil ein und dasselbe sind, das nur aufgrund seiner Auswirkungen innerhalb des Bewusstseins als zwei unterschiedliche Instanzen wahrgenommen wird.

Der Zweck dieses „Puppenspiels", bei dem ein Spieler eine Puppe mit jeweils einer Hand bedient und so dem Publikum – in diesem Falle dem Bewusstsein, zwei unterschiedliche Entitäten vorgaukelt, ist der Selbstzweck. Das bedeutet: Die Illusion zweier voneinander getrennter Anteile ist in Verbindung mit der Notwendigkeit, das Bewusstsein beschäftigt zu halten, eben als solches bereits das Ziel oder der Zweck dieser Konstruktion.

Man kann dieses Puppenspiel nahezu überall beobachten, da es eine entscheidende Grundlage für das neurotische Verhalten der Menschen bildet. Erst schafft man sich einen Konflikt zweier interner Instanzen, den man dann zu einem Problem umdeutet. Diese Umdeutung geschieht eben durch den Mechanismus des Unwillkürlichen, eine der beiden Instanzen des Konfliktes auszulagern.

In unserem Fall zum Beispiel das Verlangen, Zigaretten zu rauchen. Damit hat man die Situation in Form einer Illusion geschaffen, dass das „Ich" getrennt von dem Verlangen nach Zigaretten sei: „Ich würde ja gerne mit dem Rauchen aufhören, aber das Verlangen ist zu groß." In dieser Aussage präsentiert sich das Ergebnis dieser Gesamtkonstruktion der Psyche in Form des Puppenspiels.

Der nächste subjektiv-logische Schritt ist dann, eine Lösung für das Problem des Verlangens nach Zigaretten zu finden. Leider ist dieser Schritt zwar logisch jedoch nicht „psycho-logisch", weshalb sich solche Menschen zwar häufig auf die Suche nach einer solchen Lösung begeben, jedoch nur in seltenen Fällen fündig werden.

Darum kann es nun nicht mehr verwundern, dass Therapien oder Techniken, die versprechen, das Verlangen nach Zigaretten zu beenden, so wenig erfolgreich sind. Gleiches gilt nebenbei bemerkt, in auch in demselben Umfang auch für andere psychische Süchte. In jedem Fall sind die Betroffenen fortan damit beschäftigt, die richtige Methode oder Technik zu finden und auszuprobieren, um das Problem zu lösen.

Diese gedanklichen Puppenspiele halten viele Menschen für einen Großteil ihrer Zeit beschäftigt. Freiheit von Konflikten kann sich nur einstellen, wenn der Puppenspieler selbst in das Licht des Bewusstseins gerückt wird. Dann hat man sich zugleich auch von der Subjektivität zugunsten der Neutralität befreit.

Der Weg zur Wahrheit

Es ist nicht gesagt, dass es besser wird, wenn es anders wird.
Wenn es aber besser werden soll, muss es anders werden.
Georg Christoph Lichtenberg

Man kann also nur zur absoluten Neutralität gelangen, indem man jegliche Subjektivität in einem ersten Schritt „isoliert". Dazu muss man sie jedoch zunächst erkennen und sich ihrer bewusst werden. Gehen wir also Schritt für Schritt vor und entledigen uns innerhalb der nachfolgenden Kapitel jeglicher subjektiven beziehungsweise konstruierten Bestandteile und Beurteilungen des Selbst, um schließlich zu dessen wahrem Kern zu gelangen, den es dann final zu realisieren gilt.

Die Wahrheit, das heißt, jede Wahrheit, muss um jeden Preis und unter allen Umständen wahr sein. Sie kann nicht durch äußere Umstände oder die Zeit gebunden werden. Wenn etwas gestern wahr gewesen ist, heute jedoch nicht mehr, so ist es schon gestern nicht die tatsächliche Wahrheit gewesen. Die Wahrheit ist universell gültig, die reine Objektivität und nicht zu korrumpieren, sonst ist es schlicht und einfach nicht die Wahrheit. Die Wahrheit – sowie die Suche danach – ist seit Jahrtausenden ein ebenso großes Mysterium wie die Entschlüsselung des Bewusstseins. Die Ursachen für das häufige Versagen auf der Suche nach der Wahrheit sind die gleichen, welche die Menschen bislang mehrheitlich daran gehindert haben, ihr Bewusstsein zu entschlüsseln und die Bestandteile ihrer Zerrissenheit in sich zu vereinen oder ihr Selbst zu realisieren.

Das „Ich" als reine Subjektivität, das die Wahrheit – also die reine Objektivität – sucht, wird diese niemals finden können, da es sich alles, was es findet, zugleich zu eigen macht. Mit diesem „Sich-zu-eigen-Machen", worauf wir später noch genauer eingehen werden, wird die Wahrheit unmittelbar Teil der Subjektivität und ist damit, ihrer wichtigsten Eigenschaft beraubt, nicht mehr objektiv oder wahr. Meine Wahrheit ist nicht mehr die Wahrheit.

Wenn diese Ausführungen zunächst zu philosophisch, theoretisch oder komplex erscheinen, so sei Ihnen versichert, dass die Dinge im

Verlaufe dieses Buches klarer hervortreten werden. Auf dem Weg zum wahren Selbst, zu der den Menschen ausmachenden Essenz müssen wir zunächst jeden der uns auf diesem Weg begegnenden Bestandteile betrachten und auf den ihm zustehenden Platz verweisen.

Um dies in eine sinnvolle, nachvollziehbare Reihenfolge zu bringen, beginnen wir in der Ferne und arbeiten uns schließlich bis ins Zentrum vor.

Kapitel 3
Mein Körper

Der Körper ist das wichtigste Instrument im Austausch mit der Außenwelt. Und der Körper ist es, der einen physisch von den anderen Menschen und der Umwelt unterscheidet. Die meisten Menschen sind mit ihren Körpern identifiziert und glauben an eine untrennbare Einheit von Geist und Körper. Die westliche Medizin nährt diese Identifikation und trägt auf diese Weise dazu bei, zum Teil abstruse Interventionen mit verheerenden Auswirkungen zu kreieren. Für den körperlichen Erhalt nicht notwendige Operationen und Eingriffe werden heutzutage fast fließbandartig vorgenommen.

Viele glauben, mit dem Schwinden von körperlicher Attraktivität und Jugendlichkeit auch in gleichem Maße an menschlichem Wert zu verlieren. Das Gleiche gilt für die körperlichen Fähigkeiten. Ist man im Alter nicht mehr in der Lage, körperliche Fähigkeiten, die einen einst ausgemacht haben wie handwerkliches Geschick oder physische Stärke uneingeschränkt aufrechtzuerhalten, so sieht man häufig den eigenen Wert als Mensch in dieser Welt in gleichem Umfang gefährdet, wie eben diese Fähigkeiten schwinden.

Es steht außer Frage, dass körperliche Fähigkeiten hilfreich für die Bewältigung äußerer Lebensprobleme wie das Bauen von Häusern oder die Arbeit zum Unterhalt des Lebens sind. Das ist jedoch hier nicht das Thema. Wir wollen herausfinden, ob der körperliche Verfall in gleichem Maße einen Verfall des Bewusstseins, des Geistes oder des wahren Selbst mit sich bringt. Ist das, was wir suchen, das Selbst, das Bewusstsein oder das „Ich", wirklich untrennbar mit dem Körper verbunden bzw. vom Körper abhängig?

Da man, abgesehen von Vermutungen und Glauben, keinerlei Hinweise von einer Existenz seiner selbst über den körperlichen Tod hinaus hat, so lassen wir den spezifischen Aspekt – des körperlichen Todes – zunächst außer Acht. Belegt ist jedoch, dass körperliche Einschränkungen, selbst wenn sie so gravierend sind, dass der betroffene Mensch vom Hals abwärts gelähmt und nicht in der Lage ist, eigenständig Nahrung und Flüssigkeit aufzunehmen, keinen Einfluss auf sein Ich-Gefühl bzw. auf sein Bewusstsein haben. Menschen mit Körpern, die ohne künstliche Unterstützung von Herz, Lunge und künstliche Ernährung nicht mehr lebensfähig wären, Menschen, die keinerlei Empfindungen oder Kontrolle in Bezug auf ihren Körper haben, unterliegen in der Regel keinerlei dauerhaften psychologischen Einschränkungen. Ein populäres Beispiel dafür ist der britische Astrophysiker Stephen Hawking. Trotz seiner Erkrankung an ALS (eine das komplette motorische Nervensystem zurückbildende Erkrankung), gilt er als einer der meistherausragenden Denker seiner Zeit. Solcher Art eingeschränkte Menschen können im selben Maße Glück und Leid, Freude und Trauer empfinden wie solche mit einem gesunden Körper.

Zunächst einmal gilt also logisch und rational nachvollziehbar festzuhalten, dass das Selbst nicht vom Körper abhängig ist und daher nicht mit ihm identisch sein kann. Über den Verbleib des Selbst nach dem vollständigen Tod des Körpers weiß man nichts und auch wir werden diesen Bereich zunächst aussparen. Da jedoch – wie oben beschrieben –

eine gewisse Unabhängigkeit unseres Selbst vom Körper offensichtlich ist, kann man zunächst die These vertreten, dass das, was die Menschen wirklich ausmacht, nicht mit dem Körper verschwindet.

Es könnte sich vielleicht wie im Verhältnis der Kleidung zum Körper verhalten. Sie hält ihn warm und trocken und gibt ihm ein äußeres Erscheinungsbild. Ebenso gibt der Körper dem Selbst eine Form und ein Äußeres. Mehr sollte uns aus psychologischer und seelischer Sicht am Körper innerhalb dieses Zusammenhangs zunächst nicht interessieren.

Ein kleiner Junge hat einmal die Frage gestellt, warum jemand sich für die Psychologie und nicht für die Medizin als Tätigkeitsfeld entscheidet. Es schien, dass dieser Junge die Medizin für den Beruf hielt, der wichtiger und anerkannter ist, da er den Menschen mehr helfen könne. Tatsache ist jedoch, dass wir vielen Menschen begegnen, die körperlich völlig gesund sind, aber dennoch auf der psychologischen Ebene unglaublich leiden. Andererseits findet man überall körperlich behinderte, eingeschränkte und sehr kranke Menschen, die häufig sehr viel zufriedener und psychisch ausgeglichener sind als ihre körperlich gesunden Zeitgenossen.

Der Körper ist für uns das Gefäß, das die Essenz des Selbst beherbergt! Und selbstverständlich ist es wichtig, auf ihn achtzugeben und ihn zu pflegen. Jedoch ist das Gefäß niemals identisch mit seinem Inhalt. Daher kann das Gefäß auch nicht wichtiger oder bedeutender sein als das, was es beinhaltet.

Das Gehirn

Wie jedoch sieht es mit dem Gehirn aus? Hier wird die Sache ein wenig komplizierter. Das Gehirn ist unzweifelhaft ein Teil des Körpers. Darüber hinaus ist das Gehirn heute als Sitz von Emotionen, Erinnerungen und als Denkapparat bekannt. Armeen von Wissenschaftlern und Hirnforschern mühen sich damit ab, einzelne Emotionen oder Erinnerungen bestimmten Hirnarealen zuzuordnen, und man weiß heutzutage, dass körperliche Schäden in verschiedenen Hirnbereichen unter anderem auch bestimmte Emotionen beeinflussen oder verstärken können. Vielen der Leistungen und Produkte, die das Gehirn erbringt, sind nachfolgend einzelne Kapitel gewidmet, z. B. Emotionen, Erinnerungen und Gedanken. Hier werden wir dann ausführlich auf deren Zusammenhänge und Interaktionen mit dem Gehirn eingehen. Eine kleine allgemeine Übersicht an dieser Stelle sollte jedoch hilfreich sein.

Wichtig für das Verständnis der Wechselwirkung zwischen Gehirn und Psyche ist hier vor allem, dass das Gehirn eine Reihe von „materiellen" psychischen Leistungen erbringt. Wir werden auf die einzelnen dieser materiellen Leistungen im späteren Verlauf noch Bezug nehmen.

Festzustellen ist hier zunächst die Tatsache, dass selbstverständlich eben diese materiellen Gehirnleistungen auch dem physischen Zustand und damit auch dem Verfall des Körpers unterliegen.

Bei Krankheit, Alter oder Insuffizienz des Gehirns sind auch die materiellen Bestandteile der Psyche betroffen. Erinnerungen beispielsweise können hier als materielle Leistung des Gehirns gelten.

Der Begriff „materiell" mag vielleicht verwirren, jedoch sind wir, in Ermangelung einer besseren Alternative, zunächst an ihn gebunden. Wir sind weder Arzt noch Gehirnspezialist, daher werden wir uns innerhalb unserer Ausführungen auf klare nachvollziehbare Informationen und Erklärungen beschränken. Darüber hinaus werden wir Fachbezeichnungen sowie wenig hilfreiche Theorien vermeiden.

Erinnerungen sind in ihrer materiellen Beschaffenheit in etwa mit Strom zu vergleichen. Aufgrund eines komplexen Zusammenspiels zwischen Hirn- und Nervenzellen, Synapsen und Botenstoffen werden hier beispielsweise Ereignisse, Erfahrungen und Informationen gespeichert oder abgerufen. Andere materielle Leistungen des Gehirns sind unter anderem Gedanken, die Aufnahme von Sinneseindrücken und einige Emotionen. Selbstverständlich sind alle diese materiellen Leistungen in Art und Umfang an ein physisch funktionierendes Gehirn gebunden.

Die Frage, die jedoch noch zu klären sein wird, ist, ob alles dies untrennbar mit dem innersten Kern oder dem wahren Selbst des Menschen verbunden ist. Basiert das, was dieses Selbst ausmacht, auch auf einer Leistung des Gehirns? Verschwindet es dann bei einer Schädigung des Gehirns ebenfalls oder nimmt es Schaden?

Sie mögen vielleicht auf den Gedanken kommen, dass das „wahre Selbst" als philosophisches Konzept möglicherweise unabhängig von materiellen Dingen ist, aber was mag diese Information Ihnen helfen? Daher sei an der Stelle erneut darauf hingewiesen, dass es hier nicht um die Realisierung eines philosophisches Konzeptes oder einer Idee geht. Das, was man sein Selbst oder seine Wahrheit nennt, muss am Ende des Weges zum Selbst gefühlt, empfunden oder wahrgenommen werden, denn nur dann ist es die Wahrheit. Ideale und Konzepte werden immer getrennt von dieser Wahrheit sein.

Man weiß nicht, was man vergaß

Interessant ist in diesem Zusammenhang die Tatsache, dass man immer wieder mit Ereignissen konfrontiert wird, innerhalb derer Menschen, die in der Öffentlichkeit standen oder als prominent galten, sich das Leben nahmen aufgrund einer beginnenden oder fortschreitenden Erkrankung des Gehirns wie Demenz, Alzheimer oder Ähnlichem. Diese Menschen waren häufig so sehr mit ihrem vergangenen Leben und den dazugehörigen Erinnerungen identifiziert, dass der drohende Verlust so unerträglich schien, dass die solcherart erkrankten Menschen ihm scheinbar zuvorkommen wollten.

Viele Menschen leiden an der Sorge vor Krankheiten wie beispielsweise Alzheimer oder Demenz, bei der sie nach und nach ihr Gedächtnis und damit ihre Identität verlieren. Die Vorstellung, die sie sich von der Krankheit machen, ist für sie so unerträglich, dass viele den Tod vorziehen und lieber sterben würden.

> „Stell dir vor, du erkennst deine eigene Familie nicht mehr, wenn du ihr begegnest"
> oder
> „Ich könnte es nicht ertragen, die Erinnerungen meines ganzen Lebens zu verlieren."

Dies sind Aussagen, die man so oder in ähnlicher Form oft zu hören bekommt. Wir wissen jedoch bereits, dass die Vorstellung von etwas, was man noch nicht kennt, in den seltensten Fällen identisch ist mit der Wahrheit und einen sogar darin hemmt, diesen Erfahrungen unvoreingenommen zu begegnen.

Wir wollen hier Erkrankungen wie Alzheimer und Demenz in keiner Weise positiv bewerten, es geht uns vielmehr darum, den allgemein üblichen psychologischen Mechanismus, solchen Problemen zu begegnen, aufzuzeigen. Wie auch in diesem Fall sind die Vorstellungen nicht identisch mit der Wahrheit.

Die Annahme, man würde darunter leiden, seine Familie nicht mehr zu erkennen, ist aus dem einzigen Grund absurd, da man hierbei davon ausgeht, man wüsste, dass es Mitglieder der Familie sind, diese aber nicht erkennt.

Entweder man erkennt sie, dann weiß man auch, wer es ist, oder man erkennt sie nicht und dann weiß man auch nicht, dass es Familienmitglieder sind. Demzufolge leidet man auch nicht darunter. Wer natürlich darunter leidet, das sind eben diese Familienmitglieder.

Das Gleiche gilt natürlich für die eigenen Erinnerungen. Man weiß nicht, welche Erinnerungen man vergessen hat. Und auch das ist ein Paradoxon – denn Vergessenes sind eben keine Erinnerungen mehr.

Wenn man sich erinnert, nennt man das Erinnerung. Erinnert man sich nicht, existiert es eben nicht und hat zugleich niemals existiert. Wer also könnte darunter leiden, dass etwas niemals existiert hat, an das man sich selbst noch nicht einmal erinnert?

Genetik und Psychosomatik

Auf dem weiteren Weg werden wir den Körper zunächst zurücklassen und uns nun Gegebenheiten zuwenden, die man gemeinhin als vorherbestimmt bzw. unveränderlich ansieht oder als solche akzeptiert.

Das ist für das Verständnis des Selbst sehr wichtig, denn wenn man von Prädestination, also von der Idee ausginge, etwas sei unveränderlich vorherbestimmt, so würde dies fast unweigerlich zu der

Haltung führen, dass man daran auch unter größter Anstrengung nichts ändern könnte.

Ein seit langem aktuelles und immer wieder kontrovers diskutiertes Thema voller Fehlinterpretationen ist das Thema der Genetik. Genetische Dispositionen als Ursache für nahezu alle Eigenschaften und Krankheiten eines Menschen dienen immer häufiger als die ultimative Entschuldigung für die Unmündigkeit des Menschen. Wir möchten den Begriff Unmündigkeit in diesem Zusammenhang im Sinne Immanuel Kants verstanden wissen. Er bezeichnete den Begriff „Unmündigkeit" als die Unfähigkeit, sich seines eigenen Verstandes zu bedienen.[7]

Immer wieder erleben wir in unserer Praxis, dass die Menschen, die zu uns kommen, nicht etwa Hilfe, sondern vielmehr ein Testat oder eine Erklärung suchen. Sie kommen zum Beispiel mit dem Problem zu uns, gewalttätig zu sein. Was sie jedoch häufig suchen, ist nicht etwa die Fähigkeit, sich ihrer Gewalttätigkeit zu entledigen, sondern vielmehr ein Attest oder ein Schriftstück, das ihnen vielleicht eine psychisch unveränderliche Disposition oder die Unfähigkeit zur Gewaltfreiheit bescheinigt. Dieses könnten sie dann im Anschluss jeweils anführen und als Entschuldigung verwenden.

Versuchen wir also nun, herauszufinden was tatsächlich an menschlichem, psychologischem Verhalten prädestiniert und damit unveränderlich vorherbestimmt ist.

Der Vater eines dreijährigen Jungen litt unter starkem, seiner Ansicht nach genetisch bedingtem Geiz. Die Gewissheit, dass es sich bei diesem ungeliebten Anteil seiner Persönlichkeit um eine vererbte Disposition handelt, resultierte aus seiner Familiengeschichte. Einigen seiner männlichen Vorfahren war diese Eigenschaft bereits zu eigen, wenngleich sie vielleicht auch nicht immer darunter litten. Auf jeden Fall versuchte der Vater im Rahmen der Erziehung seines Sohnes, die Ausprägung ähnlicher Tendenzen innerhalb seines Sprösslings zu vermeiden. Dies tat er beispielsweise, indem er seinen Sohn beständig dazu anhielt, mit anderen zu teilen und immer etwas abzugeben. Zum Anlass seiner Geburtstagsfeier wurde dem Sohn unter anderem eine Tüte mit Bonbons und Süßigkeiten geschenkt. Unmittelbar nach Erhalt dieses

Geschenks ermahnte ihn der Vater, diese Süßigkeiten mit den anderen auf dem Fest anwesenden Kindern zu teilen. Der Sohn, todunglücklich darüber, verhielt sich aber, wie es ihm aufgetragen wurde.

Wir wählen dieses besondere Beispiel, da es sich hier, ganz offensichtlich, um eine erlernte Verhaltensweise handelt, denn natürlich ist Geiz in keiner Weise genetisch bedingt. Aufgrund der psychologischen Struktur der Menschen, auf die wir in den nachfolgenden Kapiteln, in denen es zum Beispiel um die Ausbildung der individuellen Persönlichkeit geht, eingehen, blieb dem Sohn des geizigen Vaters gar keine andere Möglichkeit, als ebenfalls Tendenzen des Geizes zu entwickeln. Diese Tendenzen resultieren natürlich aus dem Kompensationsversuch eines gefühlten Mangels an Besitz. Um abgeben zu können und zu wollen, muss man zunächst besitzen und in Besitz nehmen dürfen. Dieses „In Besitz nehmen" wurde dem Jungen jedoch nie gestattet. Vielmehr musste er „seine" Besitztümer bereits wieder abgeben, bevor er wirklich das Gefühl hatte, ihr Besitzer zu sein. Und das ist das Gefühl, das in diesem Fall entscheidet und einen subjektiv empfundenen Mangel verursacht.

Der Erziehungsstil des besorgten Vaters, so gut er auch gemeint war, implementierte also ein ausgeprägtes Gefühl von „Mangel an Besitz" in dem Jungen. Gefühle von Mangel suchen jedoch nach Kompensation, nach Ausgleich innerhalb ihres Gegenpols. Der offensichtliche Gegenpol bei einem gefühlten Defizit an Besitz ist, möglichst viel Besitz anzuhäufen oder alles, was man hat oder bekommt, festhalten zu wollen – eben die klassische Definition von Geiz.

Ein anderer Klient besuchte uns mit dem Wunsch nach Hilfe. Er lebte bereits seit vielen Jahren mit der Diagnose einer endogenen Depression. Hierbei handelt es sich um eine Form der Depression, von der man annimmt, sie sei genetisch vererbt. Da bereits sein Vater und Großvater an erheblichen Depressionen litten, die ein „normales" Leben unmöglich machten, verstärkte das natürlich die Annahme einer Vererbung bei dem Klienten. Die klinische Diagnose eines Psychiaters wirkte ebenfalls als verstärkendes Argument. Selbstverständlich ergab sich der Klient, angesichts der Übermacht solcher Belege in sein Schicksal und lebte demzufolge seit vielen Jahren unter ständigem Medikamenteneinfluss mit nicht unerheblichen Nebenwirkungen ohne die Aussicht auf Heilung. Man kann sich vorstellen, wie schwierig es ist, die notwendige Energie für eine Veränderung in einem solchen Menschen freizusetzen, dem mit derartiger Vehemenz von allen Seiten die Unveränderlichkeit seiner Situation suggeriert wurde. Wir würden dieses Beispiel hier nicht anführen, wenn es ihm nicht dennoch gelungen wäre, den Weg der Veränderung zu gehen und hierdurch einen immensen Zugewinn an Lebensqualität zu erreichen.

Ein weiteres anschauliches Beispiel für die Beantwortung der Frage, ob nun eine Erkrankung angeboren oder erworben ist, stellt für uns die Migräne dar. Hierbei handelt es sich um einen periodisch auftretenden Kopfschmerz, der für so viele Krankheitstage wie kaum ein anderes Symptom sorgt. An Migräne leiden ca. 14% der Bevölkerung, wobei Frauen hiervon häufiger betroffen sind. Neuere Studien glauben, Belege an fünf verschiedenen Bereichen des Erbgutes gefunden zu haben, welche für eine Prädisposition von Migräne mitverantwortlich sein könnten.[8] Andere Untersuchungen hingegen belegen den offensichtlichen Zusammenhang zwischen bzw. das gemeinsame Auftreten von Migräne und anderen psychologischen Beeinträchtigungen wie Panikstörungen und Depressionen.[9] Darüber hinaus ist belegt, dass medikamentenfreie, psychologische Interventionen wie z. B. Muskelrelaxation nach Jakobsen und Biofeedback-Methoden fast ebenso effektiv bei der Behandlung von Migräne sind wie Medikamente.[10] Dies scheint uns ein ausreichender Beleg dafür zu sein, dass die psychische Komponente auch im Falle von Migräne der dominante Faktor ist.

Für uns ist der Aspekt der Genetik demnach wie folgt einzuordnen. Grundsätzlich gilt, dass wir eine schier unerschöpfliche Anzahl von genetischen Dispositionen, Informationen und Potenzialen mit auf den Weg unseres körperlichen Lebens bekommen. Grundsätzlich können wir davon ausgehen, dass nahezu alle körperlichen Komponenten, Stärken, Schwächen und Potenziale vererbt werden. Dieser gesamte Anteil ist jedoch in unserem Zusammenhang zu vernachlässigen, da er sich mehrheitlich einer möglichen Einflussnahme durch uns entzieht. Beispielsweise könnte jemand die genetische Disposition dafür in sich tragen, der begnadetste Klaviervirtuose seiner Zeit zu werden. Wenn ihn jedoch niemand in seinem Leben je an ein Klavier setzt, wird er dieses Potenzial nicht realisieren und vermutlich nie davon erfahren. Auf eben diese Weise verhält es sich mit den Erkrankungen, die der Psychodynamik unterliegen. Es gibt zahlreiche Krankheitsbilder, die dem Formenkreis der psychosomatischen Erkrankungen zugeordnet werden. Hierbei handelt es sich um psychische Konstellationen oder Ursachen, die zum Teil ausgeprägte körperliche Symptome bewirken oder mitverursachen. Das bedeutet, dass Art und Ausprägung des Krankheitsbildes stark von der psychischen Verfassung der Betroffenen abhängig ist. Fehlt bei diesen Erkrankungen der, noch im weiteren Verlauf zu benennende, psychische Impuls, möge er nun Stress, Unglück, Angst oder Ähnliches bedeuten, wird die Krankheit also niemals in dieser Form zur Manifestation gelangen.

Eine in unseren Augen gute Metapher für dieses Zusammenspiel verschiedener Umstände ist die Entstehung einer Flamme. Damit eine Flamme entstehen kann, bedarf es verschiedener Voraussetzungen. Es braucht brennbares Material unter Abwesenheit von zu viel Feuchtigkeit. Darüber hinaus ist eine gewisse Menge an Sauerstoff notwendig. Das sind drei Voraussetzungen, die nahezu überall auf den trockenen Teilen unserer Welt vorhanden sind. Doch trotz des vielfachen Vorhandenseins dieser Grundbedingungen tritt das Phänomen des Feuers in Relation dazu verhältnismäßig selten auf. Was fehlt, ist schlussendlich die vierte und letzte Komponente: der Zündfunke! Ohne dieses Funken wird es niemals zum Feuer kommen, auch wenn alle anderen Bedingungen erfüllt sind.

Ebenso verhält es sich mit der Psychosomatik. Selbst wenn der Körper und die entsprechende genetisch bedingte Disposition für die jeweilige Erkrankung vorhanden sind, bedeutet das noch nicht, dass sich diese Krankheit auch manifestieren muss. Was es eben dafür braucht, ist der psychologische Zündfunke. Aus diesem Grund sehen wir in psychologischer Hinsicht den genetischen Aspekt als zu vernachlässigen an, insbesondere da man hierauf ohnehin keinerlei Einfluss nehmen kann.

Unsere Verantwortung liegt daher vielmehr in der „Psycho-Hygiene". Ein gesunder Geist ist gemäß unserer Erfahrungen die beste Voraussetzung für einen gesunden Körper. Selbstverständlich bedeutet das nicht, dass man jegliche körperliche Beeinträchtigung oder Erkrankung mit Hilfe der Psyche immer vermeiden oder heilen kann. Aber die Akzeptanz der Tatsache, dass man über die Aufrechterhaltung der psychologischen Gesundheit auch das körperliche Gesundheitspotenzial vollständig ausschöpfen kann, erhöht in erheblichem Maße die Verantwortung, die man für sich selbst und seinen Körper hat.

Dass die Psyche einen signifikanten Einfluss auf den Körper mit all seinen Funktionen hat, ist schon seit langem bekannt und eindeutig belegt. Ein großes Versuchsfeld bot in diesem Zusammenhang die Hypnose. 1982 hat eine Studie bewiesen, dass sich die weißen Blutkörperchen, die zu einem großen Teil das menschliche Immunsystem ausmachen, unter dem Einfluss von Hypnose in erheblichem Maße in ihrer Anzahl erhöhen können.[11] Ein Experiment aus dem Jahr 1989 mit gesunden Kindern belegte eine signifikante Erhöhung der Immunglobuline durch Hypnose.[12] Darüber hinaus scheint es, dass Visualisierungspraktiken, eine Form von Selbst-Hypnose, ebenfalls einen erheblichen Einfluss auf den Körper ausüben können. Eine kleine Studie mit 20 Probanden, die alle an Erkrankungen wie Krebs, AIDS oder viralen Infektionen litten, belegte bei den Freiwilligen im Anschluss an eine 90-tägige Periode von Visualisierungsübungen einen signifikanten Anstieg an weißen Blutkörpern.[13] Eindrücklich sind im Zusammenhang mit der heilenden Wirkung der Psyche auf den Körper ebenfalls die zahllosen Placebo-Experimente, bei denen den Probanden suggeriert wird, helfende Medikamente zu erhalten, obgleich es sich um wirkungslose Stoffe handelt.[14]

Uns liegt es fern, in diesem Zusammenhang für die Hypnose als Therapie einzutreten. Es lag uns vielmehr daran, aufzuzeigen, welche Möglichkeiten der Einflussnahme der Geist auf den Körper hat. Wir versuchen, Ihnen damit ein Gefühl für das Potenzial Ihrer Mündigkeit zu vermitteln, wenn Sie sich entschließen, eben aktiv die Verantwortung hierfür zu übernehmen.

Wahrheit oder Illusion?

Der Glaube an die Wahrheit beginnt mit dem Zweifel an allen bis dahin geglaubten Wahrheiten.
Friedrich Wilhelm Nietzsche

Wir erachten das Mittel der Hypnose nicht als ein Mittel der Wahl und bedienen uns auch persönlich nicht dieses Mittels. Aus einem einfachen Grund: Hypnose ist insofern eine Illusion, als dass hier dem zu Behandelnden die Vorstellung vermittelt wird, es sei der Therapeut, der aufgrund seiner besonderen Fähigkeiten die Heilung oder die Veränderung innerhalb des Klienten bewirkt. Das wiederum birgt die Gefahr, dass der Betroffene glaubt, er bedürfe des Therapeuten, um seine Probleme zu lösen. Es würde die Unmündigkeit des Hilfesuchenden weiter verstärken.

Wir können dasselbe und bessere Ergebnisse erreichen, indem wir den Klienten die Verantwortung für ihr tatsächliches Potenzial und ihre eigenen Fähigkeiten vermitteln.

Das ist ein entscheidender Bestandteil des Prozesses der *Conscious Realization*. Auf diese Weise sind wir effektiver im Hinblick auf das Ergebnis, ohne den Klienten an uns zu binden.

Ein interessanter Beleg für die Möglichkeit, den eigenen Körper auch ohne Hypnose, zielgerichtet beeinflussen zu können, bietet das folgende Experiment: Bei diesem eindrucksvollen Versuch wurde eine Gruppe von untrainierten Probanden in drei kleinere Untergruppen unterteilt.

Die erste Gruppe schickte man ins Fitnessstudio, um Muskelaufbau zu betreiben.

Die zweite Gruppe ließ man exakt dieselben Übungen innerhalb der gleichen Zeit durchführen, dies aber lediglich mental in ihrer Vorstellung. Also in der Form einer Visualisierungspraktik. Man kontrollierte hierbei, dass keine Muskeln benutzt oder unwillkürlich angespannt wurden.

Die letzte Gruppe war die sogenannte Kontrollgruppe. Diese tat, wie bereits vor dem Experiment auch, nichts von beidem. Erwartungsgemäß entwickelte sich bei dieser letzten, der Kontrollgruppe, im beobachteten Zeitraum keinerlei Muskelwachstum. Die Überraschung bot natürlich die zweite Gruppe. Jene Probanden, die sich regelmäßig für einen bestimmten Zeitraum dem „mentalen Training" widmeten, konnten zum Ende des Beobachtungszeitraumes einen signifikanten Muskelzuwachs vorweisen. Dieser war zwar nicht ganz so hoch wie der, welcher bei den tatsächlich physisch Trainierenden erreicht wurde, aber hinsichtlich der Tatsache, dass die mentale Trainingsgruppe nie auch nur eine einzige Hantel tatsächlich bewegte, enorm.[15]

Eine Forschergruppe um Guang Yue (Cleveland Clinic Foundation, Ohio)[16] führte daraufhin einen weiteren Test mit zwanzig Freiwilligen durch, die sich in ihren Übungen lediglich auf die Bizeps-Muskulatur des Oberarms konzentrierten. In nur zwei Wochen konnten die Probanden durchschnittlich eine Zunahme ihrer Bizeps-Muskulatur um 13,5 % vorweisen. Selbst drei Monate nach Beendigung dieses Experiments bestand dieser Gewinn an Muskelmasse noch fort.

Solche Experimente sind nicht nur ein Beweis für die Macht der Psyche über den Körper, sie belegen darüber hinaus eine weitere, ebenso wichtige wie eindrucksvolle Erkenntnis: Ob ein Ereignis wirklich stattfindet oder ob man sich dieses nur vorstellt, macht weder für unsere Psyche noch für den Körper einen signifikanten Unterschied.

Natürlich gilt das nur innerhalb bestimmter Grenzen, denn glücklicherweise führt die intensive Vorstellung eines körperlichen Angriffs durch eine gewalttätige Gruppe von Schlägern nicht dazu, dass einem die Knochen tatsächlich brechen, aber – und das ist es, was uns interessiert – sie genügt mitunter, um die Emotionen der Furcht mitsamt den dazugehörigen körperlichen Reaktionen hervorzurufen.

Wir erleben insbesondere in unserer Arbeit mit Kindern immer wieder, dass diese von der Gewalttätigkeit ihrer Eltern sprechen, die

Eltern aber jede Form von tatsächlichen Übergriffen solcher Art vehement bestreiten. Es ist für die psychische Behandlung und Heilung der betroffenen Kinder ein sinnloses Unterfangen mit Hilfe einer Untersuchung herausfinden zu wollen, ob solche Übergriffe nun tatsächlich erfolgt sind oder nicht. Es macht, psychologisch betrachtet –und das ist es, was uns hier beschäftigt– überhaupt keinen Unterschied, ob diese gewalttätigen Handlungen wirklich stattgefunden haben oder nicht. Entscheidender ist, ob das betroffene Kind es wirklich so empfindet. Denn für dessen psychologische Entwicklung macht es keinen Unterschied, ob dieses Ereignis wirklich stattfand, ob das Kind es sich nur zur Gänze vorstellte oder ob es einfach ein anderes Verhalten der Eltern unwillkürlich auf diese Weise uminterpretiert hat.

Dies ist für das weitere Verständnis der Psyche im Allgemeinen wie auch für den Wert, den Erinnerungen für die Menschen haben, im Besonderen eine bedeutende Information, auf die wir im späteren Verlauf wieder Bezug nehmen werden.

Es sei abschließend zu diesem Kapitel noch einmal zusammenfassend gesagt, dass gemäß unserer Erfahrung psychische Wahrnehmungen und Bewertungen sowie deren Resultat innerhalb der Psyche niemals ausschließlich genetisch bedingt sind oder sein können. Sie sind allesamt mehrheitlich erlernt oder konditioniert. Selbstverständlich sind sie mitverursachend und wirken verstärkend auf körperliche Symptome und Erkrankungen. Schon aus diesem Grund sollten sie einen Ansporn für die Übernahme der eigenen Verantwortung im Hinblick auf die geistige Gesundheit sein.

Um mit Hilfe des Prozesses der „Conscious Realisation" die volle „Mündigkeit" zu erreichen und die Verantwortung für die eigene Psyche zu übernehmen, beginnen wir nun, nachdem wir die körperlichen Aspekte mehrheitlich hinter uns gelassen haben, mit dem inneren menschlichen Erleben.

Erster Schritt auf diesem Weg muss es daher gemäß des Grundsatzes der Neutralität sein, zu erfahren, welche Vorstellung man von sich selber hat und woher diese Vorstellung kommt beziehungsweise wie sie entsteht.

Kapitel 4
Die Entstehung der Identität

*Wenn wir, sagtest du, die Menschen nur nehmen,
wie sie sind, so machen wir sie schlechter. Wenn wir sie
behandeln, als wären sie, was sie sein sollten,
so bringen wir sie dahin, wohin sie zu bringen sind.*

Johann Wolfgang von Goethe

Der Begriff „Identität" bedeutet, „mit etwas identifiziert sein". Die Identität ist also die Summe der jeweiligen Identifikationen eines Menschen. Um sich jedoch überhaupt mit etwas identifizieren zu können, ist eine Sache unabdingbare Voraussetzung: Man muss sich selbst als unabhängige Einheit von der Welt und den anderen Menschen getrennt wahrnehmen können. Diese Trennung bildet zugleich Bedingung und Ursache für viele psychische Symptome. Darüber hinaus kann sie, in ihrer „missglückten" Form, die Quelle für psychische Erkrankungen wie zum Beispiel die Schizophrenie bilden.

Diese Teilung bezieht sich nämlich nicht nur auf das körperliche Getrenntsein von seiner Umwelt. Sie beschreibt darüber hinaus vielmehr ein inneres, getrenntes Wahrnehmen von verschiedenen psychischen Instanzen. Wichtigster Vertreter dieser Instanzen ist das sogenannte „Ich".

Das, was man als „Ich" empfindet, wird häufig als getrennt vom Körper, von einigen Emotionen und sogar von den Sinnen und Gedanken wahrgenommen.

Wir illustrieren das anhand folgender beispielhafter Aussagen, in denen sich einige Leser vielleicht wiederfinden können:

„Es fällt mir manchmal schwer, mich auf eine Sache zu konzentrieren."
„Ich lasse mich oft ablenken."
„In meinem Kopf kreisen immer wieder Gedanken, die ich nicht kontrollieren kann."
„Ich denke über meine Gedanken nach."
„Ich versuche es, aber ich kann mich nicht erinnern."
„Es fällt mir schwer, diese Rolle zu spielen."
„Ich kann nichts gegen meine Aggressivität tun und das macht mich wütend!"

Diese sowie viele weitere Aussagen machen deutlich, dass die Menschen innerhalb ihres Seelenlebens verschiedenen Anteile, Institutionen oder Instanzen wahrnehmen, die sie als von ihrem „Ich" getrennt oder als nicht kontrollierbar empfinden und mit denen sie sich mehr oder weniger identifizieren.

Die Betroffenen empfinden diese Anteile also entweder als zu sich gehörig oder als von sich getrennt. Unter anderem daraus entwickelt man ein Bild, eine Vorstellung von sich selbst in Bezug darauf, wie oder wer man ist und wie beziehungsweise wer man sein möchte. Das gilt sowohl für sich selbst als auch für die Beurteilung oder die „Augen" der anderen. Man versucht stets, teilweise bewusst teilweise unwillkürlich, sich diesem Bild von sich selber anzunähern, es zu verteidigen bzw. es nach außen zu repräsentieren.

Diese Vorstellung von sich selber macht es einem, solange sie nicht bewusst ist, unmöglich, sich auf die beschriebene „neutrale" Weise zu betrachten. Eine Vorstellung ist, gemäß seiner wort-wörtlichen Bedeutung etwas, das sich vor die Tatsächlichkeit oder die Wirklichkeit stellt. In diesem Falle also vor das zu ergründende tatsächliche Selbst.

Die Spaltung des Menschen in verschiedene psychische Instanzen findet ihre Entsprechung in dem in der Bibel beschriebenen Gleichnis des „Sündenfalls". Die Erkenntnis der Dualität, in der Bibel als die menschliche Aufteilung in männlich und weiblich dargestellt, entspricht der Entstehung der persönlichen Dualität in der Form von „Ich" und „Du". Ähnlich wie in dem Bibelgleichnis Mann und Frau nach dem Sündenfall fortan immer auf der Suche nach ihrer gegengeschlechtlichen Entsprechung sind, so sind viele Menschen häufig ihr Leben lang auf der Suche nach innerem Frieden und der Einheit in sich selber.

Die Realisation dieser Einigung ist es, welcher von uns im Prozess der *Conscious Realization* beschrieben wird.

Menschen entwickeln also eine Vorstellung von sich selber, eine Idee davon, wer sie sind, wie sie sind und wie sie sein sollten. Diese Idee ist, gemäß ihrer Natur, getrennt von den Menschen selber. Die Menschen aber sind mit ihr identifiziert. Um diese Vor-stellung also weg-stellen zu können – etwas unbedingt Notwendiges, um die Reise zu seinem innersten Kern fortsetzen zu können – ist es, vielleicht zunächst hilfreich zu verstehen, woher diese Idee des Selbstbildes und die Identifikation mit seinen Bestandteilen kommt und wie sie entsteht.

Am Anfang war das....

Fremdbild

Man urteilt über andere nicht so verschieden wie über sich selbst.
Luc de Clapiers

Zum Zeitpunkt ihrer Geburt sind Kinder frei von jeglichen Vorstellungen gegenüber sich selbst oder der Welt, in die sie hineingeboren wurden. Sie wären schon aufgrund des Entwicklungsstadiums ihres inneren Erlebens gar nicht dazu in der Lage, sich Ideen oder Vorstellungen von irgendetwas zu machen. Wer jedoch andererseits zu diesem Zeitpunkt bereits eine mehr oder weniger ausgeprägte Vorstellung von den Kindern hat, das sind ihre jeweiligen Eltern und Großeltern sowie, falls vorhanden, ihre Geschwister. Diese Vorstellungen sind den Mitgliedern der Familie in nur sehr begrenztem Umfang bewusst und werden in der Regel mehrheitlich auf non-verbale Weise kommuniziert. Das hat jedoch eben aus diesem Grund einen ungleich stärkeren Effekt auf die Kinder. Wir werden das nachfolgend anhand einiger Beispiele erläutern, um einen Eindruck von diesem Mechanismus zu vermitteln.

Eltern sind ihren neu- oder noch ungeborenen Kindern gegenüber mehrheitlich nicht neutral. Sie verbinden Hoffnungen und Sehnsüchte, Ängste und Sorgen mit der Existenz des vielleicht ersehnten oder eventuell vielleicht sogar unerwarteten Kindes. Alle diese emotionalen Merkmale der Eltern haben einen Einfluss auf ihr Verhalten dem Kind gegenüber. Zum Beispiel kann die Angst der Eltern vor Krankheit oder Unfall des Kindes eventuell in ihnen eine überprotektive Grundhaltung bewirken, ein Beschützen-Wollen, das in dem Kind vielleicht den Eindruck von eigener Unfähigkeit nährt oder ein zögerliches Verhalten in ihm fördert.

Man weiß heute, dass allein die Tatsache, dass sich die Eltern ein bestimmtes Geschlecht des Kindes wünschen und Hoffnungen in Bezug auf das weitere Leben des Kindes damit verbinden, einen erheblichen Einfluss auf das spätere Verhalten des Kindes sowie dessen Persönlichkeit haben kann. Das Verhalten entwickelt sich natürlich unterschiedlich je nachdem, ob das Kind das gewünschte Geschlecht hat oder eben nicht.

All diese Erwartungen, Vorstellungen und Emotionen werden nicht nur von den Eltern, sondern auch von Geschwistern, Großeltern und mit der Zeit auch von anderen Menschen der Umgebung auf das Kind projiziert.

Bereits vorhandene Geschwister wünschen sich vielleicht ein Brüderchen oder ein Schwesterchen, mit dem sie ihre jeweiligen Lieblingsspiele spielen oder mit dem sie sich vielleicht gegen andere

Geschwister verbünden können. Großeltern erhoffen sich unter Umständen, endlich die Dinge mit den Enkeln tun zu können, für die sie bei den eigenen Kindern keine Gelegenheit hatten. Und nicht wenige Eltern finden in ihren Kinder sich selber wieder und wollen vielleicht unbedingt, dass die Kinder es besser haben oder mehr erreichen als sie selber, da ihnen, als sie selber kleiner waren, vielleicht die Gelegenheit fehlte.

Natürlich ist es nicht so, dass das Kind etwa die Gedanken und Vorstellungen der Familienmitglieder lesen oder interpretieren könnte. Kinder haben andere Referenzpunkte, an denen sie sich orientieren. Allen voran steht, die Akzeptanz und die Anerkennung dessen, was sie sind oder wie sie sind. Akzeptanz, Anerkennung oder Liebe ist das Lebenselixier und der Lebensmittelpunkt von Kleinkindern. Es bildet geradezu deren Daseins-Zentrum. Hieran orientieren sie sich. Ohne diesen Referenzpunkt wären sie gar nicht lebensfähig.

Geradezu auf tragische Weise eindrucksvoll belegt das ein grausames Experiment, das dem deutschen König Friedrich II. von Hohenstaufen zugeschrieben wird und das als „Waisenkind-Versuch" in die Geschichte einging. Dieser ließ, der Überlieferung zufolge einige neugeborene Kinder von ihren Müttern trennen und übergab sie Pflegerinnen und Ammen, denen wiederum jegliche emotionale Kontaktaufnahme zu den Kindern verboten wurde. Die Frauen durften die Kinder lediglich mit Nahrung und Kleidung versorgen – ansonsten wurde ihnen jede Form von Kommunikation oder körperlichem Kontakt untersagt. Ziel dieses Experiments war, gemäß einem Chronisten, die „Ursprache" der Menschen zu ergründen.

Das Ergebnis war so erschreckend wie eindeutig: Alle Versuchskinder starben aufgrund dieser reduzierten Behandlung schon nach kurzer Zeit.

Abgesehen von ihren emotionalen Erwartungen haben die Familienmitglieder mit einer Reihe praktischer Probleme in Bezug auf die Begleitung der heranwachsenden Kinder zu kämpfen. Die Annäherung an diese praktischen Lebensprobleme geschieht in der Regel auf die übliche hier beschriebene Weise: Man macht sich eine Vorstellung vom

Idealzustand und dieser bildet dann zukünftig das zu erreichende Ziel. Abgesehen von der affektiven Beziehung der Eltern zu ihrem Kind, die häufig unwillkürlich abläuft, haben sie jedoch, im Gegensatz dazu, in der Regel eine relativ klare Vorstellung von den Zielen der Behandlung ihres Kindes in Bezug auf die körperliche Entwicklung und Problembewältigung des Nachwuchses.

Eines der ersten Ziele im Umgang mit dem Neugeborenen ist häufig die möglichst rasche Selbständigkeit des Säuglings. Übliche Ziele innerhalb der ersten Lebensjahre der Kindesbegleitung sind daher oft beispielsweise:

> Das Kind sollte alleine schlafen, durchschlafen und essen.
> Das Kind sollte alleine auf die Toilette gehen.
> Das Kind sollte laufen und sprechen lernen.
> Das Kind sollte seine motorischen Fähigkeiten entwickeln.

Sind diese Ziele erreicht, so reihen sich in der Regel nahtlos die nächsten daran. Das könnten z. B. die Folgenden sein:

> Das Kind sollte lesen, schreiben und rechnen können.
> Das Kind sollte spezifische soziale, motorische und geistige Fähigkeiten erlangen.

Das Kind sollte innerhalb eines bestimmten Alters über ein festgelegtes Wissen verfügen, eine zweite Sprache erlernen usw.

Diese Ziele definieren sich meist bewusst aus den Erinnerungen der Eltern an die eigene Kindheit, dem Vergleich zu anderen Kindern und aus den Vorgaben der Gesellschaft. So hört man vielleicht auf dem Spielplatz beispielsweise die Mutter eines etwa gleichaltrigen Kindes sagen, dass ihr Kind bereits dieses oder jenes könne. Wenn das eigene Kind es aber noch nicht beherrscht, so entwickelt sich leicht ein persönliches Ziel der Eltern in Bezug auf die zu erreichende Fähigkeit des eigenen Kindes. Es gilt nun für das Kind, dies nun so schnell wie möglich auch zu erlernen.

Selbstbild

Der Mensch ist eine Maschine. Er hat keine unabhängigen Bewegungen, weder äußerlich noch innerlich. Er ist eine Maschine, angetrieben von äußeren Einflüssen und von äußeren Anstößen. Von sich aus ist er nur ein Automat mit einer gewissen Ansammlung von Erinnerungen vergangener Erfahrungen und mit einer gewissen Menge von Energie in Reserve.
Pyotr D. Ouspensky

Wie nun erreichen die ambitionierten Eltern solche für ihre Kinder gesteckten Ziele in der Regel? Sie üben, beziehungsweise trainieren die Kinder in diesen bestimmten Fähigkeiten. Sie schaffen Anreize und belohnen die Kinder für das Erreichen von Etappen-, und/oder Endzielen, und sei es nur auf die Weise, dass man ihnen zeigt, wie sehr man sich darüber freut. Man versucht sie zu motivieren, indem man ihnen zeigt, wie erstrebenswert das Erreichen dieser Ziele ist. Man vergleicht die Kinder mit anderen, die das Ziel schon erreicht haben:

> *„Schau mal, was der ... schon kann."*
> *„Hast du gesehen, wie brav .... ist?"*

Was vielen Eltern dabei nicht bewusst wird, ist, dass die Kinder auf diese Weise ständig mit dem Bild ihrer Zukunft oder ihres Idealzustands vor der Nase aufwachsen, das die Eltern auf sie projizieren und woran viele ihrer Handlungen und Fähigkeiten immer wieder gemessen werden.

Welchen Eindruck oder „Abdruck" hinterlässt ein solches Verhalten bei den betroffenen Kindern?

Bei der Beantwortung dieser Frage sollte man sich wieder vor Augen halten, dass alle diese Kinder ihre Entwicklungsziele nicht von Geburt an mit ihren Eltern teilen und auch nicht die Notwendigkeit für das Erreichen all dieser Ziele sehen oder begreifen können. Die einzige Motivation, besonders in den ersten Jahren, welche die Kinder haben, ist, es ihren Eltern recht zu machen, und das nur mit dem einzigen Ziel, die Anerkennung und Zuneigung ihrer wichtigsten Bezugspersonen zu erlangen. Die Erfahrung lehrt die Kinder im Leben jedoch häufig, dass es diese Zuneigung nicht gratis gibt, sondern dass sie hierfür etwas tun beziehungsweise etwas erreichen müssen. Erreichen die Kinder die ihnen gesteckten Ziele nicht oder nicht rechtzeitig, sind die Eltern unzufrieden oder besorgt und das spüren die Sprösslinge.

Die Vorstellung von der Notwendigkeit, jemand zu werden oder etwas erreichen zu müssen, manifestiert sich in verschieden starker und unbewusster Weise in den Kindern und wird in den meisten Fällen einen festen Teil ihrer späteren Persönlichkeit ausmachen. Die auf diese Weise unwillkürlich angesammelten Ziele und Bewertungen werden zu Motivations- oder zu Vermeidungs-Faktoren, welche die späteren Meinungen und Entscheidungen der Heranwachsenden zum Teil erheblich beeinflussen.

Über diesen unwillkürlichen Bereich der Persönlichkeit wird sich später ein kognitiver oder rationaler Überbau legen.[17] Der besteht aus den logisch akkumulierten Informationen und Erfahrungen dieser Menschen im Laufe ihres weiteren Lebens. In Bezug auf eigene negativ bewertete oder abgelehnte Eigenschaften beispielsweise sammelt man so viele, dies unterstützende Contra-Argumente wie möglich und auf der anderen Seite übt man sich im Widerlegen aller Pro-Argumente.

Der rationale Überbau unterstützt also in der Regel nur die bereits vorhandene Struktur der Persönlichkeit. Es gibt jedoch auch Strukturen, die eine Veränderung der Persönlichkeit bewirken können. Dies können einerseits zum Beispiel besonders traumatische Erlebnisse sein. Auf der anderen Seite kann aber auch die Liebe zu einem Menschen die Persönlichkeit auf wesentliche Weise, beeinflussen.

Die hier beschriebenen emotionalen Projektionen, die aus den Erwartungen, Hoffnungen, Wünschen, Ängsten, Sorgen sowie den Übertragungen des eigenen Selbst, der jeweiligen Eltern oder Referenz-Personen des Kindes bestehen, bezeichnen wir als Fremdbild. Das Bild also, welches das Primärumfeld, in der Regel die Familie, von dem Kind hat. Dieses Fremdbild ist es, dem sich die Kinder bei ihrem Aufwachsen gegenübersehen. Das Bild wird dabei wie mit einem Projektor auf die Heranwachsenden geworfen und diese identifizieren sich in der Folge nahezu zwangsläufig damit. Im Zuge dieser Identifikation wird es gleichermaßen ein Teil ihrer selbst und damit in das sich langsam entwickelnde Bild integriert, das die Kinder von sich selber haben. So wie Pflanzen sich der Sonne zuwenden, so wenden Kinder sich, wenn sie die Gelegenheit dazu erhalten, der Liebe und Anerkennung ihrer Eltern zu und bilden ihr ganzes frühkindliches Sein und Verhalten danach aus. Verhalten sich die Kinder nicht wie gewünscht, so erleben sie die Konsequenz unmittelbar in der Reaktion ihrer Eltern oder ihrer Umwelt.

Auch wenn hier natürlich noch weitere Komponenten eine Rolle in der Entwicklung spielen, auf die wir an anderer Stelle Bezug nehmen werden, so dienen diese Erläuterungen jedoch in ausreichendem Maße dazu, einen Eindruck darüber zu vermitteln, dass sowohl Eltern als auch andere Familienmitglieder Bilder oder Vorstellungen von ihrem Nachwuchs haben, die einen nicht unerheblichen Einfluss auf die Kinder und ihr Verhalten sowie die Ausbildung ihres späteren Charakters ausüben.

Die Entwicklung der Persönlichkeit

Jeden Tag sich neu erfinden, tut Leistung und Ressourcen binden, bis dann sich meldet spät die Seele, von wem nimmst Du nur die Befehle, Dein wahres Ich suchst Du vergebens, geworden bist Du Zeit des Lebens, wie andere wollten Dich so haben, für sie Du hast Dein Ich vergraben.
Karl Talnop

Der Charakter ist eine Gewohnheit der Seele.
Johann Wolfgang von Goethe

Fassen wir zu Beginn dieses Kapitels noch einmal kurz die bereits gewonnenen Erkenntnisse zusammen:
Zu Beginn des Lebens eines Kindes begegnen ihm die Menschen seiner Umgebung einerseits mit emotionalen Erwartungen und auf der anderen Seite mit gesetzten Zielen und zu lösenden Problemen. Die

Summe dessen ist es, was wir das Fremdbild nennen. Das Kind, ganz auf den Empfang von Liebe, Anerkennung und Akzeptanz seiner selbst eingestellt, richtet sich innerhalb seines Verhaltens, seiner Bewertungen und Identifikationen mehrheitlich danach aus. Das gleicht Blumen oder Bäumen, die sich der Sonne gemäß ausrichten und ihr entgegenwachsen. In diesem Zusammenhang internalisiert das Kind bestimmte Bewertungen seiner selbst, was zum sogenannten „Selbstbild" des Kindes führt. Darüber hinaus bildet es Ziele für seine Handlungen oder Verhaltensweisen aus in der Erwartung, Belohnung in Form von Akzeptanz zu erfahren. Es entstehen bestimmte Verhaltensweisen und Wesensmerkmale, die als gewünscht wahrgenommen werden und mit denen das Kind sich zu identifizieren versucht einerseits, sowie andererseits solche, die das Kind als unerwünscht empfindet. Unerwünschte Verhaltensweisen werden fortan vermieden oder versteckt, wohingegen gewünschte Verhaltensweisen gezeigt und kultiviert werden.

Das Kind entwickelt damit eine sogenannte Identität beziehungsweise ein Ideal-Bild von sich selber. Dieses Idealbild beinhaltet die Summe aller Erwartungen, Bewertungen, Ziele und Wünsche, mit denen der Mensch sich identifiziert. Den Kern dieser psychologischen Identität behalten die Menschen häufig den größten Teil ihres Lebens bei, bauen ihn weiter aus und spezialisieren sich zunehmend darauf. Diese Spezialisierung besteht darin, dass sie in ihrem weiteren Lebensweg jene mit ihrer Identität zu vereinbarenden und damit gewünschten Bestandteile, Verhaltensweisen und Eigenschaften kultivieren und vor Dritten zu verteidigen lernen.

Die nicht dienlichen und unerwünschten hingegen werden folglich negativ bewertet, und man sucht sie bei sich selbst zu verdrängen. Häufig sind es eben diese Eigenschaften, die man dann bei anderen als störend oder unangenehm empfindet. Darüber hinaus sammelt man dann im Laufe der Zeit mehr und mehr Argumente, die sowohl für die eine als auch für die andere Seite als erklärend und logisch gelten.

Aus der Summe all dieser Verhaltensweisen entwickelt sich im Laufe von Jahren das, was wir die „Persönlichkeit" eines Menschen nennen. Die sich so entwickelnde Persönlichkeit wird auf diese Weise mit zunehmendem Alter häufig rigide und der Fokus damit immer enger. Man hat häufig im Alter dann klare festgelegte Meinungen, die kaum jemand mehr in der Lage ist zu beeinflussen.

Im allgemeinen Sprachgebrauch bedeutet der Begriff „Persönlichkeit" die Summe der hervorstechenden, prominenten Eigenschaften eines Menschen, einer Person. Betrachten wir den Begriff „Person" gemäß seiner etymologischen Herkunft, so wird schnell klar, was dieser Begriff tatsächlich beschreibt. „Per-Sonare" ist das, was „durchklingt" oder „hindurch-klingt". Umgangssprachlich ist es das, was „durch-dröhnt". Das, was von innen nach außen dringt und damit offenbar wird. Es handelt sich also bei dem, was eine Persönlichkeit im herkömmlichen Sprachgebrauch ausmacht, nicht um die Summe all ihrer Bestandteile, sondern vielmehr um solche Anteile, die nach außen gezeigt, durchgelassen oder offensichtlich werden. Prinzipiell mag man annehmen, dass das eine mit dem anderen identisch ist, jedoch werden wir genau erläutern, warum dies in keiner Weise der Fall sein kann.

Wir haben beschrieben, wie sich die erste zarte Pflanze des Baumes, der später die Persönlichkeit eines Menschen darstellt, sich teilweise durch die Identifizierung mit den Erwartungen anderer entwickelt.

Über diese tiefen ersten Schichten der sich ausbildenden Persönlichkeit legen sich andere, allgemeinere Bestandteile und später im Leben auch speziellere Elemente vorhandener Identifikation, die sich nahtlos in das entsprechende Selbstbild einfügen werden.

Jungs mögen häufig große und schnelle Autos, Motorräder, Raketen und Züge. Mädchen lieben oft Tiere. Erst Kaninchen und Katzen, vielleicht später Hunde oder Pferde. Das ist kein Zufall und hat auch nichts mit Genetik zu tun. Kinder haben den Wunsch, erwachsen zu werden, und das, was ihnen die Erwachsenen voraushaben, ist Macht. Macht vor allem über sie, die Kinder. Die Erwachsenen entscheiden, was die Kinder dürfen, auf welche Weise sie dies dürfen und wann sie es dürfen.

Aufgrund dieser, auch den meisten Eltern unbewussten Konditionierung, entwickeln die Kinder gemeinhin ein feines Gespür für Machtverhältnisse. Macht, bedeutet für sie Erwachsensein und sie versuchen daher fortan Macht zu erreichen und genießen sie bisweilen im Kleinen in den unterschiedlichsten Formen.

Die Begeisterung von kleinen Jungs für große Maschinen resultiert aus dem Eindruck von Macht und Kraft, die diese Instrumente symbolisieren. Daher assoziiert man solche Geräte vielleicht als Kind, innerhalb seiner Persönlichkeit als positiv. Haustiere sind die einzigen Lebewesen, die in der familiären Machthierarchie unserer Gesellschaft hinter den Kindern kommen. Daher sind es in diesem Fall die Kinder, die über diese Tiere Macht haben – und das gefällt ihnen.

Bereits hier sieht man häufig eine weitere, dahinterliegende Identifikation: Die Identifikation mit der Geschlechterrolle. Selbst wenn sich die Eltern noch so sehr bemühen, es den Kindern nicht mitzugeben, so leben wir doch in einer noch immer von Männern dominierten Welt. Diese Botschaft erhalten die Kinder spätestens, wenn sie sich in der Öffentlichkeit aufhalten. Wir beobachteten einmal Eltern, die ihren Sohn im Supermarkt an der Kasse davon abhalten wollten, ein rosa Spielzeugpferd zum Kauf auf das Band zu legen. Der Junge begann zu weinen, und um zu helfen, bemühte sich ein außenstehender Mann und sagte zu dem Jungen, er möge nicht weinen, denn „das ist doch bloß ein Spielzeug für Mädchen." Die Aussage dieses Mannes hat vermutlich dem kleinen Jungen sehr viel mehr an Informationen geliefert, als man auf den ersten Blick annehmen mag. Der Junge beginnt sich mit der männlichen Rolle zu identifizieren, da sie scheinbar mehr Macht verheißt als die weibliche.

Im späteren Verlauf der Ausbildung einer Persönlichkeit kommen weitere, allgemeinere und weniger rigide Identifikationen hinzu. Beispiele hierfür können sein: Die Identifikation mit einem Land. Die Identifikation mit einem Beruf oder einer sozialen Stellung. Die Identifikation im Zusammenhang mit den Vorstellungen eines guten Ehemannes/Ehefrau, Vater/Mutter etc. Es handelt sich also im Allgemeinen um die Ausprägung eines Wertesystems, das den ursprünglich angeeigneten und später weiterentwickelten, nicht bewussten Zielen dient.

Von einiger Bedeutung ist noch die Tatsache, dass es sich bei dem Bild von sich selbst zu einem großen Teil um Vorstellungen handelt, die noch realisiert oder erreicht werden müssen. Wie groß dieser Anteil im Vergleich zu dem ist, der bereits als Bestandteil der eigenen Person gesehen wird, hängt von der Stärke oder dem Umfang der beschriebenen Konditionierungen ab. Einfluss nimmt auch die notwendige Energie, die von dem Kind aufgebracht werden muss, um etwas erreichen oder werden zu können damit es sich die Zuneigung oder Bestätigung seines Umfeldes verdienen oder diese erhalten zu kann.

Das Rollenspiel

Unsere Leben haben wirklich nur in den Augen anderer eine Bedeutung. Wenn es niemanden gibt, der sich für dich interessiert, ist es so, als würde es dich gar nicht geben.
Haku in „Naruto"

Aus der Summe des jeweiligen Wertesystems, das mehr oder weniger ausschließlich dem Erreichen des Idealbildes und der Verteidigung der eigenen Identität dient, entwickeln sich im weiteren Verlauf der Entwicklung verschiedene Rollen, die man mehr oder weniger unbewusst spielt. Diese Rollen bestimmen ebenfalls die jeweilige Persönlichkeit. Die Tochter, die Mutter, die Schwester, die Freundin, die Kollegin usw.. All das sind Beispiele für verschiedene Rollen, die eine Frau parallel in ihrem Leben darstellen, beziehungsweise zu erfüllen versuchen könnte.

Jede dieser Rollen wird von inneren, nicht bewussten Bewertungs- und Beziehungssystemen bestimmt: Wie muss eine gute Mutter, Schwester, Freundin...usw. sein, beziehungsweise, wie darf sie nicht sein? Die Ausprägung der Identifikation mit dieser Rolle oder des Idealbildes dieser Rolle bestimmt ihren Anteil innerhalb der Persönlichkeit sowie die Energie, die hierfür zum Erreichen bereitgestellt wird. Verwaltet wird diese Energie vom Unwillkürlichen, welches die Summe aller zum Erreichen dieses Ideals dienlichen Beurteilungen, Vorstellungen und Interpretationen darstellt. Das Unwillkürliche wurde von uns bereits in Kapitel 2 erläutert.

Das Problem, das sich beim Erreichen dieser gewählten Rolle einstellt, ist eben die notwendige Bestätigung der anderen. Aufgrund des erworbenen Mangels hinsichtlich der Fähigkeit, sich selbst wahrzunehmen, der durch eine Erziehung mit dem Fokus auf Werden und Erreichen geschaffen wird, entwickelt man, sozusagen als Kompensationsversuch, ein Bild von einem Selbst. Dies wird als Selbstbild künftig eben das eigene Idealbild. Um Sicherheit in Bezug auf den Fortschritt zum Erreichen beziehungsweise auf die Realisierung dieses Idealbildes zu haben, braucht man jedoch die Bestätigung anderer. Die Fremdbestätigung ist notwendig, da man den Fortgang der eigenen Entwicklung auf dem Weg zu seinem Ideal nicht immer wahrnehmen kann. Es handelt sich schließlich nur um eine Idee und damit um eine Konstruktion. Wenn man aber durch andere das Idealbild bestätigt bekommt, fühlt man sich wohl.

Die Tatsache, dass man gerne seine Rolle durch die anderen bestätigt wissen möchte, ist natürlich ein verbreiteter, allgemeiner, unwillkürlicher Mechanismus. Da dies die meisten anderen Menschen der Gesellschaft auf die gleiche Weise suchen, hat sich aus diesem generellen Konsens ein recht surreales „Rollen-Spiel" entwickelt. Dieses „Rollenspiel" besteht darin, sich untereinander gegenseitig sein Selbstbild zu bestätigen und es in den Mantel der prinzipiellen Höflichkeit zu kleiden.

Die Regeln des Rollenspieles sind einfach: Ich bestätige dir die Rolle, welche du mir präsentierst, und du akzeptierst im Gegenzug die meine, und erkennst sie an. Absurd wird es manchmal aufgrund der Tatsache, dass viele sich der „Bestätigungssucht" des anderen durchaus bewusst sind und sie als solche erkennen, die eigene aber oft unzugänglich im Unwillkürlichen vor dem persönlichen Bewusstsein verborgen bleibt. Die eigene Suche nach Bestätigung wird häufig nicht als Konstruktion erkannt oder erfahren:

„Die anderen spielen eine Rolle, ich jedoch bin authentisch."

Das Selbst

Das Selbst ist reines Bewusstsein. Niemand kann sich vom Selbst entfernen. Die Frage ist nur in der Dualität möglich. Aber im reinen Bewusstsein gibt es keine Dualität.
Ramana Maharshi

Der höchste Genuss besteht in der Zufriedenheit mit sich selbst.
Jean-Jacques Rousseau

Wir haben nunmehr recht nachvollziehbar erfahren, wie die üblicherweise praktizierte Erziehungskultur zu einem grundsätzlichen Mangel an „Selbst-Gefühl" führt und wie man unwillkürlich versucht, diesen Mangel zu kompensieren.

Das, was diese Mangel-Empfindung aber zu kompensieren, oder zu erreichen versucht, ist natürlich nur eine Vorstellung – ein Bild vom Selbst, das nicht das wahre Selbst ist. Die Idee des nicht vorhandenen, fehlenden Selbst wird durch die Realisierung des Ideals vom Selbst – dem „Selbst-Bild" – zu ersetzen versucht.

> *„Ich empfinde eine Leere, da ich mein Selbst nicht fühlen oder wahrnehmen kann. Daher erschaffe ich mir eine Vorstellung von mir selbst, die ich zu realisieren und zu erfüllen versuche, um schließlich den Mangel und die Leere nicht mehr zu empfinden, sondern stattdessen Zufriedenheit zu erfahren."*

Ein „Puppenspiel" in Vollendung, das natürlich niemals dauerhafte Befriedigung verschaffen kann.

Was genau ist dieses Gefühl von Selbst beziehungsweise die Idee vom „Selbst-Gefühl", das man zu erreichen oder zu kompensieren sucht, und wo hat es seinen Ursprung? Wir sprechen hier ausdrücklich vom „Gefühl des Selbst", denn das ist zunächst das Einzige, was uns in diesem Rahmen beschäftigt.

Das Selbst im Allgemeinen, gemäß seiner üblicherweise verwendeten Bedeutung oder Definition, kann und darf für uns aus psychologischer Sicht keinerlei Bedeutung haben, da es sich ausschließlich um ein Konzept, eine Idee oder eine Vorstellung handeln kann. Jede Idee steht uns aber bei der Suche oder der Erfahrung unseres wahren Selbst zwangsläufig im Wege und müsste somit zunächst wieder ausgeräumt werden. Daher eben der Name „Vor-Stellung".

Das tatsächliche Selbst ist folglich aufgrund der Abwesenheit einer körperlichen Existenz, zunächst nichts weiter als eine Empfindung. Das Gefühl von Selbst-Sicherheit, Zufriedenheit, und Ausgeglichenheit eines Menschen hat seine Wurzeln natürlich in eben dieser für ihn notwendigen unbedingten, vorbehaltlosen Akzeptanz und Annahme seiner selbst innerhalb der ersten Lebensmonate.

Das ist es, was man allgemein als das sogenannte „Urvertrauen" bezeichnet. Das gefühlte Urvertrauen bezieht sich natürlich auf das Kind, obgleich es voranging, von der Mutter gespendet wird. Dieses Urvertrauen ist es, welches den Grad der Selbst-Zufriedenheit bestimmt. Das Gefühl von Selbst-Zufriedenheit bildet nicht nur die Grundlage, sondern ist gleichsam identisch mit dem Selbst-Gefühl.

Selbst-Gefühl wiederum ist nicht unterschiedlich von dem, was wir das Selbst nennen, denn das Selbst ist subjektiv zunächst nichts anderes als eine Empfindung, eine Wahrnehmung. Eine Wahrnehmung, die man gemäß ihrer Vertrautheit als Selbst bezeichnet und erkennt. Sie erscheint in Form und Verbindung mit einem Wohlgefühl, das absolut frei von jedem Drang, Willen und Ziel ist.

Dieses Gefühl von Selbst, das man auch „Selbst-Zufriedenheit" nennen könnte, schafft innerhalb der Psyche das emotionale Gegengewicht zu dem Drängen der Persönlichkeit. Wir haben erfahren, dass die gesamte Persönlichkeit bestimmt und geprägt wird von Erreichen, von Werden und Ankommen. Man glaubt, wenn man erst einmal jemand geworden ist oder etwas erreicht hat, so wird man endlich Frieden oder Zufriedenheit erlangen. Das schließt die Idee von „sich selber werden oder realisieren" natürlich mit ein. Hierdurch bedingt, entwickelt sich ein ständiger Drang, der ein andauerndes Bereitstellen von Energie in Form von Vergleichen und Bewerten erfordert.

Das Paradoxe an dieser psychologischen Konstruktion ist, dass man in Wahrheit das Streben nach „Erreichen und Werden" gegen das

Gefühl von Selbst-Zufriedenheit eingetauscht hat. Das wiederum tat man, um die Vorstellung oder das Ideal vom Selbst, welches man in Ermangelung dieser Selbstzufriedenheit entwickelte , zu erreichen.

Anders ausgedrückt, lässt man sich im Verlauf seines Lebens mit immer neuen Lockmitteln und Methoden dazu bewegen, immer schneller oder effektiver zu laufen, um endlich zu sich selber gelangen zu können.

Das ist ein Teufelskreis wie aus dem Bilderbuch!

Wenn man nicht zum gewünschten Ergebnis gelangt, stellt man immer die Methode, niemals aber sich selbst in Frage. Dieser Mechanismus des Unwillkürlichen treibt nunmehr die wundersamsten Blüten innerhalb der heutigen Welt. So reisen etwa die Menschen zum Beispiel durch die ganze Welt bis nach Indien, Nepal und zum Himalaya mit dem Ziel, „sich selber zu finden". Sie nehmen Torturen, Fastenkuren, Yoga, Atemtechniken oder Stunden der Meditation in Kauf, um „zu sich selber zu gelangen".

Das Gefühl von Selbst, Selbstsicherheit oder Selbstzufriedenheit ist das Wahrnehmen der Einheit seiner selbst. Dieses Ur-Gefühl der Einheit wird erst durch die Konditionierung zur Wahrnehmung verschiedener innerer Instanzen aufgelöst, zugunsten eben dieser Zerrissenheit.

Über Probleme und Konflikte

Alles Erkennen, Lernen, Wissenschaft, selbst Handeln beabsichtigt weiter nichts als das, was innerlich, an sich ist, aus sich herauszuziehen, und sich gegenständlich zu werden.
G. W. F. Hegel

Ein weiterer Baustein innerhalb des Verständnisses seiner selbst oder der Psyche ist die persönliche Betrachtungsweise von Problemen und Konflikten sowie der Umgang mit ihnen.

Wir haben bereits auf diesen Mechanismus im Rahmen der Ausführung des Unwillkürlichen hingewiesen, sehen jedoch die Notwendigkeit zu einer tieferen Beschreibung, da dieser Komplex von

Mechanismen und Symptomen, der sich auch beim Puppenspiel findet, von erheblicher Bedeutung im Zuge des Verständnisses der menschlichen Psyche ist.

Hierbei ist es wichtig, zunächst die Begriffe „Problem" und „Konflikt" voneinander zu trennen.

Das Wort „Problem" entstammt dem lateinischen Begriff „problema", was so viel bedeutet wie „das vor einen Hingeworfene". Wer das Problem vor einen geworfen hat, ist nicht spezifiziert, jedoch scheint klar, dass es sich um jemand drittes handelt. Außerdem scheint im Wort impliziert, dass es sich hierbei um eine äußerliche Gegebenheit handelt. Ein Problem ist demnach – gemäß unserer Verwendung – eine von außen kommende, eine Antwort oder Reaktion erfordernde Situation. Ein vorhandener Nahrungsmangel zum Beispiel in Verbindung mit nicht vorhandenem Geld könnte ebenso ein Problem sein wie ein fehlendes Dach bei gleichzeitiger Abwesenheit von adäquater Kleidung unter dem Einfluss eines starken Winterregens.

Der Begriff „Konflikt" hat sich ebenfalls aus einem lateinischen Wort entwickelt. „Configere" bedeutete ursprünglich etwa „zusammenprallen". Das, was bei einem psychischen Konflikt „zusammenprallt", sind, gemäß unserer jetzigen Verwendung, die verschiedenen Instanzen einer Person. Wir sprechen daher bei einem Konflikt auch von einem „Instanzenkonflikt". Ein Instanzenkonflikt ist nichts anderes als ein Widerspruch innerhalb einer Person.

Man begegnet Konflikten immer wieder in der klassischen Haltung von: „Ich würde ja gerne, aber...." Bekannte Beispiele hierfür sind:

„Ich würde ja gerne weniger essen, aber es schmeckt so gut."
oder
„Ich würde ja gerne mit dem Rauchen aufhören, aber ich habe im Moment so viel Stress."
oder
„Ich würde ja gerne weniger arbeiten, aber ich muss an meine Zukunft denken."

Immer wenn man diese oder ähnliche Reaktionen bei einem Menschen findet, handelt es sich um einen klassischen Konflikt. Wenn es aber scheinbar verschiedene Instanzen in einer Person gibt, so stellt sich natürlich die Frage, welche das sind? Wir wissen bereits, dass sich innerhalb der Entwicklung einer Persönlichkeit in ihr verschiedene Anteile manifestieren, die aus ihren verschiedenen Rollen-Identifikationen sowie unterschiedlichen Beurteilungen oder Bewertungen bestehen. Das es sich natürlich bei diesen vermeintlich verschiedenen Instanzen einer Person nicht um tatsächlich verschiedene Anteile, sondern um das von uns in Kapitel 2 beschriebene „Puppenspiel" handelt, sollte nunmehr ebenfalls nachzuvollziehen sein.

Initiiert ist dieses Puppenspiel natürlich vom jeweiligen Unwillkürlichen der betreffenden Person. Bleibt aber die Frage: Warum? Der Grund ist derselbe, wie er auch für jede andere Konstruktion eines psychologischen Symptoms besteht.

Hierbei müssen wir jedoch noch einmal darauf hinweisen, dass natürlich jede psychische Regung – hin zu etwas oder weg von etwas – zunächst einmal als Symptom zu betrachten ist. Als Krankheit oder Beeinträchtigung wird ein Symptom erst empfunden, sobald es mit einem bestimmten Leidensdruck einhergeht. Das unwillkürliche Ziel eines jeden Symptoms ist die Unterstützung auf dem Weg der Realisierung oder Absicherung der eigenen Rolle, beziehungsweise des Selbstbildes oder des Ideals der jeweiligen Persönlichkeit. Da das aber naturgemäß gelegentlich durch einen gewissen Egoismus gekennzeichnet ist, entstehen mitunter Widersprüche zu gesellschaftlichen Normen, allgemeinen Werten und objektiven Beurteilungen. Hier hat sich ein psychologischer Kunstgriff bewährt, der einen davor bewahrt, mit dem Bewusstsein, „ein Heuchler zu sein", durch die Welt zu laufen. Das ist notwendig geworden, da dieses Bewusstsein natürlich die Selbstzufriedenheit weiter schmälern würde. Und diese wollte man ja eigentlich mit dem Symptom zu vermehren versuchen.

Das, was wir als Kunstgriff der Psyche bezeichnet haben, besteht darin, dass der Konflikt einfach ausgelagert wird. Durch die Abspaltung wird er von einem Konflikt zu einem Problem, womit man sozusagen nicht mehr verantwortlich dafür ist. Dann bin nicht mehr „Ich" es, der entscheiden kann, nicht zu rauchen, sondern der von außen kommende Stress zwingt mich zum Rauchen. Oder die Besorgnis erregende Zukunft kommt und zwingt mich zu arbeiten. Ganz zu schweigen von dem „guten Geschmack", der allmächtig ist und mich zum Essen nötigt.

Natürlich haben wir hier bewusst einfache, konstruierte Beispiele verwendet, jedoch sollte es ausreichend sein, um ein Verständnis für den beschriebenen Mechanismus zu erlangen, ohne zu sehr ins Detail zu gehen.

Im Verlauf unserer Praxistätigkeit ist einmal eine ältere Dame vorstellig geworden, die zunehmend unter dem Alkoholismus ihres Mannes litt. Von ihrem Mann sprach sie als eine „Seele von Mensch", die niemandem etwas zuleide tun könne. Wenn aber der Alkohol komme, so sei es für andere nicht vorstellbar, was dieser aus ihrem Mann mache.

Mit Hilfe einer solchen Konstruktion konnte die Dame ihr Bild, das sie von ihrem Mann hatte, aufrechterhalten. Sie hat kurzerhand die Sucht des Mannes von ihm selber abgespalten und den Alkohol einfach personifiziert. Auf diese Weise konnte sie dem Alkohol die Verantwortung zuweisen, indem er ohne Schuld oder Zutun des Mannes von diesem Besitz ergriff und ihn veränderte.

Menschenkenntnis

Wer Menschenkenntnis besitzt, ist gut; wer Selbsterkenntnis besitzt, ist erleuchtet.
Chinesisches Sprichwort

Das, was man in aller Regel als Menschenkenntnis beschreibt, ist das Gefühl, einen Menschen richtig einschätzen zu können. Hierfür zieht die Psyche üblicherweise zwei Ratgeber hinzu. Das eine ist die Erfahrung, das andere das sogenannte Bauchgefühl. Wie wir noch erfahren werden, können wir aber beiden nicht trauen.

Eindrucksvolle Experimente[18] haben sogar belegt, dass die tatsächliche Fähigkeit, Menschen richtig einzuschätzen, sich proportional entgegengesetzt zu der Selbsteinschätzung in diesem Bereich entwickelt. Das bedeutet im Klartext, je sicherer jemand glaubt, Menschen richtig einschätzen zu können, umso mehr liegt er laut dieser Studie daneben. Darüber hinaus zeigt es im Umkehrschluss, dass, je weniger jemand glaubt, Menschen einschätzen zu können, er umso näher an der Wahrheit liegt.

Aber wenigstens weiß er dann, dass er nichts weiß.

Dieses Ergebnis belegt daher auch, dass nur sehr wenige in der Lage sind, andere Menschen richtig einzuschätzen, obgleich viele davon überzeugt sind, diese Fähigkeit zu besitzen.

Faktisch läuft der übliche Weg der Einschätzung eines anderen Menschen mehrheitlich auf die gleiche Weise ab. Beim Kontakt mit einem anderen Menschen bildet sich die Persönlichkeit aufgrund der hier nun bereits bekannten Mechanismen relativ schnell eine Vorstellung und ein Urteil. Auf der anderen Seite werden Erinnerungen mitsamt ihren Beurteilungen und Interpretationen zur Einschätzung hinzugezogen. Wird man durch diese neue Person beispielsweise an jemanden in der Vergangenheit erinnert, so beeinflusst das die aktuelle Beurteilung.

Der nächste Schritt ist jeweils die Suche nach der Bestätigung der jeweiligen ersten Einschätzung. Auf dieses, als „selektive Wahrnehmung" zu bezeichnende Phänomen, werden wir im Bereich der Wahrnehmung noch genauer eingehen. Das Unwillkürliche sorgt hier dafür, dass nur die passenden oder erwarteten Informationen in den Scheinwerfer des Bewusstseins gelangen. Der Fachbegriff hierfür ist „Erwartungskongruenz".

„Man tritt, auch hier wieder, durch das Tor seiner Erwartungen"! Diese Erwartungen haben jedoch leider allzu häufig nichts mit der Wahrheit gemein.

So gestaltet man sich eine Bestätigungsschleife. Man bekommt seine Erstbeurteilung bestätigt, fühlt sich sicherer und erhält noch mehr Bestätigungen, die das erste Urteil mehr und mehr festigen.

Dieser Mechanismus des „Bestätigungsfehlers" sorgt dann auch für die eigene Fehleinschätzung in Bezug auf die eigene Menschenkenntnis.[19] Tatsächliche Menschenkenntnis bezieht sich auf die Kenntnis des Menschen.

Das, was den Menschen innerhalb seiner Interaktion mit anderen ausmacht oder charakterisiert, sind eben diese Mechanismen, Konditionierungen, Symptome, Puppen- und Rollenspiele, die wir in dem vorliegenden ersten Teil des Buches beschrieben haben. Kennen wir das Selbstbild und das Ideal eines Menschen, so kennen wir auch seine Ziele seine Bewertungen, Einschätzungen und Reaktionen.

Aber kennen wir dann den Menschen wirklich? Nein, denn auf diese Weise kennen wir lediglich die Person – das, was dieser Mensch in der Interaktion mit anderen Menschen präsentiert.

Die wahre Kenntnis des Menschen beginnt, wenn man die hinter der Person liegenden Mechanismen und die Konstruktionen des Unwillkürlichen realisiert und erkennt. Wenn man in der Lage ist, jede Regung der Persönlichkeit auf ihren Ursprung hin zu verfolgen, und auf diese Weise ihre Antagonisten und ungewollten Anteile entdeckt. Jeder Anteil einer Persönlichkeit hat, wie jede andere Festlegung oder Zielsetzung auch, ihre Kehr- oder Schattenseite. Diese Schattenseite einer Persönlichkeit koexistiert immer in Form der Summe aller negierten, vermiedenen, gegenteiligen Ziele, Eigenschaften und Meinungen. Denn jedes Selbstbild, jedes Ideal, produziert automatisch sein Negativ. Jede Festlegung auf eine Sache erschafft automatisch die Vermeidung ihres Gegenpols.

Mut beispielsweise kann Bestandteil einer Persönlichkeit sein. Ein gewünschter angenommener und bewusst integrierter und gezeigter Anteil. Angst ist der entsprechende Antagonist. Er muss, dort wo Mut existiert, unvermeidlich in derselben Weise vorhanden sein und koexistieren. Ob er nun bewusst realisiert wird oder nicht. Mut kann ohne Angst nicht existieren!

Würde jemand ohne Angst im jeweiligen Moment, ohne nachdenken, tun, was notwendig wäre, so würde er sich nicht einmal die Frage stellen, ob er nun mutig ist oder nicht. Der Begriff des Mutes käme ihm nicht ins Bewusstsein. Da, wo der Begriff des Mutes existiert, muss auf dieselbe Weise die psychische Bewegung weg von Angst existieren.

Wir sehen Mut im Verhalten von Personen, die ihn zur Schau stellen, die ihn von anderen bestätigt wissen möchten, oder die den Mut bei anderen bewundern.

Jede Stärke oder jeder als positiv bewertete Anteil der Persönlichkeit eines Menschen, insbesondere jene, die er zur Schau stellt, versucht unwillkürlich, eine dahinter liegende Schwäche zu kompensieren. Das ist wie ein Naturgesetz, von dem es keine Ausnahme gibt.

Kompensation ist immer Überkompensation!

Das ist ein weiteres psychologisches Naturgesetz. Es bedeutet, dass jeder subjektiv empfundene Mangel in einem Menschen nicht befriedigt werden kann, indem er lediglich einen „normalen" oder ausgeglichenen Status erreicht. Das Ziel, das es zu erreichen gilt, geht im selben Maße um so viel über das Normalmaß hinaus, wie der empfundene Mangel darunter liegt. Hier gilt dasselbe Gesetz des Gleichgewichts wie bei einer Waage mit zwei Schalen. Je schwerer das psychologische Gewicht des empfundenen Mangels wiegt, umso mehr Energie in Form von Streben, in Richtung Erreichen und Werden, bringt der Mensch innerhalb seines Kompensationsversuchs auf.

Leide ich zum Beispiel darunter mich schwächer als die anderen zu fühlen, muss ich also um eben soviel *stärker* als die anderen werden, wie ich mich zuvor schwächer gefühlt habe um diese subjektive Minderwertigkeit schließlich nicht mehr wahrzunehmen.

Das Wahrnehmen beider Pole in einem Menschen sowie die Zusammenhänge zwischen ihnen zu erkennen, die investierte Energie zu realisieren und richtig zu deuten, das ist es, was wir als die wahre Menschenkenntnis bezeichnen.

Welches Ziel hat jedoch diese profunde Kenntnis des Menschen?

Ist man so besser in der Lage, sich selbst zu schützen? Kann man mittels dieser Kenntnis seine eigenen Ziele besser erreichen oder die anderen manipulieren? Oberflächlich betrachtet, vermutlich ja, doch sind wir dann nicht nach wie vor in der Position, den Splitter in den Augen der anderen nun besser sehen zu können, jedoch den Balken im eigenen Auge noch immer nicht zu realisieren? Wäre das nicht eine sinnlose Dummheit, ein Rollenspiel auf höherer Ebene? Würde das nicht bedeuten, den Weg der Erkenntnis nur zur Hälfte gegangen zu sein?

Weisheit nämlich ist etwas völlig anderes! Diese erlangt man, wenn man nicht haltmacht bei der Kenntnis der anderen.

Weisheit ist verbunden mit Selbst-Erkenntnis – die Realisierung oder Bewusstwerdung all dieser Anteile und Prozesse innerhalb seiner Selbst zu entdecken und ihnen im Moment der Annahme die Grundlage zu entziehen. Dieser Prozess ist es, den wir mit Hilfe dieses Buches anzustoßen versuchen. Die hohe Schule der Meisterschaft über sich selbst, die in der *Conscious Realization* beschrieben wird.

Das Individuum

Es ist unmöglich, zu wahrer Individualität zu gelangen, ohne im Ganzen verwurzelt zu sein. Alles andere ist egozentrisch.
David Bohm

Die Menschen wachsen in dem Glauben auf, sich ständig entwickelnde eigenständige Wesen und Individuen zu sein. Die westliche Welt erhebt die Entwicklung zur Individualität zu einer ihrer größten Errungenschaften und setzt dieses Potenzial mit dem Begriff der Freiheit gleich. Die Freiheit der Wahl, wer man oder wie man sein möchte, was man tun oder erreichen möchte. Als allgemeines Ziel gilt häufig, seinen individuellen Weg zu finden und seine persönliche Bestimmung zu realisieren oder sich einzigartig zu präsentieren.

Doch dies ist eine Umdeutung des tatsächlichen Begriffs. Ein Individuum zu sein, beschreibt etwas völlig anderes. „Individualis" ist latein und bedeutet „Unteilbar". Und die Tatsache, ein unteilbares Ganzes zu sein, kann nicht nur auf den Körper bezogen gelten, sondern muss sich unter allen Umständen auf die Gesamtheit des Menschen beziehen.

In psychologischer Sicht sind die meisten Menschen jedoch genau das Gegenteil eines Individuums, und je mehr sie zwischen verschiedenen Möglichkeiten zu wählen haben, umso mehr sind sie zwischen diesen Wahlmöglichkeiten hin und her gerissen. Exakt das ist es, was wir in den vorangegangenen Kapiteln als Konflikt oder Instanzenkonflikt erkannt und definiert haben.

Konflikt bedeutet das „In-sich-zerrissen-Sein", das Aufeinandertreffen zweier Instanzen oder die Notwendigkeit, eine Entscheidung treffen zu müssen. Das, was uns hier als Freiheit verkauft wird, fesselt in Wahrheit unseren Geist und die Psyche. Wirkliche Freiheit kann nur die Freiheit des Geistes sein!

Körperliche Freiheit bedeutet in diesem Zusammenhang weniger, denn wie wir gesehen haben, entscheidet einzig der Geist über Zufriedenheit und Glückseligkeit, nicht der Körper. Also kann die geistige Freiheit nur in der Abwesenheit von Konflikt zu finden sein. Das Zusammenfügen aller Teile also macht aus ihnen ein Ganzes – ein Individuum.

Selbsteinsicht und Menschenkenntnis zeigen, dass die Vorstellung, ein Individuum zu sein, eben oft nur eine Idee oder ein Ideal ist. Tatsächlich sind die Menschen mehrheitlich zerrissen und unzufrieden. Sie sind zerteilt und uneins. Ein wahres Individuum zu sein bedeutet jedoch, ein unteilbares, heiles Ganzes zu bilden.

Die unglaubliche Masse an Konflikten innerhalb der Menschen kostet diese eine enorme Menge an Energie. Ständig muss man Probleme lösen, weitere Probleme und mögliche Komplikationen vorwegnehmen und diese ebenfalls mental lösen.

Das Betrachten, jedes dieser einzelnen Teilchen sowie die Erkenntnis über deren Aus- und Wechselwirkungen ist wichtig, um die einzelnen Bruchstücke wieder zu einer Einheit – einem unteilbaren Ganzen – zusammenfügen zu können. *Conscious Realization* beschreibt den Prozess der Erkenntnis, der die gebundene Energie nutzt, um die einzelnen „zerrissenen" Teile erneut zusammenzufügen, mit dem Ziel wieder ein wahrhaftes Individuum werden zu können.

Teil II

Auswirkungen und Symptome
von Konditionierungen

Kapitel 5
Die Sinne

Der Mensch findet zuletzt in den Dingen nichts wieder,
als was er selbst in sie hineingesteckt hat.
Friedrich Nietzsche

Enthalten im Körper sind die Sinnesorgane: Augen, Ohren, Haut, Nase, Zunge. Diese fünf Sinne sind sozusagen die einzige reale Verbindung zur Außenwelt. Sie ermöglichen es, mit der „wirklichen" Welt außerhalb des inneren Selbst Kontakt aufzunehmen.

Solche Erfahrungen nimmt man als real an. Sie werden als Wahrheit akzeptiert. Für viele ist nur das, was sie mit ihren eigenen Augen sehen oder anfassen, schmecken oder riechen können, tatsächlich wahr. Bekannt und belegt ist aber bereits hinlänglich die Tatsache, dass man seinen Sinnen nicht trauen kann. Man hat längst herausgefunden, dass Menschen nur einen beschränkten Bereich der Welt, in der sie leben, wahrnehmen können. Es gibt Töne, die das menschliche Ohr nicht wahrnehmen kann, Farben, die für die Augen unsichtbar sind, und Gerüche, deren Existenz man niemals mit der Nase erfassen kann. Optische Täuschungen machen einen darüber hinaus immer wieder darauf aufmerksam, dass das, was man zu sehen glaubt, nicht das ist, was der Wirklichkeit entspricht.

Obwohl die meisten diese Fakten theoretisch kennen, vertrauen sie dennoch ihren Sinneswahrnehmungen, ja verlassen sich sogar darauf und identifizieren sich mit ihnen. Warum sie das tun, ist einfach zu ergründen: aus dem Mangel an Alternativen!

Sie halten an dem fest, was sie haben. Da es das Einzige ist, was an Eindrücken zur Verfügung steht, gibt es offenbar keine Alternativen. Das, was ist, bietet mehr Sicherheit, als das, was nicht ist.

Wir haben beschrieben, auf welche Weise sich die Persönlichkeit in der Kindheit ausbildet und in welch` immensem Umfang die meisten Menschen konditioniert, programmiert und durch diese implementierten Programme oft ihr Leben lang bestimmt und geleitet werden. Darüber hinaus haben wir erfahren, dass der Mechanismus der „Erwartungskongruenz" dafür sorgt, dass nur die für die jeweilige Persönlichkeit dienlichen Informationen in das Licht des Bewusstseins gelangen. Auf dieselbe Weise werden auch die Sinneswahrnehmungen eines Menschen durch seine Persönlichkeit manipuliert und zum Teil sogar gänzlich ausgeblendet.

Auch das Phänomen der Sinnesmanipulation hat man bereits vor Jahrhunderten erkannt und es ebenfalls in der Hypnose, zum Zweck der Beeinflussung eingesetzt. Es ist noch immer Teil der Show vieler Bühnenhypnotiseure, ihren Opfern eine Zitrone zu servieren, während diese glauben, es handele sich um einen süßen Pfirsich. Auf ganz ähnliche Weise steuert das Unwillkürliche alltäglich die Sinne der Menschen. Wenn man hungrig ist und durch die Straßen zieht, riecht und sieht man vorrangig Essbares. Es sind die leckeren, wohlriechenden Dinge, die vorrangig den Weg in die jeweilige Nase finden. Wünscht man sich vielleicht unbedingt Nachwuchs oder eine Familie, tauchen überall um einen herum schwangere Frauen und Familien mit Kindern auf. Hat man ein Auge auf einen bestimmten Gegenstand geworfen, so scheint dieser nahezu an jeder Ecke zu erscheinen. Liest man konzentriert ein Buch, so hört man das Ticken der Wanduhr nicht, obwohl diese selbstverständlich nie mit dem Ticken aufhörte. All das sind Beispiele für eine fokussierte Wahrnehmung, die zugleich andere Sinneswahrnehmungen unterdrückt.

Abgesehen von der Fokussierung auf verschiedene Sinnesreize und der teilweise sogar vollständigen Ausblendung anderer neigt man darüber hinaus zu einer subjektiven Interpretation der wahrgenommenen sinnlichen Informationen. Auch dieses Geschehen, bekannt als „Bestätigungsfehler", haben wir bereits in Kapitel 4 beschrieben. Man interpretiert seine Empfindungen in der jeweils dienlichen Weise. Läuft einem dann etwas über den Weg, was nicht in das erwartete Schema hineinpasst, so wird es umgedeutet, ausgeblendet oder abgelehnt.

Eine renommierte Produktionsfirma von Tomatenketchup hat zu Werbezwecken einen Ketchup mit grüner Farbe produziert und zu vertreiben versucht. Obgleich der Geschmack identisch mit dem des seit Jahren erfolgreich verkauften roten Produktes war und unter demselben Markennamen erschienen ist, wollte kaum jemand das Produkt haben. Wir erwarten, Ketchup in roter Farbe zu sehen. Jede Abweichung löst unter Umständen in uns ein Gefühl von Ablehnung aus.

Ein weltweit bekannter Hersteller von koffeinhaltiger Brause hat in den 80er Jahren eine umfangreiche Studie mit Blindverkostung auf den Straßen in Auftrag gegeben mit dem Ziel, den Geschmack seiner neuen Cola vom Konsumenten bewerten zu lassen. Das Ergebnis ist überaus eindeutig zu Gunsten des neuen Geschmacks ausgefallen. Die Eindeutigkeit des Ergebnisses der Blindverkostung hat das Cola-Unternehmen dazu bewogen, innerhalb einer gigantischen Werbeaktion die Cola mit der „alten" Rezeptur zugunsten der neuen Cola vom Markt zu nehmen. Die Reaktion der Konsumenten war jedoch ein wahres Desaster und für den Produzenten mit erdrutschartigen Umsatzeinbrüchen verbunden. Die Konsumenten wollten ihre „alte" Cola mit dem bekannten Geschmack zurück. Tatsächlich brachte das Unternehmen daraufhin, um weitere Einbußen zu vermeiden, die alte Rezeptur zurück auf den Markt. Die Vorstellung eines vertrauten Produktes war mit einem spezifischen Geschmack verknüpft, ebenso wie die Farbe von Ketchup. Werden diese Erwartungen nicht erfüllt, wird das als unangenehm und unerwünscht wahrgenommen. Selbst wenn das, was die Zunge schmeckt, identisch oder sogar besser ist.

Wer oder was ist es aber, das darüber entscheidet, was wir wahrnehmen und was nicht? Wenn nicht wir, wer selektiert dann die Sinneseindrücke, welche uns erreichen und welche nicht?

Natürlich sind dies rhetorische Fragen und wir sind davon überzeugt, dass Sie bereits ahnen, welchen Zusammenhängen und Mechanismen auch diese Bewegungen der Psyche, denn um nichts anderes handelt es sich hier, unterworfen sind.

Wir wissen bereits, dass die Kapazität des Bewusstseins limitiert ist und dass der Lichtkegel dieser Taschenlampe unter „normalen" Umständen nicht groß genug ist, um alle einen erreichenden Reize gleichermaßen wahrnehmen zu können. Ebenfalls wissen wir, dass jede Bewegung der Psyche auf ein Ziel ausgerichtet ist und das dieses Ziel bewusst oder unwillkürlich definiert wird.

Konzentration beispielsweise ist ein bewusst definiertes Ziel. Es erfordert eine gewisse Form von Energie, sich auf eine Sache zu konzentrieren oder die Eindrücke außerhalb des Objektes der Konzentration auszublenden. Wird man dazu genötigt oder entscheidet man sich, ein Buch zu lesen, welches einem nicht so recht gefällt, so erfordert das ein gewisses Maß an Disziplin. Man spürt bisweilen regelrecht die Anstrengung, die es kostet, Eindrücke und Gedanken außerhalb dieses Buches auszublenden.

Liest man aber ein Buch, das einen im wahrsten Sinne des Wortes „fesselt", so scheint der Akt der Konzentration nahezu ein natürlicher Prozess zu sein. Man spürt die Anstrengung nicht und vergisst bisweilen sogar die Zeit. Häufig findet dieses Phänomen des „Sich-fesseln-Lassens" von Büchern oder Filmen dort statt, wo man sich am ehesten mit einem der Darsteller oder der Geschichte selber identifizieren kann. Solche Themen, Menschen, Dinge oder Geschichten, mit denen man sich nicht identifizieren kann, werden häufig als anstrengend oder sogar als energieraubend wahrgenommen.

Das, was man als zur Identifizierung würdig ansieht oder nicht, wird natürlich von dem Selbstbild und damit von der Persönlichkeit bestimmt. Diese Faktoren sind es auch, welche die Sinne beeinflussen und selektieren. Entscheidet man sich bewusst dazu, etwas wahrzunehmen oder sich aufgrund einer aktuellen Notwendigkeit auf etwas zu konzentrieren, so nimmt man es eher als anstrengend war. Übernimmt jedoch das Unwillkürliche diese Aufgabe, so scheint es nahezu ohne Anstrengung zu gehen. Dieses scheinbare Gefühl der Mühelosigkeit resultiert aus der Tatsache, dass man die allermeiste Zeit des Tages auf diese unwillkürliche Weise funktioniert.

Man könnte es vielleicht entfernt mit dem Benutzen von Muskeln vergleichen. Der Muskel des Unwillkürlichen wird nahezu ständig verwendet und ist immer in Bewegung. Aus dem Grund ist er stark, und seine Benutzung wird nicht als mühsam empfunden. Der Muskel unserer Willkür jedoch findet wesentlich seltener Anwendung. Ist man aber darauf angewiesen ihn zu benutzten, so spürt man eher die Anstrengung und ermüdet auch deutlich schneller.

Um die Effektivität und die Möglichkeiten der Einflussnahme von der Psyche auf die Sinne zu verdeutlichen, sei hier das in der klinischen Psychologie beschriebene Krankheitsbild der sogenannten „Dissoziativen Störung" erwähnt. Bei dieser „Erkrankung" handelt es sich um die mehr oder weniger vollständige Abspaltung von Anteilen seiner selbst. Es kann sich bei dieser Störung um die psychische Ausblendung der verschiedensten körperlichen oder mentalen Anteile handeln, aber eben auch um vollständige Wahrnehmungen wie zum Beispiel das Sehen oder das Hören. Bei diesen speziellen Krankheitsbildern, früher bekannt als hysterische Blindheit oder hysterische Taubheit, sind die Betroffenen ebenso von ihren Sinnen abgeschnitten wie Patienten mit einer organischen Insuffizienz. Bei der Dissoziation jedoch sind die Augen beziehungsweise die Ohren organisch vollkommen intakt.

Die Art und Weise der Wahrnehmung all unserer Sinnesorgane und Sinneseindrücke, ist bestimmt von unwillkürlichen persönlichen Prozessen. Diese Spezialisierungen aber sind unseren Bewertungen, Vorstellungen, Zielen und Wünschen unterworfen.

Versuchen wir also im nächsten Schritt auf dem Weg zu unserem wahren Selbst die Emotionen als weiteren Meilenstein zu untersuchen und zu ergründen, wie sie entstehen und woher sie kommen.

Kapitel 6
Emotionen

*Wer die Menschen gut machen will,
muss sie vor allem glücklich machen.*
Pearl S. Buck

Eines der wichtigsten Themen bei der Entschlüsselung der Psyche sind die Emotionen. Sie werden erstaunlich häufig fehlinterpretiert und in kaum einem anderen menschlichen Bereich findet man so viele Missverständnisse.

Für viele Menschen bilden die Emotionen ihre innere Kraft und ihren inneren Kompass. Andere teilen sich in Bauch und Kopf auf, wobei der Kopf die Logik und die Ratio und der Bauch die Gefühle repräsentiert. Mehrheitlich aber scheinen die Menschen hier keine Verbindung finden zu können. Einige vertrauen auf ihre sogenannte Intuition, und man findet sogar Kurse, die den unbeschränkten Zugang zur eigenen Intuition versprechen. Wieder andere halten Instinkte, die sich ihrem Willen entziehen, für den Motor vieler Emotionen. Die Liebe als Emotion ist gar die am meisten besungene, mit Gedichten und anderen Texten bedachte und verfilmte „Sache" aller Zeiten. Dennoch scheinen viele Menschen keinen Zugang zu ihr zu finden. Sie halten die Liebe beispielsweise für eine unabhängige, unbeeinflussbare Kraft, die sich dem willkürlichen Einfluss unter allen Umständen entzieht. „Man kann sich nicht aussuchen, wen man liebt!", bildet die gängige Meinung.

Auf der anderen Seite versucht man, Gegenmaßnahmen gegen unliebsame Gefühle einzuleiten. Es werden sogenannte Anti-Aggressions-Trainings angeboten und man findet die verschiedensten Angst-Therapien.

Obgleich Emotionen und menschliche Regungen einen so enormen Einfluss auf die Menschen haben, ist es doch erstaunlich wie wenig man scheinbar von ihrer Herkunft weiß.

Gefühle sind tatsächlich der Motor allen menschlichen Handelns. Sie bestimmen den Grad Ihrer Motivation, die Höhe Ihres Stressniveaus und sind der Gradmesser Ihrer Lebensqualität.

Aufgrund von Emotionen wurden Kriege geführt, Dynastien und ganze Kulturen aufgebaut und wieder vernichtet. Das Streben der Menschen scheint auf das Erreichen positiv bewerteter Emotionen sowie die Vermeidung der als negativ bewerteten Gegenspieler hinauszulaufen. Selbst wenn man das entlegenste Dorf von Ureinwohnern am Ende der Welt besuchen würde, um sich mit den Menschen dort zu unterhalten, so würde man vermutlich feststellen, dass zwar die Lebensumstände anders, die Emotionen und deren Bewertung jedoch sehr ähnlich sind. Auch diese Menschen trauern bei Verlust eines geliebten Menschen, sorgen sich um ihre Kinder, haben Angst vor dem Unbekannten und sind wütend, wenn ihnen ein Unrecht geschieht.

Wohlgefühl, Glück, Zufriedenheit, Seligkeit, Freude, Genuss und Vergnügen müssen erreicht, vermehrt und gesichert werden zu Ungunsten von Trauer, Leid, Angst, Sorge, Melancholie und Einsamkeit. Dies scheint der gemeinsame Nenner der meisten Menschen zu sein.

Hoffnung, Wille, Angst, Eifersucht, Neid, Missgunst, Sorge und Ehrgeiz sind nur einige der unterstützenden Emotionen auf dem Weg zu diesem allgemeinen Ziel. Sie sind die Antreiber auf dem Weg zum vermeintlichen Glück.

> *„Ich muss mein Glück finden! Ich habe Angst das nicht zu schaffen, bin wütend – wenn mich jemand aufhält, eifersüchtig – wenn es jemand vor mir schafft und traurig wenn ich erkenne, wie weit ich noch von meinem Ziel entfernt bin!"*

Uns scheint es absurd, dass Menschen diesen ungeheuren Zeitaufwand betreiben sowie Unmengen an Energie aufwenden, um ihren Emotionen nachzujagen oder sich ihrer zu entledigen versuchen. Auf der anderen Seite scheint es aber für sie keine Rolle zu spielen, wie ihre Gefühle entstehen, welcher Mechanismus ihnen zugrunde liegt oder was die wahre Natur ihrer Emotionen ist.

So wird dann versucht, dem Problem der „schädlichen" Emotionen wie Angst mit voranschreitender Spezialisierung zu begegnen. Ängstlichen Patienten wird versucht, „scheibchenweise" zu helfen. Erst behandelt man die Angst vor dem Fliegen, dann die vor den Spinnen und schließlich kümmert man sich um die Angst vor dem Verlust oder dem Alleinsein. Parallel versucht man mit Entspannungsübungen und Meditation, ruhiger zu werden oder sich seines Stresses zu entledigen, den man aufgebaut hat, um seinen Emotionen und Zielen nachzujagen.

Gefühle sind das Resultat eines scheinbar unzugänglichen Mechanismus, der natürlich dem Unwillkürlichen entspringt. Das Unwillkürliche bildet die Summe automatisierter Prozesse und Mechanismen, die der Absicherung vom „Ich" und dem Erreichen der Persönlichkeitsziele dienen. Das bedeutet, dass auch die hier entstehenden Emotionen nichts anderes als „empfundene Gedanken" sind, welche einen Zweck erfüllen. Ein Konflikt entsteht unter anderem dann, wenn den bewussten Anteilen eines Menschen dieses Ziel nicht klar ist oder das Ziel nicht mit den rationalen Überlegungen korrespondiert. Wir versuchen nachfolgend, es noch ein wenig praxisbezogener zu beschreiben.

Identifikationen sind, wie bereits in Kapitel 4 beschrieben, der natürliche Bestandteil einer Persönlichkeit. Mit etwas identifiziert zu sein, ist die Bedeutung des Wortes Identität. Der Vorgang der

Identifikation dient dem Erreichen oder dem Erhalt eines subjektiv empfundenen Wertes. Dies scheint notwendig in Ermangelung des Gefühls vom Selbst, beziehungsweise von Selbstsicherheit. Der Mechanismus der Identifikation dient also dem subjektiven Werterhalt oder dem Mehren dieses persönlichen Wertes. Jeder Angriff auf die Existenz dieses Ideals bedeutet demnach zugleich eine Bedrohung der gesamten subjektiven Existenz. Dieser Bedrohung begegnet die Psyche mit der Verteidigung ihrer Identität. Ein Mittel der Wahl ist in diesem Zusammenhang das Erschaffen von Emotionen durch das Unwillkürliche.

Nehmen wir an, ein Schreiner ist mit dem Ideal identifiziert, ein guter, fähiger Vertreter seines Berufes zu sein. Ein „guter" Schreiner zu sein, ist damit Teil seiner Identität. Er mag sich daher vielleicht mit Schreinern umgeben, kleidet und verhält sich vielleicht sogar in dieser Weise. In der Regel bekommt er so von den anderen im von uns erläuterten Rollenspiel seine Identität bestätigt. Nun wirft ihm aber ein Kollege oder vielleicht ein Kunde vor, fachlich nicht kompetent oder eben kein guter Schreiner zu sein. Das verletzt unseren Schreiner und macht ihn in der Reaktion vielleicht wütend oder traurig. Die Reaktion der Wut könnte wiederum bewirken, dass der Schreiner sich rational davon überzeugt, dass der Kunde oder der Kollege ohnehin kein Verständnis davon hat oder dass die negative Bewertung seiner Arbeit Resultat eines Missverständnisses oder äußerer Umstände ist, auf die er keinen Einfluss hat. Die Trauer könnte gegebenenfalls dafür sorgen, dass der Schreiner sich entschuldigt, seine Fähigkeiten überprüft und sich vielleicht entschließt, eine Weiterbildung zu machen.

In beiden Fällen erreichen die Emotionen das gewünschte Ziel: Die Sicherung der Identität!

Sie mögen nun vielleicht einsehen, wie ineffektiv es hier wäre, dem solcherart leidenden Schreiner eine Anti-Aggressionstherapie anzubieten, mit deren Hilfe er vielleicht lernt, durch Atemtechniken oder Biszehn-Zählen seine Wut zu kontrollieren. Ebenfalls die Analyse seiner Kindheit, in der zu ergründen versucht wird, welches am weitesten zurückliegende Ereignis ursächlich für seine Trauer oder Unzufriedenheit war, scheint nun offensichtlich unangemessen.

Natürlich handelt es sich hierbei um ein einfaches und konstruiertes Beispiel, das jedoch ausreichen sollte, um ein oberflächliches Verständnis für die Zusammenhänge im Hinblick auf diese Mechanismen zu erlangen. Wir erkennen also, dass viele Gefühle in ihrer Entstehung an unwillkürliche Bedingungen geknüpft sind. Wir nennen den Bereich der Emotionen, der solchen Mechanismen unterliegt, „Bedingte Gefühle".

Bedingte Gefühle

Wir streben mehr danach, Schmerz zu vermeiden, als Freude zu gewinnen.
Sigmund Freud

Bedingte Gefühle sind also solche, die einem Mechanismus des Unwillkürlichen entspringen, ein Ziel verfolgen und demnach einer Bedingung unterliegen. Die Bedingung ist in der Regel eine willkürliche oder unwillkürliche Bewertung oder die Interpretation einer vorangegangenen Wahrnehmung. Beim Verlangen oder der Begierde beispielsweise handelt es sich um eine Wahrnehmung, die mit einer anschließenden Identifikation einhergeht. Innerhalb dieses Identifikationsprozesses antizipiert man bereits unwillkürlich die Vorstellung vom Besitz des wahrgenommenen Gegenstands. Das als positiv bewertete Resultat dieser gedanklichen Vorwegnahme löst in ihrer Folge das Verlangen oder die Begierde im Hinblick auf dieses Objekt oder sogar in Bezug auf eine Person aus.

Man sieht also beispielsweise ein Schmuckstück, das die eigene Persönlichkeit unterstützt. Man stellt sich vor wie man, bereits im Besitz des Schmuckstückes die gewünschte Bestätigung von seiner Umgebung erhält. Die hieraus resultierende positive Emotion nährt das Verlangen in Bezug auf das Schmuckstück.

Weitere Beispiele für die Konstruktion bedingter Gefühle:

- Die Identifikation mit der vorweggenommenen Vorstellung vom Verlust des Partners/der Partnerin an jemand anderen kann Eifersucht hervrufen.

- Die Identifikation mit einem anderen Menschen bewirkt beim Erinnerungsprozess nach dem Verlust desselben ein Gefühl von Trauer oder Einsamkeit.
- Die verspätete Meldung der eignen Kinder erschafft – im Zusammenhang mit der Erinnerung oder der gedanklichen Vorwegnahme von möglichen Unfällen – ein Gefühl von Sorge.
- Die Antizipation eines bevorstehenden körperlichen Angriffes oder Übergriffes auf die eigene Person kann zum Gefühl von Angst führen.

Wir versuchen, bei diesen beispielhaften Beschreibungen auf die dahinter liegende Gesetzmäßigkeit für die Entstehung der jeweiligen Emotionen und deren Bedingung aufmerksam zu machen. Wichtig ist zu verstehen, dass bedingte Gefühle immer an einen unwillkürlichen Prozess geknüpft sind. Dieser Prozess wird in der Regel, aber nicht zwangsläufig, durch eine Wahrnehmung in Gang gesetzt, die durch Persönlichkeitsprozesse zur Interpretation oder Identifikation führen und mittels Erinnerung und/oder Projektion in die Zukunft zur subjektiven Realität werden. Diese konstruierte Realität bewirkt die jeweiligen bedingten Emotionen, die den Betroffenen dann bewusst werden.

Durch die Tatsache, dass dieser Prozess so schnell und routinemäßig abläuft und, wie wir gesehen haben, das Unwillkürliche ein besonders gut trainierter „Muskel" ist, wird nicht er, sondern nur die entsprechende Emotion bewusst wahrgenommen. Die Emotion also, die eigentlich eine Reaktion ist, wird so aber üblicherweise als Ursache empfunden. Der ausgeprägte Wunsch also, den Gegenstand der Begierde besitzen zu wollen, wird einem als Ursache für seine Bemühungen in dieser Hinsicht bewusst, nicht aber der vorangegangene gedankliche Prozess der Identifizierung mit diesem Gegenstand.

Die Auflistung und Beschreibung aller bedingten Emotionen erachten wir in dem Zusammenhang dieses Buches als nicht notwendig. Dennoch sollte der sensibilisierte Leser in der Lage sein, jedes mögliche Gefühl solcherart überprüfen zu können, ob es sich dabei um ein bedingtes Gefühl handelt oder nicht. Angst, Sorge, Neid, Missgunst, Begierde, Verlangen, Hass, Wut, Eifersucht und auch verschiedene psychologische Süchte fallen in die Kategorie der bedingten Gefühle. Mit dem Verständnis dieses Mechanismus werden auch andere Zusammenhänge in das Licht des Bewusstseins gerückt. Nun wird vielleicht verständlich, warum es vielen Menschen so schwer fällt, das Rauchen oder andere „Angewohnheiten" aufzugeben. Natürlich wissen diese längst, dass es der Gesundheit schadet, aber es ist zu einem Teil ihrer Identität geworden, der ein bestimmtes Ziel verfolgt. Entfernt man nun das unwillkürlich geschaffene Mittel mit Willenskraft und Energie, so muss das Unwillkürliche fast zwangsläufig ein anderes Werkzeug kreieren, um die Identität zu sichern- ein Mechanismus der als „Symptomverschiebung" bekannt ist.

Dieses Problem gilt, nebenbei bemerkt, gleichermaßen für alle psychischen Süchte. Am erstaunlichsten erscheint uns in diesem Zusammenhang, dass man, um diesen Umstand zu verschleiern, irgendwann begonnen haben muss, die hierfür verwendete Bezeichnung falsch zu betonen. Das Wort „Sucht" kommt ganz offensichtlich von „suchen" und die Menschen mit einer Sucht suchen offensichtlich ein Mittel, mit dem sie ver-suchen, einen empfunden Mangel zu kompensieren. Also warum spricht man es dann nicht auch so aus?

Widmen wir uns nun der Frage, ob es auch Emotionen gibt, die nicht den Bedingungen eines unwillkürlichen Prozesses unterliegen. Falls ja, wären dies die so zu benennenden „unbedingten Gefühle".

Unbedingte Gefühle

Nenn`s Glück, Herz, Liebe, Gott! Gefühl ist alles;
Name ist Schall und Rauch.
Johann Wolfgang von Goethe

Nichts auf der Welt als die wirkliche Gefahr befreit uns von der Furcht. Man nehme zum Beispiel einen Kranken. Eben durch seine Krankheit ist er von der Furcht, krank zu werden, auf der Stelle geheilt.
Emile-Auguste Chartier

Wenn es unbedingte Gefühle gäbe, so müssten sie, im Gegensatz zu den bedingten, absolut unabhängig sein von jeglichen Gedankenprozessen. Das bedeutet Unabhängigkeit von Bewertungen, Interpretationen, Erwartungen und Vergleichen. Nähmen wir also zunächst an, es gäbe sie, ohne sie gleich benennen zu können. Wie würden sie sich präsentieren und was würde sie ausmachen?

Bedingte Gefühle sind leicht einzuordnen, da man sie in den jeweiligen Kontext ihrer Bedingtheit einordnen kann. Man ist wütend, da dieses oder jenes geschehen ist. Der Kontext, aus dem die Gedanken resultieren, bestimmt die Emotion. Wie jedoch verhält es sich mit den Gefühlen, die keinen solchen Kontext haben? Man müsste sie einzig nach dem subjektiven Empfinden, also nach ihrer Sensation oder ihrer Wahrnehmung, benennen. Sobald wir sie jedoch benennen, haben sie einen offiziellen, vergleichbaren Charakter und schaffen auf diese Weise eine Vorstellung oder ein Bild von einer Empfindung.

Vielleicht hat sich der eine oder andere Leser auch schon einmal als Kind gefragt, ob das „Bild", welches er zum Beispiel von der Farbe Rot hat, dem aller anderen Menschen entspricht. Einfach ausgedrückt, hat man sich gefragt, ob die anderen Rot genau auf dieselbe Weise sehen wie man selbst. Und woher weiß man eigentlich, was Rot ist?

Irgendwann haben vermutlich die Eltern auf etwas Rotes gezeigt und dazu den Begriff „Rot" verwendet. Vielleicht glaubte man zuerst, dass der Begriff für die schöne Blume mit den schmerzenden Stacheln „Rot" sei. Aber als die Eltern ein großes Auto mit einer Leiter auf dem Dach und das runde springende Ding, mit dem man immer gespielt hat, auch „Rot" nannten, ahnte man vielleicht bereits, dass es sich um eine übergreifende Eigenschaft handelt und nicht um einen spezifischen Gegenstand wie zum Beispiel Rose, Feuerwehrauto oder Ball.

Ist dieses Wissen unerschütterlich?

Wenn nun jemand kommt, der glaubhaft behauptet, dieses Auto mit der Leiter auf dem Dach sei eigentlich grün – kann man sich da als Kind einer gewissen Unsicherheit erwehren?

Mit den Gefühlen verhält es sich ähnlich, aber auf noch schwierigere und komplexere Weise. Denn bei unserem Farbenproblem sind wir in der Lage, uns verschiedene Meinungen zur Verifizierung eines objektiv zu betrachtenden Gegenstandes einzuholen. Anders ausgedrückt, sind wir in der Lage, andere zu befragen oder es nachzulesen.

Bei den Wahrnehmungen von Farben verhält es sich ähnlich wie mit unbedingten Gefühlen. Wir haben auf der einen Seite eine Wahrnehmung, und sobald man diese Wahrnehmung, sei es nun die einer Farbe oder einer Emotion, kommunizieren oder mitteilen muss, so ist man darauf angewiesen, gemeinsame Begriffe oder Worte zu verwenden. Ein großes Problem unserer Gesellschaft ist jedoch, dass man der Ratio und der Logik – und damit der Welt der Begriffe – mehr Bedeutung beimisst als den Emotionen.

Einfacher formuliert, ist der Begriff heute oft wichtiger als das, was er beschreibt. Wir möchten Ihnen an dieser Stelle hierzu ein kleines Beispiel aus unserer Praxis geben.

Eine Frau in mittleren Jahren lebte alleine. Sie nahm seit Jahren Medikamente, denn sie litt an Melancholie und Depressionen. Als sie uns mit dem Wunsch nach Hilfe aufsuchte, konnte sie ihr Problem jedoch relativ klar definieren. Sie beschrieb es, indem sie sagte, dass es keine Liebe in ihrem Leben gebe. Weder sei sie jemals geliebt worden noch habe sie jemals jemanden wirklich geliebt und glaube, auch dazu nicht in Lage zu sein. Aus dem Grunde mied sie im Lauf der Zeit mehr und mehr jeglichen sozialen Kontakt und litt zunehmend an Einsamkeit und Isolation. Um mit ihr dieselbe Sprache sprechen zu können, versuchten wir zu ergründen, welche Vorstellung diese Frau von dem Begriff Liebe hatte.

Es stellte sich heraus, dass für sie Liebe ein romantisches Gefühl von grenzenloser, unendlicher, niemals endender oder schwindender Ekstase sei, das sich im Beisein des geliebten Menschen automatisch einstellt. Für sie war dies jedoch nicht nur eine Idee oder Vorstellung, sondern die tatsächlich einzig existente Form von Liebe. Auch war ihr diese Vorstellung nicht bewusst und musste daher zunächst in das Licht ihres Bewusstseins gerückt werden. Alles, was ihr an zwischenmenschlichen Kontakten im Leben begegnete, maß sie unwillkürlich an diesem Ideal – und natürlich konnte nichts diesem Vergleich standhalten. Sie erlitt also zahllose Enttäuschungen und wandte sich schließlich mehr und mehr enttäuscht vom Leben und anderen Menschen ab.

In sämtlichen vorangegangenen Gesprächen mit anderen über ihr persönliches Problem mit der Liebe, sind alle immer davon ausgegangen, über dasselbe zu sprechen. Die Menschen und die Umstände wurden immer hinterfragt, die eigenen Vorstellungen jedoch niemals. Sie waren ihr nicht einmal klar – und doch haben sie ihr ganzes Leben bestimmt.

Für uns ist das ein eindrückliches Beispiel dafür, wie der Begriff oder die Vorstellung von etwas realer ist und oft höher bewertet wird als die Emotion selbst. Selbst erhebliches subjektives Leid kann daran offensichtlich nichts ändern. Der Grund dafür sollte Ihnen als aufmerksamer Leser nun leichter erkennbar sein: Auch bei dem subjektiven Leid handelt es sich um eine bedingte Emotion. Wie aber ordnet man Emotionen, die keinen gedanklichen Kontext oder keine Bedingung haben ein, ohne der Gefahr eines Irrtums zu unterliegen? Wie wir in unserem kleinen Beispiel beschrieben haben, könnte ein solcher Irrtum durchaus verhängnisvoll sein und er tritt häufiger auf, als man vielleicht annehmen mag.

Stellen Sie sich folgende konstruierte Beispielsituation vor.

Ein Freund oder Bekannter kommt zu Ihnen mit folgendem Problem:

„Weißt Du, ich habe da eine Emotion, die ich nicht richtig einordnen kann. Es ist ein warmes Gefühl, das meinen ganzen Körper durchströmt und mir den Eindruck gibt, ich könne vor Energie zerspringen. In Momenten dieser Wahrnehmung, scheine ich absolut frei von allen Sorgen, und von jeglichem Leid zu sein. Könntest Du mir bitte weiterhelfen und mir sagen, ob das Glück ist, was ich fühle, oder nur Zufriedenheit? Jemand anderes, den ich fragte, sagte mir, es müsse Liebe sein, wobei ein guter Freund von mir der Meinung ist, es sei lediglich Mitgefühl. Als ich dann meinen Psychologen befragte, sagte dieser, es sei die übliche Empfindung von Genuss bei der Wahrnehmung von Schönheit! Ich bin nun wirklich durcheinander und verzweifelt, könntest Du mir weiterhelfen?"

Können Sie sich in diesem Fall einer gewissen Unsicherheit bei der Bestimmung der „richtigen" oder zutreffenden Emotion erwehren? Vermutlich würde man im nächsten Schritt zur weiteren Verifizierung den sogenannten Kontext erfragen, in dem sich die betreffende Person befand, als sie die unbekannte Emotion erlebte. Man würde dann vermutlich versuchen zu „erfühlen", welche Emotion man selber in diesem Moment wohl am ehesten empfunden hätte. Man vergleicht also die eigenen Gefühle mit denen der fragenden Person und versucht, einen Zusammenhang zu konstruieren, damit die Emotion bestimmbar wird.

Aber wie kann man sich sicher sein, dass die Person dasselbe empfindet, wie man glaubt? Wie kann man überhaupt sicher sein, dass das eigene Gefühl von Liebe wirklich Liebe ist und nicht vielleicht eine andere, fehlinterpretierte Emotion? Diese Unsicherheit resultiert eben aus der Tatsache, dass man sich ein Bild, eine Vorstellung von der Liebe und von jeder anderen Emotion, die man benennen kann, gemacht hat. Die geschätzten Leser mögen die Wahrheit dieser Erkenntnisse in sich selber überprüfen. Die in dem Beispiel der Gefühlskonfusion aufgeführten Emotionen sind eben solche, die wir als „unbedingte Gefühle" bezeichnen. Die Erkenntnis dessen erfordert allerdings ein sorgfältiges Überprüfen und Erforschen seiner selbst. Der Grund ist selbstverständlich der, dass jeder zunächst seine Vorstellungen von den tatsächlichen Emotionen trennen muss.

Diese „Arbeit" macht einen wichtigen Teil der *Conscious Realization* aus, die wir im dritten Teil des Buches, „Heilung", beschreiben.

Abschließend zu diesem Kapitel der unbedingten Gefühle und im Anschluss an die Erkenntnis derselben muss nahezu zwangsläufig die folgende Erkenntnis stehen: Wenn es sich bei den bedingten Gefühlen um von Gedanken hervorgebrachte oder evozierte Emotionen handelt und unbedingte Gefühle keine Verbindung zu Gedanken haben, dann bedeutet das:

1. Dass die unbedingten Gefühle nur in Verbindung mit einer unmittelbaren Wahrnehmung existieren und nur ohne die Intervention von Gedanken in Form von Bewertungen, Vergleichen und Interpretationen existieren können.

2. Dass unbedingte Gefühle Teil des wahren Selbst oder des innersten Kerns sind und dass dessen „Freilegung" ebenfalls die Freisetzung und den Zugang zu diesen Emotionen mit sich bringt.

Sind Glück und Zufriedenheit wirklich alles, wonach wir streben? Wenn Sie diese Frage mit einem klaren „Ja" beantworten können, wäre dann nicht dieses Ziel in jenem Moment erreicht, in dem Sie in der Lage wären, sich in jedem Moment Ihrer Wahl, unter welchen äußeren Umständen Sie sich auch befinden, glücklich zu fühlen? Conscious Realisation beschreibt den Weg zu eben dieser Befähigung.

Auf die verschiedenen bedingten und unbedingten Gefühle im Einzelnen einzugehen, würde den Rahmen dieses zur Übersicht dienenden Buches sprengen. Das Thema jedoch an anderer Stelle ausführlicher darzustellen, wird vielleicht hilfreich sein. Ein besonderes Thema jedoch, auf welches wir noch in diesem Zusammenhang kurz eingehen möchten, ist der Stress.

Stress

Was nicht in unsere Empfindung tritt (Leid oder Freude bereitet), beschäftigt unser Denken nicht lange. Genießt in unserem Kopfe nur kurze Gastfreundschaft.
Friedrich Wilhelm Nietzsche

Stress ist eine der am häufigsten auftretenden Volkskrankheiten unserer Gesellschaft. Der allgemeine Stresspegel steigt nahezu jedes Jahr. Laut der Studie einer Krankenkasse[20] empfinden sechs von zehn Personen ihr Leben als stressig und jeder Fünfte empfindet sich als unter „Dauerdruck" stehend.[21]

Der Begriff „Stress" wurde von dem Mediziner Hans Selye eingeführt und definiert. Seine Definition lautete, dass Stress „eine unspezifische Antwort des Körpers auf eine Anforderung" ist. Diese Antworten des Körpers bestehen laut der Krankenkassenstudie von 2013 unter anderem zu:

58% aus Rückenschmerzen und schmerzhaften Muskelverspannungen
32% aus Schlafstörungen
17% aus Kopfschmerzen und
13% aus Depressionen[22]

Darüber hinaus ist der Stress verantwortlich für Herz- und Kreislauferkrankungen und wird als Auslöser für Allergien und psychosomatische Erkrankungen betrachtet. Begegnet wird dem Stress in der üblichen Weise: Entspannungsübungen, Stressfaktoren vermeiden, mehr und längere Erholungsphasen.

Schauen wir uns einmal an, was Stress aus psychologischer Sicht bedeutet. Der Begriff „Anforderung" in der Definition von Stress scheint sehr allgemein zu sein und bedeutet in diesem Zusammenhang das, was wir bereits prinzipiell als ein Problem beschrieben und definiert haben. Ein Problem ist eine uns von außen angetragene Situation, die eine Reaktion erfordert. Wenn ich also kein Geld besitze und Hunger bekomme, so ist das ein Problem. Diesem begegne ich vielleicht, indem ich eine bezahlte Tätigkeit ausübe oder ein Feld bestelle.

Das, was die körperliche Reaktion bei Stress verursacht, ist aber kein Problem, sondern ein Konflikt. Ein Konflikt ist, gemäß unserer Definition, ein Widerspruch zweier Instanzen innerhalb einer Person. Hierdurch kann ein Problem zu einem Konflikt werden, was jedoch nicht zwangsläufig so sein muss.

„Ich müsste eigentlich etwas tun, um zu etwas Essbarem zu gelangen, jedoch habe ich keine Lust dazu."

Das wäre die banale Entsprechung von dem aus einem Problem resultierenden Konflikt in unserem Beispiel. Der Konflikt besteht in diesem Fall darin, dass man mit der tatsächlichen Situation nicht einverstanden ist und man sich eine andere Situation ohne Problem wünscht. Jeder Konflikt geht mit einer innerlich empfundenen Spannung einher. Je mehr Konflikte man anhäuft, umso größer ist die innere Spannung. Diese Spannung ist es, welche der Begriff „Stress-Level" beschreibt. Aus dieser Spannung resultierende körperliche Symptome sind eben die oben erwähnten. Psychologische Spannung wird zu körperlicher Spannung und diese zu: Rückenverspannungen und Schmerzen, Verspannungen im Hals und Nacken-Kopfschmerzen, generelle Verspannungen, die Einfluss auf unser Kreislaufsystem nehmen und sich beispielsweise in einem Bluthochdruck zeigen.

Unsere Definition von Stress ist, da Stress in unseren Augen ein rein psychologisches Phänomen ist, welches körperliche Symptome nach sich zieht, eine andere:

„Stress ist das Resultat aus der empfundenen Diskrepanz zwischen tatsächlicher und gewünschter Realität."

Je größer diese Diskrepanz und je stärker man mit der Vorstellung der gewünschten Realität identifiziert ist, umso größer ist das Stressniveau. Stress ist also nichts von außen Vorgegebenes oder unweigerlich auf uns Einfallendes, sondern das Resultat eines Instanzenkonfliktes. Fügen wir die getrennt erscheinenden psychologischen Instanzen zu einer Einheit zusammen, so verschwindet zugleich auch der Stress. Stress ist also das Resultat des von uns bezeichneten Puppenspiels. Wir mögen durchaus körperliche Symptome aufgrund von harter körperlicher Arbeit entwickeln. Das könnte man sicherlich auch als „Antwort des Körpers auf eine Anforderung" bezeichnen. Aber diese Antwort ist dann eher sehr spezifisch.

Der freie Wille

Charakter ist vollständig gebildeter Wille.
Novalis

Wir möchten hier kurz Bezug auf das Thema des „freien Willens" nehmen. Dessen Verbindung, insbesondere zu den bedingten Emotionen, wird Ihnen in wenigen Absätzen klar werden. Die Annäherung an das Thema des freien Willens scheint uns notwendig zu sein, da auch hier eine Menge Fehlinterpretationen und Ideen durch den gesellschaftlichen Raum geistern. Viele Eltern beispielsweise haben das Ziel, ihre

Kinder zu einem freien Willen zu erziehen. Herauszufinden, was man wirklich will, scheint für andere Menschen die Lösung aller Probleme zu sein.

Die menschliche Psyche besteht im Allgemeinen zum größten Teil aus Wollen und Streben. Der Wille, etwas zu erreichen, jemand zu werden oder das Erreichte oder Gewordene abzusichern. Wille ist immer die Bewegung der Psyche hin zu einem Ziel. Damit ist diese psychologische Bewegung auch in ihrem Negativ die Bewegung von etwas weg. Das, wovon sie sich wegbewegt, ist häufig das, was sie aktuell wahrnimmt.

Wille oder Wunsch ist häufig der Wille zur Veränderung. Er kommt in der Verkleidung der Begierde, des Verlangens oder anderer Mäntel wie Neid, empfundene Minderwertigkeit und so weiter daher. Der Wille beschreibt damit immer eine Diskrepanz zwischen der tatsächlich wahrgenommenen und der gewünschten Realität. Diese zwei Pole stehen im Gegensatz zueinander. Die Entfernung dieser zwei Pole sowie die Ausprägung des Willens, diese Entfernung zu überbrücken, bilden die Faktoren, welche über die Stärke der Spannung bestimmen, die man in sich fühlt. Diese Spannung ist es auch, der man den Namen „Stress" gegeben hat.

Hans Selye hat diesen Stress in „guten" und „schlechten" Stress begrifflich unterschieden. Den „guten" nannte er „Eu-Stress". Dieser macht sich laut Selye beim Streben nach „positiven" Zielen bemerkbar, wohingegen der schlechte „Dys-Stress" bei aufgezwungener, ungewollter oder unangenehmer Zielverfolgung in Erscheinung tritt. In der von uns beschriebenen Definition von geistiger Gesundheit hat diese Aufteilung keinen Wert. Beides, der Eu-, und der Dys-Stress, sind Symptome als Resultat von innerlicher Spannung und von Konflikten. Ob nun zu etwas hin oder von etwas weg, hat zunächst einmal keinen Einfluss auf die hierfür gebundene Energie. Lediglich die unwillkürlichen Nebeneffekte wie Sorge, Angst und so weiter bewirken bei psychischen Bewegungen von etwas weg eine zusätzliche Belastung. Beides bindet auf unwillkürlicher Ebene Energie, die auf diese Weise nicht mehr für andere Dinge zur Verfügung stehen kann.

Jeder Wille ist einem Motiv unterworfen und jedes Motiv ist konditioniert und somit nicht frei. Damit sollte klar sein, dass das Verlangen die Grundlage oder die Basis dessen ist, was wir Willen nennen.

Versuchen wir nun, gemeinsam zu untersuchen, worum es sich bei dem Phänomen des Verlangens handelt und wie es entsteht. Wir sind zwar bereits in Kapitel 6 innerhalb der bedingten Gefühle auf diese Emotionen eingegangen, halten es aber für hilfreich, das hier noch ein wenig zu vertiefen.

Grundsätzlich scheint die Unmöglichkeit klar, etwas zu verlangen, was man nicht kennt. Alles Verlangen richtet sich also auf etwas, was man kennt, gesehen oder erfahren hat, beziehungsweise auf sein konstruiertes Gegenstück. Man kann nicht nach etwas verlangen, dessen Existenz sich für einen noch nicht offenbart hat. Verlangen kann sich aber auch auf eine Abstraktion oder eine Negation von etwas beziehen, das man erfahren, gesehen oder erlebt hat. Also das „Negativ" eines Bildes von einem Gegenstand oder einem Zustand. In diesem Fall kennt man das Objekt der „Begierde" nicht, sondern konstruiert ein Negativ von einem bekannten Bild.

Ist man beispielsweise unzufrieden, so kennt man möglicherweise den Zustand wahrer Zufriedenheit nicht. Was man sich aber erschafft, ist ein Bild von dem, was man sich als Zufriedenheit vorstellt. Möglicherweise tut man das, indem man alles, was man mit Unzufriedenheit gleichsetzt oder als solches identifiziert, negiert. Oder man stellt sich einen Zustand ohne all diese Dinge vor, die einen vermutlich unzufrieden machen.

Damit haben wir eine zweite Grundlage des Verlangens entdeckt: Es liegt ihr eine Wahrnehmung zugrunde.

Dabei spielt es keinerlei Rolle, ob es sich um eine innerliche beziehungsweise psychische Wahrnehmung von Bildern oder Emotionen oder um eine äußerliche Erfahrung in Form von Sinneseindrücken handelt. Eine innerliche Wahrnehmung ist, in unserem Beispiel das gewahr werden des Gefühls von Unzufriedenheit. Eine äußere Wahrnehmung wäre beispielsweise das Bemerken eines optischen Gegenstandes. Auf diese Realisation folgt unbemerkt, konditioniert und nahezu zeitgleich die persönlichkeitsentsprechende Bewertung oder Beurteilung. Dieses Urteil resultiert aus dem Bild, welches man sich von sich selbst gemacht hat. Man vergleicht die Sinneswahrnehmung im Hinblick auf Zieldienlichkeit oder Hinderlichkeit, auf Zerstörung oder Untermauerung der eigenen Persönlichkeit oder seines Idealbildes und im Hinblick auf Wünsche, Hoffnungen, Identifikationen und so weiter. Innerhalb dieses Vergleiches fällt das Urteil oder die Bewertung entweder als positiv, negativ oder als uninteressant aus.

Nach der Bewertung folgt die Konstruktion der Vorstellung von der Zukunft. Hierbei bringt man das Bild von sich mit dem Bild des gewünschten Gegenstandes oder Zustandes zusammen. Handelte es sich im vorausgegangenen Schritt um ein negatives Urteil, so wird man unmittelbar davon ablassen oder es ablehnen. Hat man den Gegenstand oder Zustand als positiv oder erstrebenswert bewertet, so wird man sich diesem neu geschaffenen Bild zuwenden.

Darauf folgt der nächste, unwillkürliche Schritt: Das Erwachen der Emotion.

Das ist es, was uns unter dem Begriff Verlangen oder Begierde bekannt ist. Wir nehmen es in der Regel im Bewusstsein als Ursache und nicht als Reaktion wahr obwohl es, wie wir jetzt gesehen haben, nur die über dem Wasser gelegene Spitze des Eisbergs ist.

Manche mögen glauben, dass es sich nicht auf diese Weise, sondern so verhalte, dass zuerst das Verlangen nach einem Objekt oder einem Zustand entsteht und erst im nächsten Step die Zukunfts-Vorstellung von sich und dem Zustand des „bereits Besitzen" miteinander zu einer Identifikation verschmelzen.

Wir bitten Sie aber, dies sorgfältig in sich selbst zu überprüfen.

Freiheit und Wille also – und das ist es, was wir aufzuzeigen versuchten – stehen sich gegensätzlich gegenüber, da ein Wille immer und unter allen Umständen gebunden ist an seine Ziele, Vorstellungen und Wünsche, die aus subjektiven Bewertungen resultieren.

Kommen wir nun nach dem Verb „wollen" zu dem, der „will".

„Ich will – aber wer ist Ich?"

Kapitel 7
Das „Ich"

Und so bedarf die Natur zuletzt des Heiligen,
an dem das Ich ganz zusammengeschmolzen ist
und dessen leidendes Leben nicht oder fast nicht
mehr individuell empfunden wird, sondern als tiefes
Gleich-, Mit- und Eins-Gefühl in allem Lebendigen.

Friedrich Nietzsche

Wer bin ich?

> *„Ich bin ich, und ich bin, wie ich bin! Darüber hinaus ist niemand so viel „Ich" wie ich – so viel „Ich"' ist mir sicher!"*

Aber woher weiß man eigentlich, dass das Gefühl von „Ich" wirklich das „Ich" ist, oder was lässt einen in Bezug auf die Wahrnehmung vom „Ich" so sicher sein? Man weiß, wer man ist, und man weiß, dass man ist. Das unterscheidet die Menschen, wie man vermutet, von den meisten

Tieren. Aber was genau ist es, was einem diese untrügliche Sicherheit gibt, und woher kommt sie?

Hier sind wir nun an dem unverzichtbaren und für den Prozess der *Conscious Realization* oder der „Einsicht in das Selbst" unvermeidbaren Punkt angelangt, an welchem Sie sich Ihres Ichs bewusst werden können und sollten. Dies gelingt, indem man sein persönliches „Ich" im ersten Schritt mithilfe der Bestandteile und Auswirkungen des „Ich" erkennt, wiedererkennt beziehungsweise sich seines Ichs bewusst wird.

Alle die von uns bisher in diesem Buch beleuchteten Bestandteile der Psyche sind ebenso Bestandteil des Gefühls und der Gewissheit von „Ich". Man verbindet sie mit sich selbst. Fassen wir zunächst die von uns bereits beleuchteten und erkannten Bestandteile des Ichs zusammen:

Das „Ich" ist die subjektive Persönlichkeit und damit die eigene Identität. Die Sinne werden vom „Ich" utilisiert, interpretiert und umgedeutet. Gedanken-abhängige Gefühle sind ein Bestandteil des „Ich". Jeglicher Wille ist der Wille des „Ich". Aber ist das „Ich" daher eine eigenständige, unabhängige Instanz?

Ist das „Ich" mit so etwas wie einer unsterblichen Seele verbunden?

Ist das „Ich" Teil des Geistes oder ist der Geist Teil des Ichs?

Ist das „Ich" vom Ego getrennt?

Ist das „Ich" mit dem Körper verbunden oder stirbt es mit ihm?

Widmen wir uns nun in diesem Kapitel dem „Ich" als das innere Zentrum der Menschen und versuchen, seine Herkunft sowie dessen Zusammenhänge mit den anderen Bestandteilen der Psyche zu ergründen.

Das „Ich" ist mehr oder weniger mit dem Begriff des „Ego" identisch. Wir haben uns jedoch in diesem Rahmen für den Begriff des „Ich" entschieden, da die Verwendung von „Ego" häufig im Umfeld fernöstlicher Weisheitslehren und Religionen gebräuchlich ist und wir hier keine irreführenden Zusammenhänge kreieren oder Verwirrung stiften wollen.

Das „Ich" ist, auch wenn wir es als solches wahrnehmen, keine eigenständige unabhängige Instanz. Vielmehr besteht es, auf ähnliche Weise wie das Bewusstsein, aus der Summe seiner Inhalte. Wenn das aber so ist, wieso nimmt man es nicht nur als eine, sondern vielmehr als die alles dominierende, alles bestimmende Instanz innerhalb seiner Selbst wahr?

Die Antwort ist so einfach wie klar:

„Ich" bin alles, was ich habe!

Ein Mensch kommt nur dadurch zu sich selbst,
dass er von sich selbst loskommt.
J. von Müller

Das „Ich" gilt in demselben Maße als Sicherheit für die Menschen, wie es seinerseits selber Sicherheit braucht, um existieren zu können.

Kinder werden mit dem Beginn ihres Lebens darauf „trainiert", jemand zu sein, sich selbst zu realisieren, sich zu finden und sich weiter zu entwickeln. Sie müssen aber erst erkennen, wer sie sind. Von Anfang an sagt man ihnen, sie seien das „Ich". Ganz gleich, welchen Namen dieses „Ich" auch haben mag: Thomas, Katharina, Michael oder Sandra. Kleine Kinder müssen noch zum Teil bis über ihr zweites Lebensjahr hinaus davon überzeugt werden, Ihr jeweiliges „Ich" zu sein beziehungsweise dieses anzunehmen. Obgleich man ihnen sagt, sie seien beispielsweise Thomas oder Sandra, sprechen sie häufig zu Beginn noch von sich selber in der dritten Person. Sie haben sich dann noch nicht mit sich selber – mit ihrem „Ich" identifiziert.

Erwachsene hingegen sind üblicherweise über dieses Stadium hinaus. Sie haben ein untrügliches, scheinbar unerschütterliches „Ich"-Gefühl und „Ich"-Bewusstsein. Das, was man das „Ich" nennt, ist identisch mit dem „Ich-Gefühl". Da es keine organisch abzugrenzende Existenz hat, ist das „Ich" zunächst einmal nichts anderes als eine Empfindung. In dem Punkt zumindest, gleicht es also dem „Selbst". Je älter der Mensch wird, umso mehr verankert sich dieses Gefühl von „Ich" im Heranwachsenden beziehungsweise umso mehr ist man mit dem Gefühl von „Ich" identifiziert.

Viele Menschen scheinen verwundert ob der offensichtlich

paradoxen Tatsache, dass junge Leute häufig den Nervenkitzel in teilweise lebensgefährlichen Situationen oder bei Extremsportarten suchen und bereit sind, ihr Leben aufs Spiel zu setzen, obgleich es gerade erst begonnen hat. Auf der anderen Seite scheint es, dass Menschen umso mehr am Leben hängen und umso ängstlicher und vorsichtiger werden, je älter sie sind. Ursächlich hierfür ist eben ihr „Ich". Zum einen sind die Menschen, je älter sie werden, mehr und mehr mit ihrem „Ich" identifiziert und andererseits wird das „Ich" stärker und stärker, je mehr Bestandteile wie z. B. Erinnerungen und Wissen es innerhalb seiner Existenz über die Zeit ansammelt. Junge Menschen haben diese starke Identifikation und Bindung noch nicht in dem Maße und haben daher weniger Angst vor dem Tod, denn:

Das „Ich" ist es, das die Angst vor dem Sterben schafft!

Dennoch präsentiert sich das „Ich-Gefühl" immer auf die gleiche Weise, unabhängig davon, wie alt man wird. Das vermittelt den Menschen ein inneres Gefühl von einer unabhängig existierenden, die Zeit überdauernden, unveränderlichen Instanz mit der Bezeichnung „Ich". Und da diese Instanz eben unabhängig von Alter und Verfall allem körperlichen gegenüber zu sein scheint, kreiert dies den Glauben, das „Ich" könne den Körper überdauern. Hierdurch wird es zu der größten Sicherheit der Menschen. Das „Ich" bildet damit gleichsam den Begriff von Sicherheit. Die Vorstellung sowie das subjektive Gefühl von Sicherheit wird mit dem „Ich" verknüpft und zugleich mit ihm vereinigt, da es das Einzige ist, was scheinbar sicher ist. Das bedeutet, dass die allgemeine Vorstellung von Sicherheit identisch ist, mit dem subjektiven Gefühl eines sicheren „Ich".

Die Leser mögen sich daran erinnern, dass die Abwesenheit des Selbst im Sinne von Selbst-Sicherheit den Drang, diesen Mangel zu ersetzten, mit sich bringt. Diese Tendenz und psychologische Bewegung bildet eine Wurzel für den Siegeszug des „Ich", das die leere Stelle des Selbst als einzige andere Konstante innerhalb der menschlichen Psyche einzunehmen in der Lage ist.

Wie also kommt es zu diesem Gefühl von „Ich"?

Das Gefühl, das wir „Ich" nennen, ist, wie eingangs gesagt,

anerzogen oder konditioniert. Man ist Thomas oder Sandra. Diese Konditionierung beinhaltet das Konzept einer die Zeit überdauernden Entität, denn obgleich schon wieder ein Tag vorbei ist, sich die Umgebung und vielleicht sogar der eigene Körper verändert hat, sagt man einem, man sei noch immer die gleiche Sandra oder der gleiche Thomas. Da die eigenen Eltern zugleich die Welt bedeuten und damit allwissend und allmächtig sind – vor allem im Vergleich zu den eigenen Fähigkeiten –, zieht man diese vermeintliche Wahrheit natürlich nicht in Zweifel, sondern sucht vielmehr überall nach einer Entsprechung und einer Bestätigung für dieses Konzept.

Die einzige inwendig in den Menschen vorhandene Entsprechung aber ist eben dieses sich langsam entwickelnde Gefühl von, die Zeit überdauernder Ereignisse im eigenen Körper oder Kopf. Das ist es, was die Basis für das Ich bildet: Die Fähigkeit zur Erinnerung an Vergangenes. Auch das wird einem systematisch antrainiert. Immer und immer wieder hört man Aussagen oder Fragen wie die folgenden:

War das schön?
Hat Dir das gefallen?
Möchtest Du das noch mal machen?
Weißt Du dies noch oder das?
Kannst Du dich noch an dieses oder jenes erinnern?
Gestern hast Du...
Aber Du wolltest doch...

All das trägt zur Konditionierung in Form der Identifizierung der Vergangenheit mit dem „Ich" bei. Darüber hinaus verstärkt es die Idee eines Existierens innerhalb von Zeit.

Diese Idee war einst – und ist es auch noch heute – sinnvoll und hilfreich, denn sie hat im Laufe der menschlichen Evolution das Überleben und die Überlegenheit gesichert. Mit voranschreitender Entwicklung und dem Umherziehen der ersten Menschen wurde es zunehmend notwendiger, sich bestimmte Informationen und Orte zu merken:

Wo ist das Wasserloch?
Welche Tiere und Pflanzen sind giftig?

Wie finde ich nach Hause?
Wer ist Freund und wer Feind?

Innerhalb der zunehmenden Weiterentwicklung unserer Spezies potenzierte sich die Zahl der zu merkenden Informationen im Laufe der Zeit vermutlich um ein Vielfaches:

Wie baue ich eine Unterkunft?
Wie baue ich Werkzeuge und wie gehe ich damit um?
Welche Worte haben welche Bedeutung in welcher Sprache?
Wie mache ich Feuer, benutze ich ein Fahrrad, ein Auto, einen Computer?

Die Anzahl der Nervenzellen eines Gehirns geht in die hunderte Milliarden und man darf annehmen, dass die Anzahl der Informationen, die dieses Gehirn zu speichern in der Lage ist, sich proportional dazu verhält. Diese enorme Kapazität jedoch ist geradezu nutzlos ohne die damit einhergehende Fähigkeit, solche Informationen bei Bedarf aus dem Speicher zielgerichtet auch wieder abrufen zu können.

Wenn wir Sie also nun bitten würden, sich 50 zufällig ausgewählte Begriffe aufzuschreiben und sie dann in einem Zeitraum von etwa zehn Minuten in der entsprechenden Reihenfolge auswendig zu lernen, um sie daraufhin, in einer Stunde oder vielleicht in zwei Monaten, gemäß der ihnen zugeordneten Reihenfolge erneut aus dem Gedächtnis zu benennen – glauben Sie, sie wären dazu in der Lage, selbst wenn es dabei um Ihr Überleben ginge? Vermutlich würde dies nur sehr wenigen auf Anhieb gelingen.

Es gibt aber Menschen, die ohne Probleme dazu fähig sind und sich noch viel mehr Fakten in noch kürzerer Zeit merken können. Diese sogenannten „Gedächtniskünstler" veranstalten heutzutage sogar Weltmeisterschaften auf dem Gebiet. Aber diese Meister des Gedächtnisses haben dieselben physischen Voraussetzungen wie ihre anderen, „normalen" Zeitgenossen. Allerdings verwenden sie eine Methode, die ebenso simpel wie effektiv ist: Sie bedienen sich einer bereits vorhandenen, gelernten, linearen oder fortlaufenden Struktur. An diese bereits gelernte Struktur knüpfen sie die neu zu erlernenden Fakten oder Begriffe. In der Praxis funktioniert das so: Nehmen Sie zum Beispiel den täglichen Fußweg von zu Hause zur Arbeit oder zur Schule. Auf diesem Weg sucht man sich 50 unveränderliche Wegpunkte und lernt sie mit der ihnen jeweils zugeordneten Zahl und entsprechend ihrer Reihenfolge. Das kann ein besonderes Haus, eine Ampel, ein Zebrastreifen, ein Kiosk und Ähnliches sein. Schafft man es nun, die zu merkenden Begriffe zu einer Geschichte „zusammen zu fantasieren", welche sich entlang des Heimweges abspielt, wobei jeder Begriff mit einem Ereignis an einem der 50 gemerkten Wegpunkte innerhalb der Geschichte verknüpft wird, so ist der Rest ein Kinderspiel.

Sie wissen in Zukunft genau, welcher Begriff an welcher Stelle in der Reihe steht, und können das jederzeit abrufen. Wenn Sie die Geschichte ein paar Mal wiederholen, so haben Sie diese noch Monate später präsent. Besonders effektiv ist es, die einzelnen Handlungen der konstruierten Geschichte so zu wählen, dass sie beim „Entwickler" irgendeine Emotion hervorrufen. Das bedeutet nämlich, dass sie in irgendeiner Form „persönlichkeitsrelevant" sind. Auf diese Weise ist Lernen auf noch müheloserer Weise möglich.

Eine eindrucksvolle, weil simple und unglaublich effektive Technik, nicht wahr? Aber was hat sie mit unserem Thema „Ich" zu tun? Hier kommt die Antwort:

Das „Ich" ist ein Gedächtniskünstler!

Wenn man sich nun in einer für die Menschheit neuen und lebensbedrohlichen Situation wiederfindet, in der man gezwungen ist, sich vielleicht Millionen von Informationen innerhalb eines Lebens zu merken, so wären die Menschen, die dazu nicht in der Lage sind, vermutlich auch nicht überlebensfähig.

Vielleicht aus diesem Grunde hat sich der Mensch ein ungemein effektives und simples Werkzeug erschaffen, das dem ähnelt, dem sich die von uns beschriebenen Gedächtniskünstler in seiner simpelsten Form bedienen.

Aber welche lineare oder fortlaufende Struktur, Wegstrecke oder Geschichte könnte groß oder lang genug sein, um Informationen von solch immensen Ausmaßen und Anzahl mit sich zu verknüpfen oder an sich zu binden? Die Antwort ist so simpel wie genial:

Die *eigene* Geschichte!

Jeder Abschnitt eines Lebensweges kann auf diese Weise mit etlichen Informationen verknüpft werden, und nach etwa drei Sekunden beginnt dann wieder ein neuer Lebensabschnitt, der für weitere Verknüpfungen zur Verfügung steht. Doch bevor man sich etwas auf diese Weise zu eigen machen kann, muss erst einmal eine psychische Grundlage geschaffen werden, die es zulässt, sich von anderen Menschen und äußeren Dingen als getrennt wahrzunehmen. Kurz, es braucht die Konstruktion eines „Ich"!

Darüber hinaus bedarf es, ähnlich wie bei der Wegtechnik der Gedächtniskünstler, einen Anfangs- und einen Endpunkt, den in diesem Fall das „Ich" überdauert. Das macht das Gefühl von Zeit zu einem festen Bestandteil, der an das „Ich" geknüpft und mit diesem untrennbar verbunden ist. Dieser besondere Teil des „Ich" wird uns zu einem späteren Zeitpunkt noch genauer beschäftigen.

„Ich" und „Zeit", das sind die zwei Komponenten, welche die denkbar effizienteste psychologische Konstruktion zum Speichern von notwendigen oder dienlichen Informationen in der richtigen Reihenfolge bilden. Diese geniale, einzigartige Entwicklung der Menschen ist es, die man tatsächlich mit dem Titel „Krone der Schöpfung" adeln könnte.

Die Entartung des „Ich"

Im Laufe der weiteren Entwicklung des Menschen ist jedoch aus dem „Ich" mehr erwachsen als für den Zweck, zu dem es vermutlich entwickelt wurde, nötig gewesen wäre. Einem Tumor gleich, der aus einer gesunden Zelle eine entartete macht, um dann als Krebsgeschwür weiter zu wachsen, ist auch das „Ich" als eine die menschliche Psyche einnehmende und diese konsumierende Instanz weiter gewachsen.

Das „Ich" wird genährt und nährt sich fortlaufend selber. Es nährt sich selbst, indem es sich alles zu eigen macht. Hierbei eignet es sich nunmehr auch solche Bestandteile an, die nicht mehr der physischen Überlebensstrategie des Menschen dienen. Auf diese Weise wächst es in einer das „Ich" unterstützenden gesellschaftlichen Umgebung voller Ichs nahezu unaufhörlich weiter. Die menschliche Gesellschaft fördert diese geistige Konstruktion des „Ich" als Realität, indem sie Helden mit einer besonderen Geschichte verehrt und ihre Kinder zur Individualität im Sinne von Einzigartigkeit und Besonderheit erzieht. Diese jungen Heranwachsenden werden dazu ermutigt, ihre eigene besondere Geschichte in Form von Erinnerungen, Erlebnissen und Taten als ihren persönlichen Wert zu erschaffen. Damit kreiert und nährt man unwillkürlich die immer weiter voranschreitende „Ich"-Bezogenheit und zugleich auch die Zerrissenheit der Menschen.

Ähnlich wie ein gesunder Körper in der Lage wäre, einen beginnenden Tumor zu bekämpfen, so wäre auch ein gesunder Geist in der Lage, das Wachstum des „Ich" in gesundem Ausmaß zu halten. Das gesunde Selbst, das mit der Selbstzufriedenheit identisch ist und das natürliche Gegengewicht zum „Ich" bilden würde, fehlt jedoch diesen Menschen, die daher das „Ich" überwertig leben.

Auf solche Weise wird das „Ich" zu einer sich ständig erweiternden psychologischen Instanz.

Das „Ich" macht alles zu sich

Jedem Anfang wohnt ein Zauber inne,
der uns beschützt und der uns hilft, zu leben.
Herrmann Hesse

Viele Menschen verbringen ihr Leben in der Illusion, es sei das „Ich", welches entscheidet. Zurückkommend auf das Beispiel des Lichtkegels, der das Bewusstsein darstellt, ist man als „normaler" Mensch gemeinhin der Überzeugung, dass das „Ich" es ist, das die Lampe hält. Tatsächlich aber ist das nicht der Fall. Denn wäre dies so, würde mit dem Verschwinden des „Ich-Gefühls" auch automatisch das Bewusstsein verschwinden. Fakt ist hingegen, dass das „Ich-Gefühl" Teil des Lichtkegels und damit Teil des Bewusstseins ist. Denn selbst in Momenten der Abwesenheit des „Ich-Gefühls" hat man ein wahrnehmendes Bewusstsein. Man findet solche Situationen beispielsweise in Momenten vollständiger Konzentration wie etwa beim Lesen eines packenden Romans oder bei der Ausführung bestimmter Tätigkeiten. Auch Momente völliger Hingabe oder Augenblicke von unbedingten Gefühlen der Schönheit und Zufriedenheit sind durch eine Abwesenheit des „Ich-Gefühls" gekennzeichnet. Dennoch kann man solche Augenblicke durchaus bewusst erleben.

Das „Ich" jedoch macht sich alles, also auch diese Momente, mit dem ursprünglichen Ziel der bestmöglichen Erinnerung zu eigen. Selbst unmittelbar nach der Wahrnehmung „Ich"-freier Ereignisse bewertet, vergleicht oder entscheidet das „Ich" über deren Bedeutung und weiteren Verwendung und wird damit zu einer die Gegenwart und Realität kontrollierenden und verändernden Instanz.

Das ist ein unwillkürlich ablaufender Prozess, den man heute sogar medizinisch beobachten kann. Der Hirnforscher Ernst Pöppel hat ein Phänomen untersucht, welches er als „Wahrnehmungsgestalten" bezeichnet hat. Das bezeichnet die regelmäßig auftretende Frequenz von der menschlichen Informationsverarbeitung. Im Durchschnitt alle drei Sekunden unterbricht der Mensch seine Wahrnehmung, um die von ihm aufgenommenen Informationen einzuordnen und zu bewerten. Darüber hinaus trifft er die Entscheidung, diese Informationen zu speichern oder wieder zu verwerfen. Das beschreibt daher exakt den über die Zeit unwillkürlich gewordenen Mechanismus des „Ich". Die „Gegenwart" des Menschen dauert daher, laut Pöppel, etwa drei Sekunden und ist nicht kontinuierlich, wie angenommen, sondern sprunghaft. Sie springt von einer „Drei-Sekunden-Insel" der Wahrnehmung zur nächsten und wird unterteilt von Verarbeitungsprozessen innerhalb derer entschieden wird, die soeben gewonnen Eindrücke dem „Ich" zuzuschlagen oder nicht. Dieser Entscheidungsprozess ist natürlich unwillkürlich und Persönlichkeits-bezogen.[23]

Das subjektive Gefühl einer kontinuierlichen Gegenwart resultiert daraus, dass die jeweiligen Gegenwartsmomente inhaltlich miteinander verbunden sind. Bei Fällen von Schizophrenie sind diese Prozesse im Übrigen unterbrochen. Man vermutet, dass hier die Gedächtnisfunktion, welche die aufeinanderfolgenden Wahrnehmungsinseln miteinander verbinden soll, gestört ist. Es verwundert also in diesem Zusammenhang nicht mehr, dass die Schizophrenie auch als „Ich-Störung" bezeichnet wird.

Überdies stellten Forscher fest, dass diese Wahrnehmungseinheiten von etwa drei Sekunden – die übrigens auch die natürlichen, weil als angenehm empfundenen Pausen bei Musikstücken, Gedichten und in der freien Rede bezeichnen – nicht die kürzesten Einheiten von Verarbeitungsprozessen innerhalb der Psyche sind. In Situationen, wo es notwendig scheint, können sogar Wahrnehmungsinseln von etwa 30 Millisekunden entstehen. Hierdurch erscheint bei den betreffenden Personen das subjektive Empfinden eines „Zeitlupen-Effektes" in der Wahrnehmung. Viele Menschen erleben das in Momenten der Gefahr oder in anderen Extremsituationen.[24] Allerdings können sich Menschen auch darauf trainieren, wie Wissenschaftler in Experimenten herausfanden. Dies erscheint besonders vor dem Hintergrund logisch, da auch die „normale" Form der „3-Sekunden-Wahrnehmungsinseln" das Resultat von Training in Form von Wiederholung und Konditionierung ist. Auf eben solche Weise entwickelte sich auch die unwillkürliche Kultivierung des „Ich" im Laufe eines heranwachsenden Menschen.

Das „Ich" nährt sich also ständig selber und wächst durch dieses sich-selbst-alles-zu-Eigen-machen ständig und unaufhörlich. Wie aber sieht das tatsächlich in der Praxis aus?

Nehmen Sie an, Sie sehen zum ersten Mal einen wunderschönen, atemberaubenden Sonnenuntergang. In dem Moment sind Sie völlig in diesem Sonnenuntergang absorbiert und haben, wenn sie sich ihm vollständig hingeben, in diesem Augenblick kein Gefühl von „Ich". Das ist im Übrigen auch die wahre Bedeutung des Begriffes „sich hingeben".

Unmittelbar nach dieser Situation annektiert das „Ich" diese Wahrnehmung als Erfahrung, und es tauchen vielleicht bewertende Gedanken auf, wie:

„Wie schön!"
oder
„Das habe ich noch nie gesehen!"
oder
„Das möchte ich noch einmal erleben!"

Und, was glauben Sie, wird passieren, wenn Sie einen anderen, diesem ersten Sonnenuntergang gleichenden, an derselben oder einer anderen Stelle erleben? Vermutlich wird er nicht an diesen ersten, so wundervollen Sonnenuntergang heranreichen. Woran liegt das? Bei dem ersten Sonnenuntergang war das „Ich" für den Zeitraum des sich Hingebens abwesend, hat sich aber unmittelbar danach mit diesem Ereignis, als *mein* Sonnenuntergang identifiziert und ihn sich so zu eigen gemacht. Der Sonnenuntergang wurde also ein Teil der Identität. Bei dem zweiten Ereignis aber war das „Ich" in Form der Erinnerung des vorangegangenen Sonnenuntergangs anwesend und hat den zweiten mit dem bereits abgespeicherten ersten, spektakulären Sonnenuntergang verglichen. Das ist auch die Erklärung dafür, warum man sich oft so gut an das jeweilige erste Mal erinnert.

Der erste Sonnenuntergang. Das erste Mal Schwimmen. Das erste Mal Autofahren, der erste Sex usw.. Das jeweils erste Erlebnis hat sich das „Ich" zu eigen gemacht. Bei nachfolgenden ähnlichen Ereignissen aber entscheidet der Vergleich über die Relevanz und die Nützlichkeit darüber ob und wie die Erlebnisse in die Erinnerungen übernommen werden. Den 100. Sonnenuntergang werden Sie vermutlich weder bewusst wahrnehmen noch diese Wahrnehmung als Erinnerung speichern.

Wäre es nicht andererseits wundervoll, auch den 100. Sonnenuntergang auf dieselbe staunende Weise wie den allerersten empfinden zu können?

Das lebensgefährliche „Ich"

Lieber ein Ende mit Schrecken als ein Schrecken ohne Ende!
Ferdinand von Schill

Ein weiteres Beispiel zur Veranschaulichung der selektiven Tätigkeit des „Ich": Wer von Ihnen erinnert sich noch daran, auf welcher Seite vor der Haustür er seine nassen Schuhe oder den Regenschirm abgestellt hat, als er das letzte Mal Freunde oder Familie im Regen besucht hat? An die letzte Kränkung jedoch, die Ihnen ein Freund zuteilwerden ließ, erinnert man sich gewiss eher, auch wenn diese schon länger zurückliegt. Interessant ist, dass das Abstellen der Schuhe oder des Schirms ein aktiver Akt ist, wohingegen die verletzenden Worte des Freundes passiv sind. Wie ist im Falle einer solchen Verletzung diese tatsächlich beschaffen, denn körperlich und gesundheitlich sind wir hierdurch ja in keiner Weise bedroht? Es sollte einem also, neutral betrachtet, eigentlich überhaupt nicht wichtig sein. Was sich hier verletzt und bedroht fühlt, ist das „Ich", und das scheint heutzutage viel wichtiger zu sein als sogar die körperliche Unversehrtheit.

Zweifeln Sie daran, liebe Leser? Der Beweis für diese Tatsache ist schnell erbracht.

Körperliche Auseinandersetzungen zum Beispiel sind Ereignisse, die den Körper am stärksten bedrohen und ihm ohne Frage heutzutage am meisten schaden können. Im Krieg wird gar das Leben aller Beteiligten aufs Spiel gesetzt und der Tod in Kauf genommen. Auch heute noch sterben jährlich weltweit nahezu ebenso viele Menschen bei kriegerischen Auseinandersetzungen wie zu der Zeit des Zweiten Weltkriegs.

Warum ist das so?

Hauptursachen für Kriege und körperliche Auseinandersetzungen sind Ideologien, Vorstellungen, Bewertungen, Ideen und Besitzansprüche der Menschen, also: deren Identifikationen!

Welches ist der Teil des Menschen, der all das beinhaltet?

Richtig: Das „Ich"!

Die Menschen sind also – noch heute – überall auf der Welt bereit, ihre körperliche Sicherheit und Existenz für die Bestätigung und Verteidigung ihres „Ichs" in Gefahr zu bringen und sogar ihr Leben dafür zu geben.

Wie kann das sein und wo liegt die Ursache dafür, dass das „Ich" für die Menschen die wichtigste Instanz ihrer selbst zu sein scheint?

Der Grund hierfür liegt vor allem in der bereits beschriebenen Tatsache, dass das „Ich" alles ist, was man kennt, und es daher das Gefühl von Selbst-Sicherheit ersetzt.

Sicherheit

*Wer die Freiheit aufgibt, um Sicherheit zu gewinnen,
wird am Ende beides verlieren.*
Benjamin Franklin

Sicher ist, dass nichts sicher ist. Selbst das nicht.
Joachim Ringelnatz

Die Ursache des Gefühls der Menschen von psychologischer Sicherheit resultiert zu einem großen Teil aus dem Gefühl von „Ich". Das Ich-Gefühl bildet als Summe seiner angesammelten Bestandteile in Form von Erinnerungen und Wissen die einzige scheinbar die Zeit überdauernde Instanz innerhalb des menschlichen Lebens. Da Sicherheit im herkömmlichen Verständnis des Wortes mehrheitlich den Erhalt und Fortbestand des Vorhandenen beschreibt, könnte man Sicherheit in diesem Sinne auch als ein Synonym von Unveränderlichkeit verwenden.

Allerdings sind die Menschen umgeben von äußerlichem Verfall und Veränderung. Nichts ist wirklich dauerhaft. Keine Kreatur lebt ewig. Kein Gebäude überdauert die endlose Zeit, Bäume werden zu Erde. Selbst Felsen werden zersetzt. Alles, was einen Anfang hat, hat auch ein Ende – das ist ein unveränderliches Naturgesetz des Lebens. Genau das aber gibt den meisten Menschen das Gefühl von Unsicherheit.

Viele der täglichen Handlungen dienen einzig dem Zweck, sich gegen ein Morgen abzusichern. Man füllt seine Schränke und Bankkonten und man schließt Versicherungen ab. Menschen erarbeiten Gesetze, um ihren materiellen Besitz zu sichern. Sie schaffen Rituale wie Hochzeiten und Eide, um sich auch anderer Menschen zu versichern. Viele Gedanken nehmen Probleme vorweg, sie dienen dem Versuch, diese bereits lange vor ihrem Auftauchen zu lösen. Oft nimmt man sogar schon Probleme vorweg, die beim Versuch, die vorweggenommenen

Probleme zu lösen, auftauchen könnten, und versucht, sich sogar schon auf diese vorzubereiten. Diese Produktion von Gedanken-Ketten kann sich nahezu endlos fortführen und spielt sich besonders gerne am Abend oder in der Nacht ab.

All das tut man, um sich abzusichern oder um ein emotionales Gegengewicht zu dem subjektiven Gefühl der Unsicherheit zu schaffen. Sicherheit bedeutet für die Menschen, den Status quo beizubehalten und was man hat, einzufrieren. Wenn etwas exakt so bleibt wie es ist, dann ist es sicher.

„Was ich habe, habe ich!"

Aus dem Gefühl der Unsicherheit heraus vermeidet man oft jede Art von Veränderungen. Unsicherheit schafft Sorge und Angst!

Eines der größten Hindernisse der Menschen auf dem Weg heraus aus ihrem Leid ist die Sorge davor, dass das Leid durch eine Veränderung noch größer werden könnte. Es geht ihnen schlecht, aber aus Angst davor, dass es ihnen nach der Veränderung noch schlechter gehen könnte, belassen sie lieber alles beim Alten. Woher kommt dieser Gedanke, wo es doch ganz und gar nicht logisch zu sein scheint? Da es doch ganz offensichtlich nicht ein einziges äußeres Teil gibt, das so bleibt, wie es ist, kann es sich nur um eine Idee der Sicherheit handeln.

Daher ist es eben nicht logisch, sondern „psycho-logisch"!

Diese Idee kommt natürlich aus derselben unwillkürlichen Quelle wie alle anderen Ideen – und das „Ich" auch. Das Ich-Gefühl ist das einzige scheinbar die Zeit überdauernde Gefühl innerhalb der meisten Menschen. Daher haben sie sich genau damit identifiziert, denn es bietet ihnen die vermeintlich größtmögliche Sicherheit. Damit wird das „Ich" für sie der Inbegriff der Sicherheit!

Diese innere Sicherheit wollen sie nach außen projizieren. Sie wollen sich äußere Sicherheit schaffen und behalten. Warum? Weil das, was es schaffen möchte – das „Ich" –, eben diese Sicherheit braucht, um überhaupt existieren zu können.

Wir haben festgestellt, dass die meisten Menschen davon überzeugt sind, identisch mit dem „Ich" zu sein. Daher hinterfragen sie all diese

Handlungen und Geisteshaltungen nicht, sondern setzen sie vielmehr als gegeben und unveränderlich voraus. Wir konnten jedoch angesichts der Tatsache, dass Momente der Abwesenheit des „Ich" existieren, belegen, dass man nicht identisch mit dem „Ich" ist und dieses „Ich" vielmehr eine Konstruktion der Gedanken ist.

Die von uns beschriebenen alltäglichen Augenblicke der Abwesenheit des Ich-Gefühls waren jedoch solche, die man allgemein als positiv bewertet. Positiv werden sie daher bewertet, da man sich ihnen gerne und freiwillig hingibt. Im Anschluss an solche positiven Ich-freien Momente, dienen diese aber dann unweigerlich dazu, das „Ich" zu verstärken. Das „Ich" macht diese Momente zu einem Bestandteil seiner selbst, in der Form einer Ich-Erfahrung. „Ich habe dieses erlebt oder jenes erfahren. Diese Erfahrung gehört nun zu mir und wird daher ein Teil von mir – also ein Teil von meinem „Ich".

Es gibt jedoch auch Momente der „Ich"-losigkeit, die oft weder freiwillig noch gerne erlebt werden. Das sind die Momente der Krise und der unmittelbaren Gefahr. In solchen Momenten kommt es darauf an, vollkommen wach und klar zu sein. Die eigenen Sinne nimmt man in Situationen der Gefahr als geschärft und viel intensiver als üblich wahr. Ein Grund dafür ist, dass die Sinne hier nicht durch unwillkürliche Mechanismen gefiltert und interpretiert werden. Ihnen kommt nun der größte Teil der vorhandenen Aufmerksamkeit zu.

In Zeiten der Krise und der Gefahr muss man geistesklar sein, alle Sinne präsent haben und den Moment leben. Der Lichtkegel des Bewusstseins wird auf ein Maximum erweitert. Hier bleibt innerhalb der Kapazität des Bewusstseins kein Platz für unwillkürliche Denkprozesse. Krise und unmittelbare Gefahr bedeutet den Wegfall der gewohnten Sicherheit. Dass „Ich" braucht aber Sicherheit, um existieren zu können, und Vertrautheit ist Sicherheit. Neue Situationen erfordern hingegen ein Maximum an Wahrnehmungskapazität, in der kein „Ich" mehr Platz finden kann.

Aus diesem Grund schaffen sich die Menschen Gewohnheiten und Routine. Sie kreieren Situationen von gefühlter Sicherheit, denn dort können sie sich zurücklehnen und sich ihren automatisierten

Denkprozessen, ihren Verhaltensweisen hingeben und sich damit ihrem „Ich" ergeben.

Manchmal hat man vielleicht das Glück und trifft einen Menschen, in den man sich verliebt. In dieser neuen Phase ist man oft automatisch wach, klar und aufmerksam. Man achtet auf jede Regung von Gefallen und Missfallen seines Gegenübers. Für die eigenen Bedürfnisse gibt es hier kaum Raum und Notwendigkeit. Das eigene Wohlgefühl wird von dem Wohlgefühl des anderen bestimmt.

Nach einiger Zeit jedoch schafft man sich eine Konstruktion oder eine Idee von Sicherheit. Die geliebte Person bezeichnet man nun als: *meine* Frau oder *meinen* Mann. So hat man sich eine vermeintlich sichere Situation geschaffen. Sie schafft die Kapazität, um sich wieder mehr mit sich selbst und damit mit seinem „Ich" zu beschäftigen. Jetzt achtet man nicht mehr so sehr auf sein Gegenüber. Man nimmt sie/ihn als mehr oder weniger gegeben oder sicher hin. Wir haben nur zu häufig gesehen, dass solche Menschen dann Fremden oder weniger bekannten Personen gegenüber freundlicher und aufmerksamer sind als den eigenen Ehe- oder Beziehungspartnern gegenüber, obgleich man doch annehmen dürfte, dass diese keinen geringeren Stellenwert haben sollten. Die meisten Menschen erkennen aber weder diese psychologische Konstruktion, noch sind sie in der Lage, die daraus resultierenden Konsequenzen zu begreifen.

Man erschafft sich eine Illusion von äußerer Sicherheit, die man braucht, um das „Ich" wahrzunehmen. Und dann gibt man sich dem „Ich", in Ermangelung einer besseren Alternative, hin. Mit diesem Prozess erzeugt man jedoch, wie wir beschrieben haben, eine Trennung zu anderen Menschen. Dies schafft Probleme und Konflikte mit diesen Personen, da man sich gegenseitig nicht mehr versteht.

Die psychologische Folge ist leider nur allzu häufig, dass die Betroffenen sich, enttäuscht, verletzt und unsicher von dem anderen abwenden und sich mehr mit ihrem „Ich" und dessen Bedürfnisse beschäftigen. Das scheint ihnen mutmaßlich sicherer und näher zu sein und sie glauben so, sich gegen weitere Verletzungen schützen zu können. Hieraus entsteht oft ein Teufelskreis, der die in der Idee gefangene Person ihre eigene Sicherheit vergrößern zu müssen, mehr und mehr in die Isolation des „Ich" treibt. Auch das ist ein weiterer Bestandteil dessen, was das „Ich" zum Tumor werden und den Menschen an sich selber leiden lässt.

Der Begriff Sicherheit entstammt etymologisch dem lateinischen Wort „securitas". Das könnte man mit „ohne Sorge" übersetzen. Sorge ist, wie wir bereits erfahren haben, ein bedingtes Gefühl, welches aus einer in die Zukunft projizierten, konstruierten, subjektiv-negativen Situation resultiert. Das, was die Sorge also erschafft, ist ein unwillkürlicher Bestandteil des „Ich". Daher sind das Ich, Sorge und die falsche Vorstellung von Sicherheit nicht voneinander zu trennen. In Momenten unbedingter Gefühle erlebt man jedoch das höchste Maß an wahrhafter Sicherheit, denn ohne Ich-Gefühl kann keine Sorge existieren.

Damit sollte klar sein, dass das „Ich" nicht dazu geeignet ist, Sicherheit zu bieten, und das „Ich" wird sich niemals wahrhaft sicher fühlen. Sicherheit findet man nur im Selbst oder „in sich selbst" und damit in Abwesenheit des „Ich". Solange also das „Ich" Sicherheit sucht, befindet es sich im Teufelskreis des Puppenspiels. Ein Puppenspiel, konstruiert aus Gedanken.

„Ich" oder Selbst ? – Leben in der „I-Society"

Einen weiteren, für das Verständnis der selbst ernährenden Tendenzen und des Siegeszugs des „Ich" – im Verhältnis zum Verlust des Selbst – wichtigen Aspekt gilt es noch zu erläutern.

Zu diesem Zweck möchten wir uns als Metapher für die verschiedenen Bereiche der Psyche, wie die Emotionen, das Selbst und das „Ich", des Vergleiches mit akustischen Frequenzen bedienen und diesen hier einführen. Töne zum Beispiel werden von vibrierenden Objekten produziert und die Frequenz der Vibration entscheidet über die Höhe des Tones. Die von einem Objekt ausgesendeten Schallwellen können wiederum durch andere verzerrt werden. Dieses Phänomen ist als Interferenz bekannt. Musiknoten bestehen üblicherweise aus einer Grundfrequenz sowie einer bestimmten Anzahl von Harmonien.

Wenn wir nun dieses Konzept sinnbildlich auf den Bereich der Psyche übertragen, so finden wir dort einige Parallelen. Tonfrequenzen zum Beispiel lassen sich ähnlich wie Emotionen auch nur schwer in Worte fassen. Sie fallen daher auch eher in den Bereich der Wahrnehmung. Im Rahmen des Seelenlebens findet man ebenfalls verschiedene Vibrationsquellen, wie z.B. das Selbst, „Ich", Gedanken, Emotionen, usw..

Das „Selbst" bildet innerhalb unseres Gleichnisses, wie bereits beschrieben, gleichsam die natürliche Grundfrequenz des Menschen. Die Realisation dieses Selbst kann daher nicht durch die künstliche Erschaffung einer Frequenz oder mittels der Modifikation äußerer Gegebenheiten erreicht werden. Der Mangel an Wahrnehmung seiner essenziellen Grundfrequenz resultiert vielmehr, innerhalb dieser Terminologie, aus einem Überfluss an Störfrequenzen oder Interferenzen.

Werden die das Selbst überlagernden Konstruktionen oder Störfaktoren beseitigt, so kann die Grundfrequenz beziehungsweise das wahre Selbst in Erscheinung treten und wahrgenommen werden. Als solches bildet es dann die Basis oder den Referenzpunkt der, einer inneren Heimat gleich unzerstörbar von äußeren Gegebenheiten, existierenden menschlichen Natur.

Die Natur des „Ich" hingegen, stellt sich auf eine völlig unterschiedliche Weise dar. Bei dem „Ich" handelt es sich, wie Sie nun wissen, um eine konstruierte Instanz oder, um in der Terminologie der Frequenzen zu bleiben, um eine erschaffene Frequenz. Sie ist demnach, ganz im Gegensatz zum Selbst, abhängig von äußeren Umständen oder materiellen psychologischen Prozessen. Das bedeutet, dass die Entstehung oder die Empfindung des „Ich" eines Impulses bedarf, um erfahrbar oder wahrnehmbar zu werden. Diese Frequenz muss also erst erschaffen werden, um wahrgenommen werden zu können. Eine Möglichkeit zur Erzeugung dieses Impulses ist nun die immer weiter voranschreitende Ansammlung von Bestandteilen des „Ich" in Form von neuen Erfahrungen im Bereich von Erreichen und Werden. Hierzu gehören unter anderem, die Akkumulation von Wissen, Erfahrungen und Erlebnissen.

Die Suche nach diesen, immer neu notwendigen „Ich-Impulsen" ist in gewissen Gesellschaftskreisen schon zu einer wahren „Sucht" geworden. Auf der Suche nach diesen Impulsen ist heute schon vielerorts eine wahre „Ich-Gesellschaft" („I-Society") entstanden, in der man damit beschäftigt ist, sich um den Nachschub nie endender „Ich-Impulse" zu bemühen. Fehlt der Nachschub an Ereignissen von Erreichen und Werden, so behilft man sich mit dem Rollenspiel. Gegenseitig präsentiert man sich unter Gleichgesinnten seine Erfahrungen, Errungenschaften und Leistungen und erfährt durch die Anerkennung der anderen das Gefühl von „Ich-Wert", der natürlich im Gegensatz zum „Selbs-Wert" steht.

Es ist nicht verwunderlich, dass heute im allgemeinen Sprachgebrauch der Begriff „Selbstwertgefühl" verwendet wird, wohingegen es sich tatsächlich um ein „Ichwertgefühl" handelt. Bezeichnend ist auch, dass dies bislang von niemandem unterschieden wurde. Ein Beleg dafür, wie wenig man sich der Tatsache des mangelnden Selbst sowie dessen Substitution durch das „Ich" bewusst ist.

Die allseits vorhandene Abhängigkeit vom „Ichwertgefühl", das wiederum „Ich-Impulse" benötigt, schafft einen, ebenfalls weit verbreiteten, schwerwiegenden Nebeneffekt: Viele Menschen können nicht mehr mit sich alleine sein. Diese Unfähigkeit ist so gravierend, dass man sich teilweise unglaubliche Vermeidungskonstruktionen zur Ablenkung von sich selber schafft.

Heutzutage findet man nahezu überall Bildschirme und/oder Musik. Wo man auch hingeht, ist man in der Lage über Mobiltelefone und technische Geräte mit anderen in Form von Anrufen, Nachrichten, Chats oder Videotelefonie in Kontakt zu treten. Darüber hinaus sind nahezu alle Information und alles Wissen zeitgleich im weltweiten Netz abrufbar. Die Nutzung dieser Möglichkeiten nimmt immer abstrusere Formen an. Junge Menschen teilen bereits bisweilen die intimsten Bereiche ihres Lebens auf Plattformen und Foren mit der gesamten digitalen Welt. Und dies nicht zuletzt auf der Suche nach „Ich-Impulsen" für den Aufbau eines „Ichwertgefühls".

Ein Ende der Entwicklung dieser „I-Society" scheint weiter entfernt denn je!

Resilienz

Der psychologische Begriff der Resilienz ist ein immer wieder viel diskutierter und oft hervorgeholter. Aktuell befindet er sich gerade wieder im Fokus vieler Wissenschaftler und deren Studien. Die Bedeutung entstammt dem lateinischen Wort „resiliere", was so viel wie „abprallen" bedeutet. Es beschreibt, in psychologischem Zusammenhang, die Widerstandsfähigkeit eines Menschen in Bezug auf die Verarbeitung von traumatischen Ereignissen oder die Fähigkeit zur Konfrontation mit ihnen.

Wenn zwei Menschen selber Herkunft das gleiche traumatische Ereignis widerfährt, ist die Reaktion darauf nicht selten völlig unterschiedlich. Häufig kommt es vor, dass ein solches Ereignis die psychologische Struktur eines der beiden Opfer zutiefst erschüttert und sein gesamtes Leben beeinflusst. Das andere Opfer hingegen geht aus psychologischer Sicht scheinbar folgenlos daraus hervor. Forscher versuchen seit geraumer Zeit fieberhaft, die Parameter für die unterschiedliche Fähigkeit, solche Ereignisse an sich abprallen zu lassen, zu ergründen.

Es gibt unzählige Kurse und Seminare von Psychologen und Psychiatern zu diesem Thema und die verschiedensten Theorien, welche sich jedoch alle ausnahmslos auf die Resilienz des „Ich" und damit auf die Stärke oder die Festigkeit des „Ich" beziehen. Je massiver das „Ich", umso größer die Widerstandsfähigkeit gegen Traumata. Soviel zur Theorie, die dazu führt, dass in Seminaren und Behandlungsmethoden das „Ich" mit den unterschiedlichsten Mitteln zu stärken versucht wird.

Diese Theorie kann jedoch nur von Menschen proklamiert werden, denen sich die wahre Natur des „Ich" noch nicht enthüllt hat. Anderenfalls hätten sie in der Gewissheit, auf solche Weise die Pest mit der Cholera zu behandeln, einen anderen Weg beschritten.

Denn jene, die im Selbst verweilen, können in ihrer Essenz nicht durch Beschädigungen des „Ich" beeinflusst werden. Die wahre Einsicht in das Selbst bedeutet zugleich das Höchstmaß an Resilienz.

Das „Ich" ist eine Konstruktion und muss als solches gefestigt aufrechterhalten und verteidigt werden wie ein Holzhaus gegen den Sturm. Der Wind jedoch ist Teil des Selbst. Derjenige also, welcher das Selbst realisiert hat, wird fortan den Sturm nicht mehr fürchten. Die Ausprägung der Realisation des Selbst entscheidet also tatsächlich über die Resilienz und nicht etwa die Stärke des „Ich".

Kapitel 8
Gedanken

*Es sind nicht die Dinge, die uns beunruhigen,
sondern was wir über die Dinge denken.*
Epiktet

Das „Ich" ist es, das denkt! So scheint es zu sein und so fühlt es sich an. Sind Sie einverstanden?

Durch seine Gedanken scheint der Mensch sich seiner selbst bewusst zu werden und zugleich sind die Gedanken das kraftvollste Werkzeug, welches dem Menschen oder seinem „Ich" zur Verfügung steht. Gedanken sowie die Fähigkeit zu denken sind innerhalb der heutigen Zivilisation das mit Abstand wichtigste Instrument der Menschheit geworden. Die Fähigkeit, Wissen zu speichern, bei Notwendigkeit abzurufen und mit neuen Sachverhalten zu verknüpfen, ist das, was wir gemeinhin unter Intelligenz verstehen.

Aber was ist ein Gedanke eigentlich? Und welchen Gesetzen ist seine Entstehung unterworfen?

Wir werden versuchen, dem Prozess des Denkens sowie den Gedanken selber auf den Grund zu gehen und sie bis zu ihrem Ursprung hin zu verfolgen. Das ist notwendig, um auch ihnen, wie den anderen Bestandteilen der menschlichen Psyche, den Stellenwert beizumessen, den sie verdienen.

Für die meisten Menschen, und dazu zählen selbst Fachleute wie Forscher und Mediziner, ist der Prozess des Denkens, des Er-denkens und sich Aus-denkens noch immer ein Geheimnis. Die Ursache hierfür ist den Problemen der Entschlüsselung des Bewusstseins sehr ähnlich. Wissenschaftler nähern sich dem zu untersuchenden Objekt mit Hilfe der verschiedensten Instrumente und Versuchsreihen, jedoch meist – und darin liegt in unseren Augen das größte Hindernis – von außen.

Wir haben bereits im Zusammenhang mit dem Bewusstsein festgestellt, dass man sich nicht objektiv der Subjektivität mit dem Ziel nähern kann, sie schließlich objektiv definieren zu wollen. Was hingegen eine gewisse Erkenntnis bringen kann, wie wir belegen wollen, ist, sich den eigenen Gedanken auf die beschriebene, neutrale Weise vom eigenen inneren Erleben aus zu nähern.

„Bewusste" Gedanken

Ich habe mir oft gewünscht, ich hätte die Zeit,
Bescheidenheit zu kultivieren ... Aber ich bin zu
sehr damit beschäftigt, über mich selbst nachzudenken.
Dame Edith Sitwell

Es gibt darüber hinaus noch einen weiteren Zusammenhang zwischen Gedanken und dem Bewusstsein.

Zunächst einmal wissen wir, dass wir denken, da wir uns zum Teil unserer Gedanken bewusst werden. Das bedeutet, dass Gedanken innerhalb des Lichts unseres Bewusstseins auftauchen und auf solche Weise wahrgenommen werden. Zum anderen sind es eben genau diese

Gedanken, die das Bewusstsein eigentlich zu einer subjektiven Instanz machen, denn wie noch weiter auszuführen ist, wäre das Bewusstsein, könnte man sämtliche Gedanken aus ihm entfernen, die einzig vorhandene reine Objektivität des Menschen. Das Bewusstsein würde dann einem klaren Spiegel gleichen, der lediglich die auf ihn treffenden Erscheinungen reflektiert. Die Tatsache aber, dass es die Gedanken sind, welche die Wahrnehmungen interpretieren, bewerten und selektieren, machen aus dem Bewusstsein eine subjektive Instanz. Mit anderen Worten: Die Gedanken entscheiden zu einem großen Teil darüber, welche Sinneswahrnehmungen ins Bewusstsein gelangen und wie die ins Bewusstsein gelangten Informationen interpretiert beziehungsweise bewertet und gespeichert werden.

Dabei bestehen Gedanken natürlich nur zu einem kleinen Teil aus dem, was wir im Allgemeinen als „denken" bezeichnen. Das, was man üblicherweise als „Ich denke" empfindet, besteht beispielsweise aus:

- dem aktiven Erinnern von Erfahrungen, Ereignissen und gelerntem Wissen.
- dem Verknüpfen dieser Erinnerungen mit aktuellen Ereignissen im Sinne einer Problemlösung. Eben das, was wir zu Beginn dieses Kapitels mit dem generellen Verständnis von Intelligenz bezeichnet haben.

Bewusstes Denken ist also unter anderem die Fähigkeit, gespeicherte Informationen willentlich abzurufen, sie zweckdienlich anzuwenden oder sie mit aktuellen Gegebenheiten zu dem Zweck der Problemlösung zu verknüpfen.

Tatsächlich jedoch bleibt der weit größere Teil menschlicher Gedanken im für ihn unwillkürlichen Bereich. Dort wirken die Gedanken in Form von Mechanismen, die häufig nur in ihren Auswirkungen in das Bewusstsein gelangen. Daher sollte klar sein, dass das von uns beschriebene Unwillkürliche natürlich ebenfalls aus Gedankenprozessen besteht. So zum Beispiel sind die hieraus entstehenden Mechanismen ebenfalls für die bereits aufgeführten bedingten Emotionen verantwortlich.

Der Prozess der Entstehung bedingter Emotionen ist gemäß seiner Struktur dem der Manipulation und Interpretation der Sinne ganz ähnlich. Auch hierbei stehen im Hintergrund die Erinnerungen und Bewertungen der Vergangenheit, die umso stärker wirken, je mehr sie mit der eigenen Identität oder mit der Persönlichkeit verknüpft sind. Illustrieren wir dies anhand eines kleinen Beispiels.

Eine Persönlichkeit mit einer subjektiv empfundenen Minderwertigkeit im Vergleich zu ihrer Gesellschaft könnte dazu neigen, einen Großteil der ihr entgegengebrachten Äußerungen als herabwürdigend oder geringschätzend gemeint zu interpretieren. Es könnte sich also, je nach Ausmaß der Kompensations-Tendenzen, um eine Person handeln, die mehr oder weniger dafür bekannt ist, empfindlich zu sein und vieles auf die sogenannte „Goldwaage" zu legen. Die Reaktion dieser Person würde sich dann, entsprechend der weiteren Persönlichkeitsstruktur, entweder in aggressiver oder in depressiver Form zeigen. Innerhalb des Betroffenen ist das Bewusstsein stark auf Äußerungen fokussiert, die diesem Selbstbild entsprechen. Äußerungen, die nicht dem eigenen Bild entsprechen, werden wesentlich weniger wahrgenommen oder häufig fehlinterpretiert, in diesem Beispiel vielleicht als „falsche" Schmeicheleien.

Hier kommen wieder die von uns in Kapitel 4 beschriebenen unwillkürlichen Mechanismen der „Erwartungskongruenz" und des „Bestätigungsfehlers" zur Anwendung.

Was diese Begriffe aber tatsächlich beschreiben, ist der Mechanismus der subjektiven Selektion der ins Bewusstsein gelangenden Informationen sowie der Umdeutung der wahrgenommenen Bewusstseinsinhalte aufgrund der Persönlichkeitsstruktur der jeweiligen Identität. Aus diesen Interpretationen resultieren unter anderem die bedingten Emotionen. Wut könnte durchaus in unserem Beispiel eine ins Bewusstsein gelangende, unwillkürlich evozierte Reaktion auf die beschriebene Fehlinterpretation sein.

Der nächste Schritt in diesem aufeinander aufbauenden und sich nähernden Prozess ist die Rationalisierung der Emotion. Also die „psycho-logische" Rechtfertigung des wahrgenommenen Gefühls.

In unserem Beispiel:

> *„Was bildet die Person sich ein, mir so unverschämt und billig schmeicheln zu wollen, nur um ... zu erreichen! Und dann glaubt sie wohl auch noch, ich würde es nicht merken!"*

Auch hier wird schnell klar, warum gängige Gegenmaßnahmen unerwünschter Gefühle versagen müssen. Viele bewerten die hier aufkommende Wut als negativ und versuchen, sich erdachter Gegenargumente zu bedienen, um die Emotion abzumildern. In unserem Beispiel:

> *„Na ja, was soll's. Er ist halt so! Und ihm fällt vielleicht nichts anderes ein, um seine Ziele zu erreichen."*

Diese Form von bewussten Gedanken mag zwar gegebenenfalls eine leichte Linderung, aber niemals das Verschwinden der Wut bewirken. Hier wird klassisch die Ursache mit der Wirkung vertauscht. Die Emotion wird durch ihre Wahrnehmung als Ursache betrachtet, jedoch die dahinter liegenden unwillkürlichen Prozesse, welche die wahre Ursache bilden, bleiben im Unwillkürlichen vor dem Bewusstsein verborgen.

Ist wissen weise?

Ich weiß, dass ich nichts weiß
Sokrates

Wissen ist Macht
Francis Bacon

Wir leben in einer Wissensgesellschaft. Arbeitskraft hat einen geringen und Wissen einen höheren Wert. Je mehr Wissen in Form von Allgemeinwissen und Fachwissen man anzusammeln in der Lage ist, umso größer ist die Möglichkeit, in der Gesellschaft einen entsprechenden Wert beigemessen zu bekommen. Die Kombination von Wissen mit der Fähigkeit, dieses anzuwenden und auf verschiedene Bereiche zu übertragen, bildet das, was allgemein als Intelligenz verstanden wird.

Auf Basis dieser menschlichen Entwicklung sind nahezu alle Einrichtungen, die sich mit Erziehung, Bildung und Entwicklung der Menschen beschäftigen, auf die Ansammlung und Mehrung von Wissen ausgerichtet. Mit diesem Verlauf hat das Wissen der Weisheit schon lange den Rang abgelaufen. Weisheit ist heutzutage auf ein wenig beachtetes Relikt der kulturellen Vergangenheit unserer Gesellschaft reduziert!

Weisheit aber bezeichnet ein profundes Verständnis von den Zusammenhängen in Natur, Leben und Gesellschaft. Dies räumt ihr einen Platz jenseits des Wissens ein und ist notwendig, um dem Wissen den rechten Wert innerhalb des Lebens beizumessen.

Wissen bildet und stärkt das „Ich", und das „Ich" identifiziert sich mit *seinem* Wissen. Das „Ich" ist es aber auch, das uns von den anderen Menschen trennt und isoliert. Die Überbewertung von Wissen wirkt also in dieser Hinsicht unterstützend und fördernd auf die Isolation der Menschen.

Wissen ist immer und unter allen Umständen in der Vergangenheit entstanden und kann daher niemals aktuell sein. Nicht nur aus dem Grund kann das Wissen eines Menschen keinesfalls je vollständig sein. Das gilt sowohl für das Wissen im Allgemeinen als auch für das Wissen im Hinblick auf einen spezifischen oder besonderen Bereich.

Da jedoch das „Ich" sich mit seinem Wissen identifiziert, bedeutet das, dass es am Wissen festhält. Sich selbst gleichermaßen daran bindet. Der Glaube zu wissen, vermittelt Sicherheit, und Sicherheit ist für das „Ich" überlebensnotwendig. Daher wird dieser Glaube leider nur allzu häufig zur persönlichen und subjektiven Gewissheit. Hierbei sehen wir uns aber einem der größten Ursachen für zwischenmenschliche Konflikte gegenüber.

Wenn jemand weiß, sein Wissen aber immer unvollständig sein muss, und jemand anderes auch überzeugt ist zu wissen, und sein Wissen, ebenfalls unvollständig, aber vielleicht aus einem anderen Teil besteht, schaffen diese beiden einen Konflikt. Dieser Konflikt besteht weniger darin, dass sie jeweils ihr Wissen verteidigen. Was sie tatsächlich verteidigen, ist ihr „Ich", ihre Sicherheit:

„Ich habe Recht und du Unrecht!"

Das bildet allzu häufig die Ursache von Auseinadersetzungen und Kriegen. Die Identifikation mit Wissen, gleich welcher Art, ist daher immer und unvermeidlich ignorant! Ignorant ist man damit nicht nur dem Wissen der anderen gegenüber, sondern den anderen selbst gegenüber. Weisheit erkennt diese Zusammenhänge und misst dem Wissen die rechte Bedeutung bei.

Nicht Wissen verhindert Konflikte, sondern Weisheit. Warum widmet sich heute aber niemand mehr der Weisheit?

Ich denke, also bin ich!

Ich denke, also bin ich. ... Da es ja immer noch ich bin, der zweifelt, kann ich an diesem Ich, selbst wenn es träumt oder phantasiert, selber nicht mehr zweifeln.
Rene Descartes

Bei allen existierenden Gedanken, seien sie nun willkürlich oder unwillkürlich, handelt es sich ausschließlich um ein „Wachrufen" der Vergangenheit. Denken bedeutet, die im Gehirn gespeicherten Inhalte wie Erinnerungen, Erfahrungen, erlerntes Wissen sowie die in der Vergangenheit begründeten Identitätsanteile in Form von Bewertungen, Beurteilungen, Zielen und so weiter abzurufen. Selbst wenn man sich Gedanken, Pläne und Konstruktionen in Bezug auf die Zukunft macht, so geschieht das immer auf Grundlage dessen, was man in der Vergangenheit angesammelt hat und was man nun zur Planung der Zukunft zu Rate zieht.

Das Abrufen von jeder Form der Vergangenheit im Rahmen von persönlichen Erinnerungen, Ereignissen oder von gespeichertem Wissen sowie allen anderen Gedanken von Interpretationen, Beurteilungen usw. geht mit einem Gefühl von Vertrautheit einher. Die Vertrautheit resultiert aus der Empfindung eines Bestandteiles der eigenen Identität, welches die Zeit scheinbar unverändert überdauert hat. Kindheitserlebnisse beispielsweise, die wir schon seit langem immer wieder erinnern, lösen ein besonders starkes Gefühl von zu-einem-gehörend aus.

Kürzlich gemachte Erfahrungen und Erinnerungen haben diese Intensität von Vertrautheit oft noch nicht.

Eben dieses Gefühl von Vertrautheit und der eigenen Identität haben wir bereits bei einer anderen psychologischen Institution kennengelernt, die sich ebenfalls mit dem Gefühl des Überdauerns von Zeit assoziiert: Das „Ich"!

In welchem Zusammenhang steht also das „Ich" mit den Gedanken?

Die Antwort auf diese Frage stellt eine entscheidende Markierung auf unserer Reise zu sich selbst dar.

Wenn das „Ich" es ist, das denkt, so wie gemeinhin und zu Beginn dieses Kapitels angenommen, dann müsste das „Ich" auch unabhängig von seinen Gedanken existieren können. Anderenfalls wäre es unweigerlich identisch mit den Gedanken. Es gibt aber kein einziges Beispiel für das Vorhandensein des von uns beschriebenen „Ich-Gefühls" bei gleichzeitiger Abwesenheit von Gedanken. Einfach ausgedrückt: Ohne denken kein Ich-Gefühl – und damit kein „Ich"!

Auf der anderen Seite finden wir einige Beispiele, bei denen das Gefühl von „Ich" verschwindet, obgleich wir im selben Moment auf Wissen und Fähigkeiten zugreifen und damit einem Prozess des Denkens unterliegen.

Das wiederum bedeutet, dass denken ohne ein Ich-Gefühl also durchaus möglich ist.

Ein gutes Beispiel dafür ist der in Mode gekommene, sogenannte Zustand des „Flow-Gefühls". Das Flow-Gefühl bezeichnet eine subjektiv empfundene oder als beglückend wahrgenommene Emotion, die während eines Zeitraums von konzentrierter Tätigkeit oder Vertiefung in Erscheinung treten kann. Der Begründer dieses Begriffs ist im Übrigen der Psychologe Mihály Csíkszentmihályi.

Der Zustand von Flow stellt also eine Art Rausch innerhalb von Tätigkeiten oder Funktionshandlungen auf einem hohen Konzentrationsniveau dar. Ein Chirurg im Verlauf einer langen, Konzentration erfordernden Operation könnte beispielsweise ebenso in ein solches Flow-Gefühl eintauchen wie ein Freikletterer während der Besteigung einer Felswand. Das Flow-Gefühl wird häufig von der Empfindung subjektiver Zeitlosigkeit begleitet. Der hier beschriebene „Rausch" ist eben in dieser Abwesenheit des „Ich" begründet, obgleich man sehr wohl auf Erinnerungen und Fähigkeiten zugreifen muss. Den Flow Zustand erreicht man bei Tätigkeiten welche die gesamte Fertigkeit und Konzentration und damit die 100%ige Präsenz des Ausübenden erfordert. [25]

Aber auch Beschäftigungen mit weniger Anspruch können mit einem Zustand der „Ich-losigkeit" einhergehen. Das Lesen eines Buches beispielsweise fällt in diesen Bereich. Wenn man von einem Buch „gefesselt" ist, bedeutet das nichts anderes, als dass man selber in dieser Geschichte aufgeht. Das Gefühl von „Ich", im Sinne der Empfindung von „Ich nehme mich wahr, wie ich gerade dieses Buch lese", verschwindet in solchen Perioden. In diesem Augenblick existiert also kein Ich-Gefühl.

Da aber das „Ich" – wie wir bereits beschrieben haben –, mit dem „Ich"-Gefühl identisch ist, existiert also in solchen Momenten kein „Ich".

Wenn – die eingehende Überprüfung der Leser vorausgesetzt – es sich also hierbei um eine Tatsache handelt, die überprüfbar und damit als zweifelsfrei belegt gelten kann, dann bedeutet das unweigerlich, dass es sich bei der Aussage zu Beginn dieses Kapitels – „Das „Ich" ist es, das denkt!" – eben nicht um eine Tatsache handeln kann.

Vielmehr wird hiermit nachvollziehbar belegt, dass es sich bei dem „Ich" um nichts weiter als um einen Gedanken beziehungsweise um die unwillkürliche Reaktion auf bestimmte Gedanken handelt.

Wir definieren damit also das „Ich" wie folgt:

Das „Ich" ist die Summe wiederkehrender Gedanken, die mit dem subjektiv interpretierten Gefühl von Vertrautheit und Sicherheit im Sinne einer persistierenden Existenz innerhalb von Zeit einhergehen. Noch einmal zu Descartes.

> „Ich denke, also bin ich. Da es ja immer noch ich bin, der zweifelt, kann ich an diesem Ich, selbst wenn es träumt oder phantasiert, selber nicht mehr zweifeln."

Auch wenn man ihm nachsagt, einer der bedeutendsten Philosophen aller Zeiten zu sein, bei diesem „ersten Grundsatz" von dem, was er sein

„unerschütterliches Fundament" nannte, ist er vermutlich seinem eigenen „Puppenspiel" aufgesessen.

Das „Ich" wird gedacht- anstelle von das „Ich" denkt!

Wenn Sie sich als aufmerksamer Leser der Tragweite dieser Tatsache bewusst werden, so sollte alleine diese Erkenntnis Ihre psychologische Weltanschauung und die Betrachtungsweise in Bezug auf sich selbst erheblich verändern.

Die Ursache des Zeitgefühls

Kein Ding ist Gott so entgegengesetzt wie die Zeit.
Meister Eckhart

Kommen wir noch einmal im Zusammenhang mit den Gedanken auf den zuvor beschriebenen Flow-Zustand zurück. Ein ebenfalls interessanter Bestandteil dieses Zustandes ist das subjektive Gefühl von Zeitlosigkeit. Es lohnt sich hier kurz auf dieses Phänomen einzugehen.

Woher kommt im Allgemeinen das subjektive Gefühl von Zeit und was könnte es in diesem Zusammenhang mit den Gedanken zu tun haben?

Tatsache ist, dass das „Ich" sich auch das Zeitgefühl unter den Nagel gerissen hat. Offensichtlich verschwindet zusammen mit dem „Ich" auch das Gefühl von Zeit. Da aber das „Ich", – nunmehr als Gedankenkonstruktion entlarvt – nicht mehr für das subjektive Zeitgefühl ursächlich sein kann, so muss dieses also mit den Gedanken in Zusammenhang stehen.

Die Erklärung für unser subjektives Zeitgefühl ist interessant, denn in der Tat ist es abhängig von dem Gedankenrhythmus oder der persönlichen Gedankenfrequenz. Jeder Mensch hat eine mehr oder weniger ähnliche Gedankenfrequenz. Dieser Rhythmus der Gedanken besteht aus der durchschnittlichen Anzahl von Gedanken eines Menschen innerhalb eines festgesetzten Zeitraumes. Beispielsweise geht die heutige Wissenschaft von einer durchschnittlichen Gedankenfrequenz von etwa 60.000 Gedanken pro Tag aus. Das entspräche etwa 2500 Gedanken pro Stunde.

Auch wenn die größte Anzahl der Gedanken nicht ins Bewusstsein gelangt, so schafft dies doch eine gewisse, einem vertraut gewordene Grundfrequenz. Man trainiert sich unwillkürlich darin, diese Grundfrequenz anfangs häufiger und mit zunehmender Sicherheit weniger häufig mit der aktuellen Uhrzeit abzugleichen. Was hiervon schließlich ins Bewusstsein gelangt, ist das, was man als das subjektives Zeitgefühl bezeichnet. Hierbei handelt es sich um die mehr oder weniger starke Gewissheit, es müsse eine bestimmte Anzahl von Sekunden oder Minuten vergangen sein, seitdem man den letzten Abgleich vornahm.

Was geschieht nun aber, wenn man einer Beschäftigung oder einer Tätigkeit nachgeht, die einem besonders viel Genuss bereitet oder einen besonders fesselt? Die Zeit scheint zu verschwinden. Mit anderen Worten, man verliert sein Zeitgefühl. Was zurückbleibt, wenn man endlich wieder auf die Uhr schaut und einen unwillkürlichen Abgleich vornimmt, ist, dass die Zeit „verflogen" ist.

Im Gegensatz dazu erlebt man häufig das scheinbar unendlich langsame Dahinkriechen der Zeit, wenn man auf etwas wartet, gelangweilt ist oder sich mit einer sehr unliebsamen Beschäftigung quält. Ständig schaut man auf die Uhr und möchte fast glauben, sie sei stehengeblieben.

Beide Extreme hängen natürlich mit der in solchen Situationen veränderten Gedankenfrequenz zusammen. Wenn man einer genussvollen Tätigkeit nachgeht, so ist man von ihr eingenommen, so wie wir es im Zusammenhang mit dem „Flow-Gefühl" beschrieben haben. Innerhalb dieses Zeitraumes denkt man deutlich weniger als im sogenannten Durchschnitt. Wenn man also den unwillkürlichen Abgleich vornimmt, so hat man die gewohnte Anzahl von Gedanken im Rahmen einer deutlich längeren chronologischen Zeit gedacht.

Das Gegenteil geschieht beim Warten. Aufgrund des Mangels an Beschäftigung denkt man überdurchschnittlich viel. Das Resultat sind überproportional viele Gedanken innerhalb dieses Zeitraumes. Das sorgt beim unwillkürlichen Abgleich für die Vorstellung, es müsse deutlich mehr chronologische Zeit vergangen sein, als es tatsächlich der Fall ist.

Meine Erinnerungen

Was sind denn unsere Erlebnisse? Viel mehr das, was wir hineinlegen, als das, was darin liegt!
Friedrich Nietzsche

Der Inhalt unseres Bewusstseins besteht zu einem Teil aus den Wahrnehmungen und zu einem anderen Teil aus willkürlichen Gedanken und den Resultaten unwillkürlicher Prozesse. Das „Ich" als Konstruktion aus Gedanken, welches damit selbst ein Bereich der Gedanken ist, ist daher zugleich ein Teil des Bewusstseins. Gedanken sind, wir können es nicht oft genug betonen, immer und unter allen Umständen das Wirken oder Wachrufen der Vergangenheit. Damit ist das „Ich" zugleich die Summe der persönlichen Vergangenheit beziehungsweise die Reaktion darauf. Die Erinnerungen machen einen großen Teil der Existenz und damit einen großen Wert des subjektiven Lebens aus. Tatsächlich ist es so, dass dieser Teil der Menschen häufig umso mehr an Bedeutung gewinnt, je älter sie werden.

Bisher glaubten Sie vielleicht, identisch mit dem zu sein, was sie das „Ich" nennen. Nunmehr jedoch haben Sie vermutlich realisiert, dass dieses „Ich" eine unwillkürliche Konstruktion aus Gedanken und damit nicht tatsächlich unabhängig existent ist. Diese Erkenntnis macht einen neuen Umgang mit dem, was man bislang die „eigenen" Erinnerungen nannte, unumgänglich. Bisher war man mit den Erinnerungen als Teil des „Ich" identifiziert und man musste daher zwangsläufig von der Authentizität der eigenen Erinnerungen überzeugt sein. Mit der Idee von der Wahrhaftigkeit seiner Erinnerungen verhält es sich aber tatsächlich auf die gleiche Weise wie mit der Identifikation dessen, was man sein Wissen nennt. Es gibt einem das Gefühl einer Identität in Verbindung mit Vertrautheit und Sicherheit, daher musste man bislang jeden Zweifel darüber negieren.

Jetzt ist man vielleicht bereits in der Lage, einige der Resultate aus unwillkürlichen Prozessen in seinem Bewusstsein als solche zu erkennen. Wir wissen, dass diese konstruierten Symptome des Unwillkürlichen dem Ziel dienen, das „Ich" zu sichern und die jeweilige Persönlichkeit zu realisieren. Erinnerungen dienen, wie wir nun aufzuzeigen versuchen, zu einem großen Teil demselben Zweck. Erinnerungen verändern sich nämlich mit den jeweiligen Identifikationen. Sie unterliegen, ebenso wie die Wahrnehmung, dem Mechanismus der selektiven „Selbstbestätigung". Sie werden daher nicht nur bei der Wahrnehmung beeinflusst und interpretiert, sondern auch im Hinblick darauf, was gespeichert wird.

Das Gleiche gilt noch einmal in derselben Weise für das Abrufen der Erinnerungen. Was in welcher Form abgerufen oder erinnert wird, unterliegt einem erneuten Bewertungs- und Interpretationsprozess. Praktisch bedeutet das ein Selektieren der Informationen, die als Erinnerungen gespeichert werden, und eine erneute Selektion, wenn über das Abrufen von Erinnerungen entschieden wird. Findet in dem Zeitraum zwischen Speichern und Abrufen von Informationen und Ereignissen eine Veränderung der Identifikation oder des persönlichen Bewertungsschemas statt, so kann es zu dem Phänomen kommen, dass man sich an Dinge erinnert, die man vergessen glaubte, oder Mühe hat sich an Gegebenheiten zu erinnern, die einem vorher wichtig schienen.

Ein Mann, der seine geliebte Mutter als Kind mit zwei jüngeren Brüdern „teilen" musste, erinnerte sich im Zusammenhang mit seiner Mutter vorrangig an solche Situationen, in denen er mit ihr beispielsweise alleine zu Hause war oder draußen mit ihr zu zweit spazieren ging. Die häusliche Situation machte es aufgrund der ständigen Abwesenheit des Vaters aber für die Mutter notwendig, immer auf alle Kinder selber acht zu geben. Die anderen Geschwister mussten also unter allen Umständen immer zugegen gewesen sein. Demnach konnte es sich bei den Erinnerungen nur um selbst konstruierte oder modifizierte handeln, die dem Ziel, die Mutter für sich alleine zu haben, dienlich waren.

Es gibt mittlerweile eine Reihe von Untersuchungen, welche die Unzuverlässigkeit von Erinnerungen belegen. Augenzeugen von

Unfällen beispielsweise, die alle dasselbe gesehen haben, waren jeweils von unterschiedlichen Unfallhergängen und sogar von unterschiedlichen Farben der beteiligten Unfallfahrzeuge überzeugt. Kriegsveteranen, die an derselben Schlacht beteiligt waren, berichteten in solcher Weise davon, dass man glauben musste, es handele sich um völlig verschiedene Ereignisse mit zum Teil gegenteiligem Ausgang. Eine Reihe von gerichtlichen Fehlurteilen, das ist nunmehr bewiesen, sind auf fehlerhafte oder konstruierte Erinnerungen der Zeugen zurückzuführen.

Interessante Experimente mit dem Ziel, Erinnerungen zu manipulieren, sind in diesem Zusammenhang von der Psychologin Elizabeth Loftus veröffentlicht worden. Loftus benannte das Phänomen der konstruierten Erinnerungen mit dem Begriff „False Memory Syndrome". Die Psychologin manipulierte zum einen eine Werbeannonce, welche verschiedene Versuchsteilnehmer als Kind im Disneyland-Vergnügungspark zusammen mit dem „Bugs-Bunny"-Hasen zeigten. Viele Probanden konnten daraufhin auf Nachfrage sogar mit detaillierten Erinnerungen an diesen Tag bei dem Hasen in Disneyland aufwarten. Die konnten aber schon aus dem Grund nicht wirklich so gewesen sein, da Bugs Bunny zum Warner-Konzern und nicht zu Disney gehört.[26]

In einem anderen Experiment „fälschte" Loftus ein Kindheitsfoto von ahnungslosen Testpersonen, welches sie als Kind mit ihren jeweiligen Vätern in einem fliegenden Heißluftballon zeigten. Jeder zweite Versuchsteilnehmer konnte sich spontan an diesen Ausflug erinnern, der aber tatsächlich niemals stattgefunden hatte.[27]

Das persönliche Resümee von Elisabeth Loftus in Anschluss an ihre Experimente war: „Eines sollten wir uns klarmachen, unser Gedächtnis wird jeden Tag neu geboren!"

Erinnerungen unterliegen den unwillkürlichen Prozessen der jeweiligen Persönlichkeit. Diese können sich jedoch in Anpassung an verschiedene Kontexte verändern. Nehmen wir an, man wäre wütend auf den Kollegen, der einen beispielsweise bei dem Vorgesetzten schlecht gemacht hat. In solchen Momenten wird die bedingte Emotion Wut ebenfalls durch Erinnerungen unterstützt. Man erinnert sich unwillkürlich vielleicht an all` die anderen „negativen" Handlungen, die dieser Kollege bereits begangen hat, und wird unter Umständen hierdurch noch wütender.

Speichern und Erinnern

Wenn du das Ende von dem erreicht hast, was du wissen solltest,
stehst du am Anfang dessen, was du fühlen solltest.
Khalil Gibran

Wie leicht es einem fällt, Informationen zu speichern oder Dinge zu behalten und diese bei Bedarf dann wieder abzurufen, ist prinzipiell von unterschiedlichen Faktoren abhängig. Diese Faktoren sind es wert einer genaueren Betrachtung unterzogen zu werden. Sie können nämlich ebenfalls, wie auch die Gedächtnis-Technik der „Wegpunkte", einmal erkannt, bewusst eingesetzt werden, um gewünschte Inhalte besser speichern und wieder abrufen zu können.

Die nachfolgend aufgeführte Liste von Punkten könnte man daher als eine Art Prioritätenliste beim psychischen Speichern von Informationen betrachten.

Neuheit
Unwillkürlich gleicht das Gehirn ständig neue Ereignisse mit bereits vorhandenen Erinnerungen ab. Neue, niemals vorher erlebte Ereignisse werden dabei vorrangig in die Erinnerungssammlung der Persönlichkeit integriert. Das ist auch der Grund dafür, warum Kinder unwillkürlich alles wie ein Schwamm aufsaugen und speichern. Alles ist neu! Der erste Kuss, das erste Feuerwerk usw..

Emotionen
Ereignisse, die mit Emotionen einhergehen, haben Vorrang vor solchen, die einen emotional „kalt" lassen. Bedingte Gefühle dienen, wie wir erfahren haben, der Identität und der Persönlichkeit. Aus diesem Grund werden Ereignisse, die mit Emotionen einhergehen, grundsätzlich unwillkürlich als wichtig für den Erhalt oder die Absicherung unserer

Identität bewertet. Somit werden sie auch vorrangig erinnert. Der Sieg bei einem wichtigen Turnier, des Erreichen des Universitätsabschlusses oder der Verlust des geliebten Haustieres sind einige Beispiele hierfür.

Identifikation
Ähnlich wie in Punkt 2 geht es hierbei auch um die bevorzugte Erinnerung von Ereignissen, mit denen die betreffende Person sich identifiziert. Hier aber handelt es sich nicht um unwillkürliche, sondern um „bewusste" Identifikationen im Sinne von Interessengebieten. Je mehr man sich mit dem Wahrgenommenen bewusst identifiziert, umso intensiver ist die Speicherung in Form von Erinnerungen. Informationen aus persönlichen Interessengebieten merkt man sich um ein Vielfaches leichter als Dinge, die einen nicht oder nur wenig interessieren. Während passionierte Köche sich zum Teil ganze Rezepte merken, die sie nur einmal im TV sehen, müssten kochuninteressierte hierfür erhebliche Energie im auswendig lernen aufbringen.

Wiederholung
Bei der Speicherung von Informationen mittels Wiederholung handelt es sich mehr oder weniger um einen mechanischen Prozess, bei dem wiederkehrende Handlungsabläufe und Ereignisse ins Unwillkürliche integriert werden. Wenn Sie Fahrradfahren lernen, wird dieses motorische Wissen unwillkürlich aufgrund einer bestimmten Wiederholungsfrequenz gespeichert. Dass dieses Wissen später ebenso auf motorische Weise wieder abgerufen werden kann, wird vielleicht an folgendem Beispiel, deutlich:

Sie kennen vielleicht die Situation, dass Sie sich an eine Telefonnummer oder einen Zahlencode nicht mehr bewusst erinnern. Haben Sie ihn aber zuvor oft genug verwendet, so erinnert sich das motorische Gedächtnis über die Wiederholungsfrequenz daran. Wenn Sie dann also damit beginnen, die ersten ein oder zwei Ziffern, an die Sie sich vielleicht noch bewusst erinnern, einzutippen, so reihen sich die fehlenden Nummern häufig wie automatisch daran an. Dabei ist es, als würde die Hand ohne Hilfe des Gehirns diese Nummer zu Ende wählen.

Ein weiterer Speicherungsprozess, der über die Wiederholung erfolgt, ist das Lernen von Vokabeln. Dinge die einen eigentlich weniger interessieren, mit denen man also nicht identifiziert ist, die man aber dennoch lernen „muss", fallen in diese Kategorie. Man muss sie häufiger wiederholen als solche, die einen interessieren, aber dann erinnert man sich irgendwann auch recht zuverlässig. Klassisches Schulwissen ist hierfür ein gutes Beispiel.

Gesetzmäßigkeiten
Das Unwillkürliche im Menschen ist in der Lage, allgemeine Gesetzmäßigkeiten und zugrundeliegende Muster sich wiederholender Ereignisse oder Abläufe zu erkennen. Ein eindrückliches Beispiel hierfür ist die Grammatik der eigenen Muttersprache. Es ist für die Eltern nicht notwendig, dem eigenen Kind die grammatikalischen Regeln der gemeinsamen Muttersprache zu erklären. Das Kind erkennt sie unwillkürlich und übernimmt sie daher scheinbar automatisch.

Willkür
Willkür bedeutet in unserem Zusammenhang die bewusste, willentlich getroffene Entscheidung, sich etwas zu merken. Das können ein neuer Weg, der Name eines Buches, den man aufgeschnappt hat, oder andere Dinge sein. Hierbei verwendet man sogar häufig automatisch Merktechniken wie beispielsweise die sogenannte „Eselsbrücke". Dabei handelt es sich um konstruierte Verknüpfungen mit bereits vorhandenem Wissen. Also finden wir auch hier wieder grundsätzlich, die gleiche Technik, wie sie die Gedächtniskünstler als „Wegpunkt-Technik" verwenden, nur dass hier bereits eine einzige Verknüpfung mit einer vorhandenen Erinnerung ausreichend ist.

Eine in der Schule häufig verwendete Methode, sich Eselsbrücken zu bauen, sind Merksätze. Diese werden über die Wiederholungsfrequenz auswendig gelernt und dienen dann als Brücke zu mehr abstrakten, schwerer zu merkenden Informationen. Viele haben zum Beispiel Probleme, sich gemäß den Himmelsrichtungen auf einer Landkarte zu orientieren. Das bedeutet, sie wissen nicht, wo Osten oder Westen auf der Karte liegt. Mit dem Merksatz: „Nie Ohne Seife Waschen", der in sich schlüssig und einfach über die Technik der Wiederholung zu lernen ist, funktioniert das hingegen recht schnell. Die Anfangsbuchstaben ergeben in der Reihenfolge des Uhrzeigersinns (eine ebenfalls, bereits bekannte Information) die Anfangsbuchstaben der Himmelsrichtungen auf der Landkarte: Norden, Osten, Süden, Westen.

Wir möchten, an dieser Stelle noch einmal eine Brücke zu den Ausführungen in Kapitel 3 „Wahrheit oder Illusion" schlagen und erneut auf die Tatsache hinweisen, dass es für unser Gehirn in Bezug auf das Speichern und Erinnern von Ereignissen keinen Unterschied macht, ob sich diese Ereignisse tatsächlich abgespielt haben oder ob man sie sich nur vorgestellt, also konstruiert hat.

Profisportler kommen heutzutage nicht mehr um die Imagination als Bestandteil des regelmäßigen Trainings herum. Bewegungsabläufe werden wieder und wieder im Geiste durchgeführt und erhalten so Zutritt zu den unwillkürlichen Abläufen und Reflexen.

Gleiches gilt auch für Ereignisse. Wer von Ihnen hat es noch nicht erlebt, dass er einen Traum hatte, von dem er in der späteren Erinnerung nicht mehr sicher zu sagen wusste, ob es sich eben um einen Traum oder eine tatsächliche Begebenheit gehandelt hat? Meist verrät einem dann der Kontext, ob es sich um die Erinnerung eines Traumes oder eine tatsächliche Begebenheit handelt. Aber die Art und Emotion des Traumes ist die Gleiche wie die eines tatsächlichen Ereignisses.

Auch hierbei handelt es sich um ein Phänomen, das die klassische Hypnose erkannt hat und für sich zu nutzen weiß. Man versucht, leidenden Menschen hierbei, so viele „positive" Ereignisse in die vorhandenen, bislang „negativen" Erinnerungen zu „implantieren" oder vorhandene traumatische Erinnerungen so zu verändern, dass diese im Anschluss weniger leidend wirken. In unseren Augen ein manipulatives und nur oberflächlich wirkendes Mittel.

Wichtig ist in diesem Zusammenhang das Verständnis dafür, dass die Speicherung von Erinnerungen und Informationen, nicht gemäß der Priorität „Wahrheit" geschieht, sondern gemäß der „Dienlichkeit" im Hinblick auf die eigene Identität. Das ist eine wichtige Erkenntnis im Zusammenhang mit dem potenziellen Ziel der Veränderung einer Persönlichkeit.

All diese von uns beschriebenen Faktoren wie die selektive Wahrnehmung und Speicherung von Fakten und Ereignissen, die Umdeutung von Wahrnehmungen sowie die entsprechend manipulierten Erinnerungen, behindern die vorsätzliche Veränderung einer Persönlichkeit. Dies schützt natürlich einerseits in gewissem Rahmen vor Manipulationen, macht aber andererseits auch resistent gegen das, was man gemeinhin unter „Therapie" versteht. Natürlich, und das sollte nunmehr den Lesern klar sein, sind Therapien nichts anderes als die freiwillige Zustimmung zu einer Manipulation durch einen anderen, den man als Therapeut bezeichnet.

Die offiziellen Statistiken jedoch belegen, dass psychologische Therapien häufig wenig dauerhaft und erfolgreich sind. Deshalb stellen Medikamente, bei vorhandenem psychischem Leid immer häufiger das Mittel der Wahl dar.

Tatsächlich jedoch gibt es immer wieder revolutionierende psychologische Veränderungen von Menschen und deren Persönlichkeit, häufig hervorgerufen durch tiefgreifende Ereignisse oder Emotionen wie zum Beispiel auch überwältigendes Leid.

Der Prozess dieser Läuterung ist es, den wir *Conscious Realization* nennen und der gemäß unserer Erfahrung die einzige Möglichkeit zur tatsächlichen Veränderung beschreibt. Hierbei geht es nicht um den Austausch einer unwillkürlichen Konditionierung oder Manipulation durch eine andere, sondern um die vollständige Auflösung jeglicher Konditionierungen zugunsten der absoluten Befähigung und Mündigkeit des Menschen im Sinne eines absoluten Bewusstseins.

Die Gedankenstruktur

Mache ich mir Gedanken oder machen die Gedanken mich?
Prof. Dr. med. Gerhard Uhlenbruck

*Wenn die Gedanken den Geist beherrschen,
wer beherrscht die Gedanken?*
Erhard Blanck

Um die Gedankenwelt eines Menschen einer übersichtlichen Struktur zuzuordnen, könnte man sie grob in drei allgemeine Bereiche einteilen:

Die unwillkürlichen Prozesse und Mechanismen.
Die bewussten Gedanken und die dazugehörigen Assoziationsketten.
Meta-Gedanken.

Wir wollen diese Bereiche zum besseren Verständnis nachfolgend ein wenig ausführlicher beschreiben.

Die Prozesse und Mechanismen des Unwillkürlichen
Das Unwillkürliche besteht aus in der Regel nicht bewusst wahrgenommenen Mechanismen. Diese entstehen, unter anderem, aus Vergleichen, Bewertungen und Beurteilungen von Wahrnehmungen beziehungsweise aus Identifikationen. Die aus diesen unwillkürlichen Mechanismen resultierenden Auswirkungen oder Reaktionen, werden subjektiv in ihrer Wahrnehmung vom Bewusstsein üblicherweise als Ursache empfunden. Im Unwillkürlichen enthalten und an der Entstehung von bewussten Reaktionen beteiligt sind alle Erinnerungen, Erfahrungen, sämtliches Wissen und gespeicherte Informationen. Die bedingten Emotionen sind ebenfalls Bestanteil dieses Bereiches. Man könnte sie in diesem Zusammenhang durchaus als wahrgenommene Gedanken beschreiben.

Gedanken können, sowohl in Form von Worten, Bildern oder Emotionen, aber auch in jeder Form von Erinnerungen auftauchen. Hierbei können sie sogar die Ausprägung von Sinneswahrnehmungen wie Geschmäcker, Gerüche und so weiter einnehmen.

Bewusste Gedanken- und Assoziationsketten
Bei den bewussten Gedanken- und Assoziationsketten handelt es sich um im Bewusstsein wahrgenommene Gedanken, entstanden in Form einer Reaktion auf andere Bewusstseins-Inhalte. Also: Gedanken als Reaktion auf Wahrnehmungen und Emotionen oder andere Gedanken. Hierin enthalten sind sowohl die bewusst abgerufenen Erinnerungen und gespeicherten Informationen als auch die „Gedanken-Assoziations-Ketten".

Ein kleines Beispiel hierfür ist der folgende Gedankengang:

„Gerade erinnert mich dieses Lied an unseren Familienausflug in der letzten Woche und ich denke daran wie schön es war und dass ich ähnliches gerne häufiger unternehmen würde."

Entscheidend bei den bewussten Gedankenketten ist, dass diese Gedanken im Gegensatz zu den Mechanismen des Unwillkürlichen im Bewusstsein mit dem aktiven Gefühl eines „Ich denke" erscheinen.

Bei den „Gedanken-Assoziations-Ketten" handelt es sich um eine unbewusste „Schleife", die in ihrer stärkeren und subjektives Leid verursachenden Form als „Grübelzwang" bekannt ist. Eine solche Gedanken-Assoziations-Kette ist zunächst einmal die Aneinanderreihung von aufeinander folgenden, bewusst wahrgenommen Gedanken, die subjektiv dem „Ich" zugeschlagen werden. Jeder Gedanke bewirkt hierbei auf unwillkürliche Weise den nächsten, der wiederum den darauf folgenden bedingt.

Hierfür ein kleines konstruiertes Beispiel:

Ein wahrgenommenes Ereignis wie beispielsweise das Beobachten eines Autounfalls als Unbeteiligter, löst „in mir die Erinnerung an einen persönlich erlebten Unfall aus. Dieser Unfall meiner Erinnerung, wiederum erinnert mich an eine Person, die in diesem Moment in meinem Fahrzeug saß. Nun frage ich mich, was diese Person wohl gerade macht und wo sie sich aufhält. Dann fällt mir auf, wie lange ich nichts mehr von ihr gehört habe. Das wiederum weckt in mir das Bedürfnis, diese Person zu kontaktieren, und ich frage mich, wie ich jetzt ihre Kontaktdaten bekommen könnte. Hierbei fällt mir jemand ein, den wir beide kennen. Ich überlege, ob ich diesen gemeinsamen Bekannten einfach anrufen soll. Das erinnert mich daran, dass ich mich mit ihm jedoch bei unserem letzten Treffen gestritten habe, da er mir vorwarf, unehrlich zu sein. Der Gedanke daran macht mich wütend und ich beschließe, nicht weiter über ihn nachzudenken."

Ein Gedanke kann nicht erwachen,
ohne andere zu wecken.
Marie Freifrau von Ebner-Eschenbach

Beim „Grübelzwang" handelt es sich ebenfalls um eine Gedanken-Assoziations-Kette, die jedoch als drängender und persistierender wahrgenommen wird. Aufgrund ihres häufigen Auftretens in Kombination mit Problemen oder Konflikten als Auslöser wird sie in diesem Zusammenhang mehrheitlich als unangenehm empfunden. Auch der Grübelzwang geht in der Regel mit dem aktiven Gefühl von „Ich denke" einher. Hierbei empfindet man sich jedoch leider allzu oft der Möglichkeit enthoben, diesen Gedankenprozess auch aktiv wieder beenden zu können.

Der Grübelzwang beginnt häufig mit der Wahrnehmung eines Problems oder eines Gedanken über das Problem oder den Konflikt, der daran erinnert. Hieran schließt sich der unmittelbare, häufig als Zwang empfundene Drang an, dieses Problem oder diesen Konflikt nun gedanklich lösen zu müssen.

Das wiederum löst das gedankliche Entwickeln oder Durchleben von potenziellen Lösungsstrategien aus. Innerhalb solcher vorweggenommenen erdachten Lösungsstrategien tauchen dann weitere gedanklich konstruierte oder antizipierte Probleme auf, die wiederum ebenfalls gedanklich zu lösen versucht werden.

„Mein Chef war heute irgendwie anders zu mir. Vielleicht ist er unzufrieden und er überlegt, mir zu kündigen? Ich sollte mich eventuell nach einer Alternative umschauen. Ich habe gehört, bei unserer Konkurrenzfirma ist noch eine Stelle frei. Aber sie verlangen eine Zusatzqualifikation. Ich könnte versuchen mich an einer Abendschule anzumelden. Wie soll ich aber dann meiner Familie erklären, dass ich noch weniger zu Hause bin und wo, um Himmels Willen soll

> ich das Geld für diese Schule auftreiben? Vielleicht könnte ich einen Nebenjob für das Wochenende annehmen? ...."

So oder ähnlich beschäftigen sich viele Menschen häufig stundenlang mit vergleichbaren Grübeleien, ohne jedoch zu einem konkreten Ergebnis zu gelangen. Vorzugsweise ereilen solche Grübelzwänge die Betroffenen in der Nacht, da hier der entsprechende Nährboden in Form von viel Zeit und wenig Ablenkung zur Verfügung steht.

Die Meta-Gedanken
„Meta-Gedanken" sind Gedanken über andere Gedanken. Meta-Gedanken schreibt man subjektiv dem „Ich" zu. „Ich denke darüber nach, was „Ich" getan, gesagt oder gedacht habe." Ein „Ich"-verstärkender Mechanismus, der in dem enthalten ist, was wir bereits in Kapitel 2 als „Puppenspiel" der Gedanken beschrieben haben:

> „Ich bin schon wieder wütend geworden und habe mich verletzt gefühlt, als mein Mann sich mit einer anderen Frau unterhalten hat. Und das, obwohl ich mir vorgenommen hatte, mir ins Gedächtnis zu rufen, dass daran nichts Schlimmes ist und ruhig zu bleiben. Ich muss mich in Zukunft einfach mehr zusammenreißen!"

Gedanken konstruieren Probleme und andere Gedanken versuchen dann, Lösungen für diese Probleme zu entwickeln – das kann nicht funktionieren!

Fragen in Bezug auf eigene persönliche Konflikte oder psychologische Leiden, die man sich selber stellt, kann man nicht selber durch Nachdenken oder Grübeln lösen. Jener, welcher sich die Fragen stellt, unterscheidet sich nicht von dem, der versucht, die Antwort auf diese Fragen zu finden oder Lösungen für diese Konflikte zu erdenken. Beides sind Gedanken, die derselben Quelle entstammen. Ebenso wie ein Puppenspieler, der mit jeder Hand eine andere Identität vortäuscht.

Gedanken sind immer und unter allen Umständen erinnerte Vergangenheit. Sowohl die Frage als auch die Lösung kommen damit aus derselben Vergangenheit. Das bedeutet, dass niemals eine Lösung existierte und daher eine Lösung auch nicht ohne einen neuen Impuls, durch Nachdenken, erzielt werden kann. Diese Erkenntnis, sollte der übersteigerten Wichtigkeit, die vielen Gedanken beigemessen wird, das Fundament entziehen und ihnen einen anderen Stellenwert geben. Jede neue Erinnerung stärkt das „Ich". Daher nimmt man, was man kriegen kann, schmeißt aber auch vieles wieder als nicht dienlich hinaus. Diese Informationen und Tatsachen berücksichtigend, stellt sich für uns nun folgende Frage:

> ...wenn Erinnerungen, sowohl in ihrer Form der Speicherung als auch in der Art und Weise, wie sie und in welcher Form sie abgerufen werden, zu einem großen Teil nicht der Wahrheit entsprechen –
> ...welchen Wert sollte man ihnen dann überhaupt beimessen?

Wenn man also damit beginnt, den Wert der eigenen Erinnerungen und Gedanken zu relativieren, und sich daher nicht mehr mit ihnen identifiziert, dann sollte das die Wahrnehmung in Bezug auf sich selbst und sein gesamtes Erleben, auf dieselbe Weise revolutionieren, wie die bereits in Kapitel 7 gewonnenen Erkenntnisse über das „Ich".

Dann sind wir in der Lage, den nächsten Schritt zu wagen.

Gedankliches Fazit

Mit dem Wissen wächst der Zweifel.
Johann Wolfgang von Goethe

Gedanken sind nützlich und sogar überlebenswichtig. Sie „wissen", wie man heimkommt, wie man ein Haus baut, was genießbar und wohlschmeckend und was giftig ist.

Gedanken sind das alles überragende Werkzeug für die Bewältigung aller Probleme in der äußeren Welt. Sie schaffen und konstruieren, sie planen und sie erfinden. Innerhalb der eigenen menschlichen Psyche jedoch kreieren sie die Welt der Puppen- und Rollenspiele, indem sie die Illusion von psychologischer Dualität schaffen.

Gedanken modifizieren und selektieren die Sinne.

Gedanken erschaffen bedingte Emotionen, die Leid, Trauer, Angst,

Unglück und Verzweiflung in die Menschen bringen.

Gedanken und bedingte Emotionen rufen auf dem Spielfeld des Bewusstseins eine „Ich"-Konstruktion ins Leben, mit der sich die Menschen identifizieren und die sie fortan bereit sind, mit ihrem Leben zu verteidigen.

Gedanken trennen die Menschen nicht nur voneinander, sondern schaffen auch Spaltungen innerhalb ihrer selbst und lassen die Menschen ihr Heil in der Isolation suchen.

Gedanken beurteilen und planen sich selber, schaffen Konflikte, für die sie dann Lösungen entwickeln, und versuchen sich mit Hilfe von Strategien und Kontrolle zu ändern.

Tatsächlich aber ist der, der glaubt, sich ändern zu müssen, und jener, der die Lösungsstrategien für diese Veränderung entwickelt, nicht getrennt von dem, der sich verändern muss oder der das Problem darstellt.

Kurz gesagt unterscheidet sich das Leid nicht von dem, der es beenden möchte.

Das „Ich" und das Unglück entstammen derselben Quelle.

Welchen Sinn kann es haben, die Gedanken kontrollieren zu wollen? Techniken wie Meditation, positives Denken oder kognitive Therapien versprechen hierdurch Veränderung oder Hilfe. Derjenige, der kontrollieren möchte, ist aber identisch mit dem, was er zu kontrollieren versucht.

Hat man diese Erkenntnis einmal erlangt, wird man dann nicht zwangsläufig jede Form von Kontrollversuch als vollkommen unnütz verwerfen müssen?

Das Geheimnis der Beendigung von Leid liegt in der Erkenntnis der Natur des Leides. Hierfür aber muss man sich der Entstehung und der Zusammenhänge des Leides zunächst einmal bewusst werden. Die Menschen, leben nach dem Prinzip der Veränderung und der Entwicklung im Verlauf von Zeit. Alles Hoffen und Streben ist auf ein besseres oder sicheres Morgen ausgerichtet. Schauen wir uns im nächsten Schritt an, auf welche Weise, die Zeit das Leben der Menschen beeinflusst.

Kapitel 9
Zeit

Die Zeit ist ein großer Lehrer.
Das Unglück: Sie tötet ihre Schüler.
Buddha

Alles Materielle in der Welt ist dem Faktor Zeit unterworfen. Jegliche materielle Veränderung kann nur innerhalb des Faktors von Zeit geschehen. Es muss geplant, vorbereitet und umgesetzt werden.

Zeit ist Wandel! Alles, was einen Anfang oder eine Entstehung hat, endet irgendwann. Alles, was aus Materie besteht, ist von einem ständig andauernden Umwandlungsprozess bestimmt.

Kein Haus steht ewig, jedes Leben auf dieser Welt ist endlich. Menschen und Tiere werden zu Staub und Erde. Aus dieser Erde wachsen erneut Bäume und Pflanzen. Diese werden wiederum irgendwann von kleinen Tieren, Mikroben und Pilzen, denen sie zur Nahrung dienen, zu Erde verarbeitet. Heute weiß man, dass selbst Felsen und Steine von kleinsten Organismen zu Nahrungszwecken umgewandelt und abgebaut werden.

All das ist es, was man gemeinhin als den Kreislauf und den ewigen Wandel des Lebens bezeichnet.

Dieser materielle Wandel und die immerwährende Veränderung, hat in Verbindung mit der Notwendigkeit für den Menschen, sich äußerlich dort einzufügen und unterzuordnen, das Konzept der chronologischen Zeit begründet. Die Kalkulierbarkeit von Monatswechseln und Jahreszeiten bewirkte für ihn ein wesentlich effizienteres Überleben. Man konnte nun das Säen und Ernten planen und rechtzeitig Vorbereitungen für den Winter treffen.

Kronos und Kairos

Das Mögliche soll der Entschluss beherzt
sogleich beim Schopfe fassen.
Aus Johann Wolfgang Goethes „Faust"

In ihrem Bedürfnis nach äußerer Sicherheit begannen die Menschen bereits vor zehntausenden von Jahren die Zeit zu messen und den Verlauf der Zeit zu berechnen. Erste prähistorische Funde von Darstellungen der Mondphasen zum Beispiel, datiert man auf eine Zeit von vor 30.000 Jahren. Die frühen Menschen haben die Änderungen im Nachthimmel, die Verlängerung und Verkürzung der Tage, den Kreislauf der Jahreszeiten aufgezeichnet. Dies war nützlich für die Vorhersage des Wetters, für die Landwirtschaft und die saisonalen Bewegungen der Tiere. Alte ägyptische und babylonische Sonnenuhren hat man bereits 1500 vor unserer Zeitmessung gefunden. Die ersten Wasseruhren, die auch kürzere Zeiträume messen konnten, waren bereits etwa zur gleichen Zeit im Einsatz.

All das Suchen und Streben der Menschen nach der Definition von Naturgesetzen und nach der Weltformel dient dem Zweck des Kontroll- und Einflussversuches, resultierend aus dem Bedürfnis nach Sicherheit.

Was die Ägypter und die Babylonier mit ihren Wasseruhren zu messen versuchten und wobei uns heute moderne Uhrmacher mit höchster Präzision helfen, ist das, was wir als die äußerliche Zeit beschreiben oder erfahren können. Dennoch, und das haben schon die antiken Griechen erkannt, kann das nicht alle Aspekte der Zeit umfassen.

Das beschriebene Konzept spiegelt lediglich die äußeren Gegebenheiten wieder. In ihrem Inneren aber spürten die Menschen schon vor über 2000 Jahren, dass es hier noch eine andere Qualität der Zeit gibt, ja geben muss. Denn das Gefühl für Zeit entspricht nicht immer dem, was man heute auf der Uhr ablesen kann. Dieser regulär ablaufenden Zeit der äußeren Gestirne, Jahreszeiten, Monate, Tage und Stunden haben die antiken Griechen den Namen „Kronos" gegeben. Dieser chronologischen Zeit „Kronos" aber haben sie bereits Jahrhunderte vor Christus einen Knaben mit dem Namen „Kairos" gegenübergestellt. Kairos war der Geschichte nach der jüngste Sohn des Göttervaters Zeus. Dieser Knabe repräsentierte in der vorchristlichen griechischen Kultur eine andere, zusätzliche Qualität der Zeit: den „besonderen" oder den „günstigen" Moment. Interessanterweise findet man Kairos in den antiken Darstellungen mit einem blonden Haarschopf bestückt, der ihm ins Gesicht fällt. Sein Hinterkopf jedoch ist dabei immer kahlgeschoren. In einem 300 Jahre vor Christus niedergeschriebenen Dialog wird Kairos, der Knabe, von einem Betrachter nach dem Grund für diese sonderbare Frisur gefragt. Worauf dieser sinngemäß antwortete, dass er den Schopf habe, damit man ihn dort ergreifen könne. Wenn er jedoch einmal vorbeigezogen sei, so könne ihn niemand mehr halten, einfangen oder ihn je zurückholen. Hiervon geblieben ist noch heute, mehr als 2000 Jahre später, die Redensart: „Die Gelegenheit beim Schopfe packen."

So wie wir es also bislang bei allen Aspekten der menschlichen Psyche beobachtet haben, so finden wir auch innerhalb der Zeit die Aufteilung in zwei Qualitäten oder sich gegenüberstehenden Polen. Auch hier existiert und manifestiert sich solcherart die scheinbare Dualität des Lebens. Diese innerhalb des Faktors Zeit zu ergründen, um sie in sich selber erfahrbar zu machen, sehen wir im Folgenden als unsere Aufgabe. Die vorgefundene Zwei-Teilung der Zeit bezieht sich auf die äußerliche und die innere Zeit. Die äußerliche oder „physische" Zeit „Kronos" ist, wie beschrieben, durch äußerlichen Wandel und Veränderung charakterisiert. Die innere oder „psychologische Zeit" jedoch ist den Konstruktionen aus Gedanken und „Ich" unterworfen. Als solche, besteht sie aus der Wahrnehmung und Interpretation der physischen Zeit.

Das intime Verhältnis zwischen dem „Ich" und der Zeit ist es, was uns nun besonders interessiert. Das „Ich" erfordert und benötigt gemäß seiner Struktur Sicherheit im Sinne von Unveränderlichkeit und Beständigkeit. Diese Form von Sicherheit kann das „Ich" subjektiv nur erreichen, indem es die Zeit zum Zweck des Selbsterhalts überdauert. Solcherart ist das „Ich" sogar gezwungen, die Zeit zu überdauern, um überhaupt existieren zu können. Mit Hilfe seines Instrumentes der Interpretation, die Domäne und absolute Königsdisziplin jeder Persönlichkeit, versucht das „Ich", sich die Zeit zum Freund und Verbündeten zu machen. Niemand würde sagen:

> *„Ich fühle mein „Ich" heute auf die gleiche Weise wie gestern und ich werde es morgen ebenso empfinden."*

Aber man hört häufig ähnliches wie:

> *"Ich bin jetzt 75 Jahre alt aber ich fühle mich innerlich noch immer wie mit 20."*

Obgleich die äußerliche Zeit, als Repräsentant ständigen Wandels, der täglich beweist, dass alles enden muss, dem „Ich" wie die Nacht dem Tag gegenübersteht, kettet sich das „Ich" dennoch gleichermaßen an diese physische Zeit und erschafft so einen außerordentlichen Kunstgriff der Psyche, den zu begreifen einiges an Investigation erfordert.

Psychologische Zeit

Was wir heute sind, stammt aus unseren Gedanken von gestern, und unsere Gedanken von heute erschaffen unser Leben von morgen: Unser Leben entsteht aus unserem Geist.
Buddha

Betrachten wir zunächst das Konzept der psychologischen Zeit genauer. Im Zusammenhang mit der Ergründung der Gedanken sind wir bereits in Kapitel 8 auf das Phänomen eingegangen, dass sich das subjektive Zeitgefühl von dem chronologischen Ablauf der äußeren Zeit unterscheidet.

Das Zeitgefühl im Allgemeinen resultiert aus einem Abgleich der jeweils durchschnittlichen Gedankenfrequenz in Relation zu der hierbei verstreichenden chronologischen Zeit. Stärkere subjektive Abweichungen des persönlichen Zeitgefühls resultieren aus einer ungewöhnlichen Veränderung der Gedankenfrequenz. Allein diese Tatsache belegt das Vorhandensein einer psychologischen Zeit, die scheinbar unabhängig von ihrer äußeren Entsprechung existiert. Die psychologische Zeit besteht darüber hinaus, ebenso wie ihr chronologisches Vorbild, aus drei Bereichen: der Vergangenheit, der Zukunft und der Brücke zwischen den beiden, die man mit dem Begriff der Gegenwart belegt.

Das psychologische Leben der Menschen spielt sich dabei aber, wie wir versuchen werden aufzuzeigen, vorrangig in der Vergangenheit oder in der Zukunft ab. Das, was wir hier als psychologisches Leben bezeichnen, ist die Summe der Inhalte des jeweiligen Bewusstseins im Verhältnis zur gelebten physiologischen Zeit eines Lebens. Im Klartext: Das subjektive, persönliche Leben eines Menschen besteht neben seinen Erinnerungen aus der Summe seiner bewussten Wahrnehmungen oder aus dem, was in seinem Bewusstsein erscheint. Das Leben eines häufig ängstlichen Menschen besteht also zu einem großen Teil aus Angst. So profan und banal diese Tatsache einerseits auch erscheinen mag, so wichtig ist die wirkliche und tiefe Erkenntnis dessen aber andererseits. Da alles Unbewusste sich per Definition der Wahrnehmung entzieht, kann es daher auch nicht als Bestandteil eines bewussten Lebens gelten.

Nehmen wir also an, jemand wäre unbewusst vollkommen glücklich, dieses Glück könne aber niemals in sein Bewusstsein dringen, da dieses ständig mit der Vorstellung und dem Streben beschäftig ist, etwas erreichen oder jemand werden zu müssen. Das Leben dieses Menschen wäre demnach als nicht glücklich zu bezeichnen. Ein vielleicht zunächst konstruiert erscheinendes Beispiel, das aber den Zweck des Verständnisses dieser Zusammenhänge dennoch nicht verfehlen sollte.

Nehmen wir also die Summe der körperlich wachen Zeit im Laufe eines Menschenlebens und teilen die Inhalte des entsprechenden Bewusstseins prozentual in Vergangenheit und Zukunft auf. Das Ergebnis dieser Untersuchung wird demnach aufzeigen, wie viel der eigenen Lebenszeit man jeweils in der Vergangenheit oder in der Zukunft verbringt. Um dies aber tun zu können, sollte man zunächst die psychische Vergangenheit und Zukunft im eigenen Bewusstsein als solche erkennen können. Der erste Schritt muss also darin bestehen, sich die Inhalte des eigenen Bewusstseins als Teil der Vergangenheit oder Zukunft bewusst zu machen.

Beginnen wir also damit!

Psychologische Vergangenheit

Wenn der Mensch zu seinem Leid von heute nicht noch sein Leid
von gestern und sein Leid von morgen hinzurechnen würde, so
wäre jedes Schicksal erträglich.
Robert Hamerling

Auch die persönliche und psychische Vergangenheit teilt sich in einen bewussten und einen unbewussten Teil auf. Der bewusste Teil besteht aus den willentlich wachgerufenen Erinnerungen in Form von Wissen, Erfahrungen und Erlebnissen. Der unbewusste Teil jedoch ist um einiges größer. Er umfasst die gesamte Palette der unwillkürlichen Mechanismen, Identifikationen und Anteile der Persönlichkeit, auf die wir hier bislang eingegangen sind. Alle angesammelten Konditionierungen und Automatismen sind unleugbar, da in der Vergangenheit entstanden und angesammelt – und damit ebenfalls Bestandteil der psychischen Vergangenheit.

Aufgrund unserer bisherigen Betrachtungen haben wir herausgefunden, dass das, was wir als „Ich" bezeichnen, ein sich selbst ständig nährendes, weiter wachsendes und sich selbst festigendes Konstrukt in Form von Wechselwirkungen aus Gedanken und Emotionen ist. Darüber hinaus wissen wir nun, dass Gedanken vorrangig aus teils unwillkürlich, teils willkürlich wachgerufener Vergangenheit in Form von Erinnerungen, Erfahrungen und Wissen bestehen. Gedanken, „Ich" und psychische Vergangenheit sind also nicht nur miteinander verbunden, sondern tatsächlich drei unterschiedliche Aspekte für einen einzigen Bereich der Identität eines Menschen: der Vergangenheit.

Welche Auswirkungen aber hat diese Vergangenheit auf das aktuelle Bewusstsein der Gegenwart?

Wir haben in den vorangegangenen Teilen dieses Buches erfahren, wie die Anteile der eigenen Identität und der Persönlichkeit die Sinne und Wahrnehmungen beeinflussen und diese gleichermaßen interpretieren, selektieren und bewerten. All das ist die Wirkung, der unbewussten psychischen Vergangenheit auf den gegenwärtigen Augenblick. Jede unmittelbare Beurteilung, Bewertung, Interpretation, jeder Vergleich und jede Modifikation von Wahrnehmungen ist daher die Wirkung der Vergangenheit, im Bereich des präsenten Bewusstseins.

Solange man jung ist, besteht häufig der größte Teil des Bewusstseins aus der Beschäftigung mit der Zukunft. Man kann es nicht erwarten, erwachsen sein, und malt sich häufig aus, wie es sein wird, endlich an diesem Punkt der Zukunft angelangt zu sein. Dann schließlich entwickelt man weitere Ziele und Vorstellungen davon, etwas zu erreichen oder jemand zu werden, und verbringt Zeit mit der Planung und der Entwicklung von Strategien, um diese Ziele und Wünsche zu erreichen. Beruf, Hobby, Familie, Vermögen – man ist ganz im Werden, Ansammeln und Erreichen. Je älter man aber wird, umso mehr Platz nimmt der Anteil der bewussten Vergangenheit innerhalb der Identität und der Persönlichkeit ein. Man verbringt mehr Zeit mit dem Abrufen, Pflegen, Absichern und Kultivieren von allem Angesammelten und dem, was zum Teil von einem selbst und damit das eigene Leben geworden ist. Ältere Menschen verbringen oft einen großen Teil ihrer Zeit mit dem Schwelgen in der Vergangenheit. Sie leben häufig gleichsam in ihren Erinnerungen und verklären dabei nicht selten die vergangenen Zeiten.

Die Zukunft

Die Zeit kommt aus der Zukunft, die nicht existiert, in die Gegenwart, die keine Dauer hat, und geht in die Vergangenheit, die aufgehört hat zu bestehen.
Augustinus Aurelius

Was charakterisiert nun den anderen großen Teil jeder Identität, die Zukunft als Bestandteil der psychischen Zeit?

Nachfolgend haben wir mal den Ablauf eines Durchschnittsmenschen in seinem Alltag so skizziert, wie er vermutlich von Ihnen, zumindest in Teilen, wiedererkannt werden könnte: Ein durchschnittlicher männlicher arbeitender Mensch mittleren Alters der westlichen Gesellschaft steht am Morgen auf und bereitet sich mit Waschen und Anziehen auf das Frühstück vor. Danach setzt er sich ins Auto oder in die öffentlichen Verkehrsmittel und erwartet die pünktliche Ankunft beim Arbeitsplatz. Dort widmet er sich dem Alltäglichen, in der Hoffnung auf das schnelle Erreichen der Mittagspause. Im Anschluss daran stellt sich der Fokus auf den Feierabend und er hofft allzu häufig, dass die Zeit bis dahin schnell vergeht. Dann endlich, nach dem Arbeitsende und dem neuerlichen Heimweg, der einen die schnelle Ankunft im trauten Heim kaum erwarten lässt, bleibt vielleicht etwas Zeit für Hobbys oder als angenehm empfundene Beschäftigungen, mit der Erwartung auf das Abendessen. Nach dem Abendessen versucht er häufig, die Gedanken „abzuschalten", und sieht vielleicht etwas fern, bis er schließlich ins Bett geht. Überdies schwelgt er gerne in Visionen zu mittelfristigen oder langfristigen Zielen, deren Realisation er kaum erwarten kann: Der nächste Wochenendausflug oder der nächste Urlaub, das neue Auto oder das eigene Haus, auf das man spart.

Menschen, die auf diese oder ähnliche Weise ihren Alltag verbringen, befinden sich gleichsam im „Wartesaal des Lebens". Ständig warten sie auf das nächste Highlight oder die nächste Vergnügung. Gut zu beobachten ist das bereits häufig bei Kindern, die sich von einem Erlebnis zum nächsten hangeln und bereits jeweils die Tage bis zum nächsten Großereignis zählen: „Mama, wie oft muss ich noch schlafen bis zu meinem Geburtstag?"

Jedes Warten auf etwas ist die Erwartung und zugleich die geistige Beschäftigung mit der – Zukunft!

Bei der psychischen Zukunft in ihrer bewussten Form handelt es sich also um Planungen, Erwartungen, Hoffnungen, Wünsche, Begierden sowie um die Ansammlung von Zielen, gleich welcher Art. Sie bilden einen Teil der Identität, da man mit seinen Zielen und Wünschen identifiziert ist.

Jeder kann sich seiner Identifikationen bewusst werden. Denn da man in der Regel glaubt, es handele sich um einen Teil seiner selbst, ist eben genau diese Überzeugung das beste Anzeichen für eine vorhandene Identifikation.

Man wünscht sich, dieses oder jenes Ziel zu erreichen. Der Wunsch wird nicht als etwas von einem getrenntes wahrgenommen, sondern als eine Eigenschaft und einen Teil seiner selbst. Der andere Teil der psychischen Zukunft besteht, ebenso wie auch bei der psychischen Vergangenheit, aus einem unwillkürlichen Bestandteil. Wir haben dargelegt, dass ein großer Teil von Identität und Persönlichkeit aus Erreichen und Werden besteht. Was ist Erreichen und Werden anderes als das Ausrichten der aktuellen Handlungen auf ein zukünftiges Ziel? Per Definition beschreibt Erreichen und Werden einen Zustand in der Zukunft. Alles Wirken in Richtung dieses Ziels ist ein Fokussiert-Sein auf diese erwünschte Zukunft. Jede Erwartungshaltung aber ist die Vergangenheit, welche in die Zukunft projiziert und zu erreichen versucht wird.

Unsere Ziele und Vorstellungen der Zukunft sind daher allesamt Ideen und Konstruktionen, erstellt innerhalb der jeweiligen persönlichen Vergangenheit. Tatsächlich sind persönliche Visionen von der eigenen Zukunft in der Regel von geringem Wert. Wenn man wirklich und ernsthaft darüber nachdenken würde, wie häufig sich die Zukunft im eigenen Leben auf exakt die Weise einstellt, wie man es sich wünscht oder sich vorstellt, würde man vermutlich eine Enttäuschung erleben. Das Eintreffen eines äußeren Ereignisses auf die vorhergesagte Weise kann, wohlwollend ausgedrückt, nur eine zufällige Ausnahme sein. Wir stellen also fest, dass die Ideen der Menschen für ihre Zukunft, so sehr sie auch mit dem Wunsch nach deren Realisation identifiziert sind, nichts weiter als Konstruktionen sind.

Wie oft trifft man ungeplant eine Person, die den gesamten Verlauf des jeweiligen Lebens verändert? Man hat einen Unfall, verliert einen Menschen, wird von jemandem enttäuscht oder bekommt ein unverhofftes Angebot. Man bezeichnet ein solches Ereignis oft als „Schicksal", welches den Lauf des Lebens verändert. In Wahrheit jedoch ist genau das der normale Lauf des Lebens, welchen die Menschen in ihrem Kontroll- und Sicherheitsbedürfnis zu beeinflussen und durch ihre Planung vorwegzunehmen versuchen. Das, womit sich das Bewusstsein allzu häufig beschäftigt und was man als Zukunft bezeichnet, ist nichts weiter als eine Vorstellung, eine Konstruktion oder ein Wunsch. Und ebenso wie jede andere Vorstellung, so stellt sich auch diese *vor* die tatsächliche Wahrheit.

Die letzte zu beantwortende Frage in Bezug auf die psychische Zukunft, ist die folgende:

Wann genau hat jemand die Vorstellung oder die Idee von einem Ziel, einem Wunsch, einem Ideal oder einer künftig zu erreichenden Eigenschaft oder Fähigkeit entwickelt? Wann immer es war, es ist vergangen! Damit ist jede psychologische Konstruktion von Zukunft eindeutig und unvermeidbar ein direktes Resultat der Vergangenheit. Es handelt sich hierbei in keiner Weise um ein banales Wortspiel. Die Bedeutung dieser Tatsache, kann nicht hoch genug eingeschätzt werden.

All dies ist Bestandteil der Wahrheit und jeder kann diese Wahrheit in sich selber überprüfen. Mit dieser Überprüfung wird sie zur persönlichen Erfahrung, die niemand mehr in Zweifel ziehen kann.

Die Bedeutung dieser Erkenntnis ist damit unzweifelhaft und unleugbar. Das, was man Zukunft nennt, ist nichts weiter ist als eine

Vorstellung oder eine Idee, welche man in der Vergangenheit entwickelt hat und die man nun zu realisieren versucht. Hiermit verbunden sind unweigerlich die folgenden, logischen Erkenntnisse:

1. Auch die Zukunft ist auf dieselbe Weise wie die Vergangenheit, die Gedanken und das „Ich" Bestandteil oder Aspekt derselben Konstruktion.
2. Die Vorstellung, dass sich die psychische Zukunft von der Vergangenheit unterscheiden wird, ist eine Illusion.

Die gesamte psychische Konstruktion besteht aus einem Konglomerat von sich gegenseitig aufrechterhaltenden und nährenden Instanzen und Konzepten wie Identität, Persönlichkeit, Ich, Gedanken und Emotionen sowie deren Wechselwirkungen untereinander. Diese psychischen Instanzen sind allesamt in einer zurückliegenden Vergangenheit als versuchte Kompensation eines Mangels oder als Resultat einer Konditionierung entstanden. Das Potential zur Veränderung dieser Konstruktionen ist limitiert, da die Psyche im Hinblick auf strukturelle Veränderungen mit so etwas wie einem „Schutz-Mechanismus" ausgestattet ist. Dieser besteht in der Selektion eingehender Bewusstseinsinhalte. Neue Inhalte werden dabei vorrangig daraufhin selektiert und interpretiert, bereits vorhandene Bestandteile und Strukturen der Psyche z.B. in Form von Bewertungen und Interpretationen zu bestätigen oder zu unterstützen. Das sorgt bisweilen bereits bei kleinsten Veränderungen für psychische Widerstände, die negative Meinung oder die Vorbehalte gegenüber einem anderen Menschen beispielsweise. Selbst wenn sich dieser freundlich einem selbst gegenüber verhält, so ist man argwöhnisch und neigt dazu, bei dieser Person einen schlechten Hintergedanken oder einen Selbstzweck zu vermuten. Man interpretiert also ihr Verhalten in der Weise, welche die bereits vorhandene Meinung bestätigt. Wir finden hier wir also erneut das bereits bekannte „Tor der Erwartungen" als Filter und Selbst-Schutz-Mechanismus integriert in die allgemeine psychologische Gesamt-Struktur der Menschen. Hierdurch werden vorrangig tiefgreifende Veränderungen der Persönlichkeit durch potenzielle Einflüsse vermieden.

Natürlich verändern sich ständig die äußeren Ereignisse. Alles Materielle wandelt und modifiziert sich. Psychisch reagieren die Menschen jedoch immer auf die gleiche konditionierte und damit scheinbar prädestinierte Weise. Sie integrieren jede neue Gegebenheit in ihren alten Bezugsrahmen und verhindern so jede wirkliche Veränderung. Das macht die persönliche Psyche für Wahrsager, die in diesem Falle nichts anderes als Menschenkenner sind, so vorhersehbar.

Tatsächlich auftretende Persönlichkeitsveränderungen sind mehrheitlich auf lebensbedrohliche Situationen oder solche, die subjektiv als lebensbedrohlich interpretiert werden, zurückzuführen. Der Begriff „lebensbedrohlich" kann in diesem Fall sowohl auf das körperliche als auch auf das psychische Leben in Form des „Ich" oder der Identität bezogen angewendet werden. Ein „psychisch lebensbedrohliches Ereignis" bedeutet, synonym zu dem Begriff Trauma, ein Geschehen, das die subjektive Psyche als nicht integrierbaren, zerstörenden oder auflösenden Bestandteil ihrer selbst erlebt. Einfacher ausgedrückt, handelt es sich hierbei um Erlebnisse, die in ihrer subjektiven Heftigkeit und Klarheit die gesamte vorhandene psychologische Struktur in Frage stellen und in ihrer Unmittelbarkeit keine Selektion oder Umdeutung zulassen. Ein Geschehen also, was die psychischen Konstruktionen bis auf ihre Grundmauern erschüttert oder Teile der Psyche wie beispielsweise das „Ich" in ihrer Existenz bedrohen beziehungsweise in Frage stellen. Das kann im negativen Bereich beispielsweise die Ablehnung der eigenen Eltern in der frühen Kindheit oder der Verlust eines geliebten Menschen im späteren Verlauf ebenso sein wie Missbrauch oder psychische Gewalt jeder Art.

Eine ganz andere Art von Prozess, der diese psychologischen Konstruktionen aufzulösen in der Lage ist, ist die von uns in diesem Buch eingeführte *Conscious Realization*. Hierbei findet die Möglichkeit zur Veränderung in psychologisch heilender Weise Anwendung. Die verschiedenen Bestandteile der Psyche können nur Heilung erfahren, wenn deren Leid-bringende Konstruktionen aufgelöst werden.

Gegenwart

Dem Willen zum Leben ist das Leben gewiss:
Die Form des Lebens ist Gegenwart, ohne Ende;
gleichviel wie die Individuen, Erscheinungen der
Idee, in der Zeit entstehen und vergehen,
flüchtigen Träumen zu vergleichen."
Arthur Schopenhauer

Halte immer an der Gegenwart fest. Jeder Zustand, ja jeder
Augenblick ist von unendlichem Wert, denn er ist der Repräsen-
tant einer ganzen Ewigkeit.
Goethe

Das, was wir bislang als psychische Zeit kennengelernt haben und was mehrheitlich den größten Teil des inneren Erlebens der meisten Menschen einnimmt, hat sich als Bestandteil der aufeinander aufbauenden, einander ergänzenden und sich gegenseitig aufrechterhaltenden Konstruktionen der Psyche herausgestellt, die in keiner Weise der tatsächlichen Wahrheit entsprechen. All das ist im Grunde ebenfalls Teil des von uns beschriebenen Puppenspiels. Überdies haben wir erfahren, dass diese Konstruktionen von Vergangenheit und Zukunft den größten Teil unseres Bewusstseins ausfüllen beziehungsweise es beschäftigen. Welcher Raum verbleibt dann noch in diesem Zusammenhang für jenes letzte, scheinbar kleinste der Puzzle-Teilchen psychischer Zeit, welches wir mit dem Wort „Gegenwart" benennen? Seine Bedeutung ist, wie wir gesehen haben, ausgesprochen gering und macht innerhalb der menschlichen Lebenszeit nur den allerkleinsten Prozentsatz aus.

Die Gegenwart bezeichnet den Punkt zwischen Vergangenheit und Zukunft. Manche Wissenschaftler behaupten, es sei nur ein theoretischer Punkt, da die Zukunft nahtlos in die Vergangenheit übergehe und es vom Standpunkt des Zeitablaufes daher die tatsächliche Gegenwart nicht geben könne. Andere jedoch wiederum attestieren, dass die Gegenwart unendlich sei, denn alles, was passiert, alles was man erlebt, erlebt man immer in der Gegenwart. Daher müsse das Leben tatsächlich aus einer unendlichen Gegenwart bestehen. Zwei interessante

Theorien, doch welche liegt näher an der Wahrheit?
Wir benutzen die Gegenwart üblicherweise zur Aufnahme äußerer Reize. Das, was in dem Augenblick der Gegenwart geschieht, wird von unserem Bewusstsein abgebildet und wahrgenommen. Damit schließen wir sozusagen einen Kreis dieses Buches und sind wieder wie zu Beginn bei der Beschäftigung mit dem Bewusstsein angelangt.

Das Licht des Bewusstseins ist also die Wahrnehmung der Gegenwart.

Könnte man die üblichen Inhalte eines Bewusstseins im Zeitraffer betrachten, würde man erkennen, dass auf jeden äußeren Reiz eine innere Reaktion folgt. Töne, Bilder, Gerüche, Bewegungen, Emotionen usw. werden wahrgenommen, im nächsten Moment interpretiert und gemäß ihrer Bewertung eingeordnet und abgespeichert. Die Interpretation und Bewertung ist ebenfalls ein Prozess, der nahezu unmittelbar geschieht.

Auf diese Weise, findet die Erinnerung vergangener Ereignisse und die Entwicklung von Zukunftsvisionen ebenfalls, jeweils in der Gegenwart statt.

Praktisch ist die Gegenwart der Augenblick, der die Vergangenheit mit der Zukunft verbindet. Dies gilt auch und vor allem psychologisch. Man verändert die Wahrnehmungen der Gegenwart unmittelbar und ständig, indem man sie mittels Interpretation in den Kontext der persönlichen Vergangenheit integriert. Hieraus entwickelt man bedingte Emotionen, Erwartungen, Ängste, Hoffnungen und Wünsche die dem Ziel dienen, die gewünschte Konstruktion der Zukunft zu erreichen.

Damit wird die subjektive Gegenwart eines Menschen zu nichts weiter als einem Sprungbrett in die Zukunft. Man interpretiert, vergleicht und bewertet das Wahrgenommene und versucht, in unmittelbarer Zukunft entweder mehr davon anzusammeln oder es zu umgehen und es zu vermeiden.

Das Leben eines Menschen besteht aber tatsächlich nur aus aneinandergereihten Gegenwartsmomenten, denn alles, was er wahrnimmt und erlebt, alles, was passiert, geschieht immer und ausschließlich in der Gegenwart.

Die Wahrnehmung der Gegenwart jedoch erfolgt durch das Bewusstsein. Das Bewusstsein aber ist, wie wir nun wissen, in seiner Kapazität begrenzt. Je mehr man also das Bewusstsein mit der psychischen Vergangenheit oder den Ideen von der Zukunft beschäftigt, umso weniger Kapazität steht für die Wahrnehmung der unmittelbaren Gegenwart zur Verfügung.

Diese Gegenwart aber ist in Wahrheit das einzig wirkliche und wahrhaftige Leben. Wohingegen psychologische Vergangenheit und Zukunft nichts weiter als persönliche Konstruktion und Rekonstruktion darstellen.

Wenn man sich nun noch einmal konkret der Beantwortung der eingangs aufgeworfenen Frage widmet, wie viel Zeit man nun persönlich innerhalb seines Lebens in der psychischen Vergangenheit oder Zukunft verbringt, so wird die Antwort nach dieser Erkenntnis vermutlich anders ausfallen als zuvor.

Sie mögen nun in der Lage sein, dies für Ihr persönliches Leben zu definieren. Vermutlich werden die allermeisten von Ihnen beim jeweiligen Anteil von Vergangenheit und Zukunft ein wenig variieren. In der Summe werden diese beiden Anteile jedoch durchschnittlich zwischen 80 und 90% des Bewusstseins ausmachen.

Das bedeutet auf der anderen Seite unweigerlich, dass lediglich etwa 10% im Laufe eines durchschnittlichen menschlichen Lebens tatsächlich für die Wahrnehmung und den Genuss des wirklichen Lebens aufgewendet werden, man also tatsächlich nur 10% seines Lebens mit *leben* verbringt.

Dies ist eine Tatsache die vermutlich viele von Ihnen erst einmal für sich realisieren müssen. Viele werden diese Zahlen skeptisch betrachten. Aber wenn Sie diese erst einmal auf das Kritischste in sich selber überprüfen, werden Sie um deren Wahrheitsgehalt nicht herumkommen.

Nicht die Jahre in unserem Leben zählen,
sondern das Leben in unseren Jahren.

Adlai Ewing Stevenson

Wenn man bedenkt, wie viel Energie, Zeit, Geld und Ressourcen die Menschen heute bereit sind aufzubringen, um ihr Leben nach Möglichkeit mehr und mehr zu verlängern, so scheint dies vor dem hier erwähnten Hintergrund geradezu absurd.

> *„Solange die Menschen jung sind, sind sie bereit, so viel Zeit wie möglich zu investieren, um viel Geld zu verdienen. Einmal jedoch durch das Altern an ihre Sterblichkeit erinnert, sind sie bereit, so viel Geld, wie sie haben zu bezahlen, um sich mehr Zeit zu kaufen."*

Im Zuge dieser profunden Selbst-Erkenntnis, haben Sie, liebe Leserinnen und, Leser, nun vielleicht bereits Ihr Bewusstsein in dieser Hinsicht erweitert und können fortan diesen Bestandteil Ihrer selbst etwas bewusster Leben.

Die Gegenwart und das Bewusstsein der Gegenwart sind das tatsächliche und einzig wirklich existente Leben. Das Leben tatsächlich zu *leben*, ist die wahre Kunst des Lebens. Nicht von Konstruktionen *gelebt* zu werden, ist die Entsprechung dazu. Das Mittel der Menschen, die dieses Dilemma erkannt haben, ist die Suche nach Veränderung.

Kapitel 10
Veränderung

Alle wollen die Welt verändern,
aber keiner sich selbst.
Leo Nikolajewitsch Graf Tolstoi

Die Vorstellung oder die Idee von persönlicher Veränderung ist ein für die Menschen auf ihrem Weg zur Selbst-Erkenntnis wichtiges Thema, dem wir uns nun widmen wollen.

Wir haben erfahren, dass die Vorstellung die man von etwas hat, häufig die Erkenntnis der tatsächlichen Wahrheit verhindert. Auf diese Weise verhält es sich auch mit der Vorstellung von Veränderung.

Die Idee oder der Entschluss zur Notwendigkeit von persönlicher Veränderung auf der psychologischen Ebene resultiert aus der negativen Bewertung wahrgenommener Bestandteile seiner selbst: „Ich habe in mir diesen oder jenen Konflikt, eine Emotion oder Eigenschaft entdeckt, die ich nun loswerden oder verändern möchte!" Dieser Satz könnte nahezu jeden persönlichen Entschluss zur Veränderung beschreiben. Jede Form von persönlicher Bewertung ist ein Produkt der eigenen Persönlichkeit. Diese ist entstanden aus der Akzeptanz verschiedener Eigenschaften sowie der Ablehnung anderer. Alle innerhalb derselben Person. Die Bewertung bestimmter Anteile der eigenen Persönlichkeit ist entweder Resultat einer überwertigen Identifikation oder der konstruierte Überbau eines psychologischen Konfliktes.

Die bedingte Emotion von psychischem Leid ist die hieraus resultierende Konsequenz. Man leidet an seinen ungeliebten Anteilen und vielleicht sogar daran die gewünschten Anteile nicht ausreichend vermehren zu können. In jedem Fall jedoch ist der bewertende Bestandteil der Persönlichkeit niemals getrennt oder unterschiedlich von dem psychologischen Anteil, der beurteilt oder bewertet wird. Der Wunsch nach Veränderung ist also häufig das Resultat des von uns zuvor beschriebenen Puppenspiels.

Sonderlogik und schlechtes Gewissen

Es gibt ein Ziel, aber keinen Weg.
Was wir Weg nennen, ist Zögern.
Franz Kafka

Bewusste, negativ bewertete Anteile einer Persönlichkeit werden zu ändern versucht. Zugleich jedoch besteht eine unwillkürliche Identifikation mit genau diesem, zu verändernden Bestandteil fort: „Ich möchte gerne mit dem Rauchen aufhören, schaffe es aber nicht." – Ein klassisches Beispiel, das diesen Prozess gut charakterisiert. Der bewusste Anteil möchte sich verändern, da er das Rauchen vielleicht auf logischer Ebene als schädlich, ungesund, teuer oder gegen den Gesellschaftstrend gehend und damit als nicht dienlich bewertet. Die Persönlichkeit jedoch, hat sich unwillkürlich mit dem Rauchen identifiziert und hält daher daran fest. Beobachtet man einen Raucher genauer, so wird diese Identifikation häufig offensichtlich. Die Art, wie er die Packung öffnet, die Zigarette herausholt, sie vielleicht in den Fingern dreht. Das besondere

Feuerzeug, die Art und Weise, wie er dieses und die Zigarette hält, während er sie anzündet. Der erste Zug des beißenden Qualms in die Lunge und das charakteristische Ausblasen desselben aus dem Mundwinkel oder vielleicht sogar in Form von aufsteigenden Kringeln. Alles das ist häufig so viel mehr als nur Rauchen, es ist ein Bestandteil der eigenen Persönlichkeit, ein charakteristischer individueller Bestandteil der Darstellung seiner selbst. Das bewirkt mehr als Genuss, es vermittelt ein subjektives Gefühl von Sicherheit.

Aus dem Verständnis dieses Zusammenhangs wird vielleicht etwas klarer, was psychische Abhängigkeiten bedingen und bedeuten. In vielen Fällen, ist es daher nur wenig hilfreich, rein auf der logischen Ebene zu argumentieren. Körperliche Nikotin-Abhängigkeit, nebenbei bemerkt, ist bei Rauchern, die mehr als sieben oder acht Stunden schlafen können, ohne rauchen zu müssen, auszuschließen. Nach diesem Zeitraum der Abstinenz nämlich ist der sogenannte kalte Entzug bereits erfolgt. Tatsächlich körperlich Nikotin-Abhängige müssen nachts aufstehen, um zu rauchen.

Die psychologische Konstruktion des subjektiv empfundenen Willens zur Veränderung ist also, wie in diesem Falle, häufig das Resultat der durch den Instanzenkonflikt bedingten Emotion des Leids. Es handelt sich also um einen Überbau zur Überbrückung dieses Konflikts: „Ich sollte oder würde gerne, aber andererseits kann ich nicht, da..." Das ist das äußerlich erkennbare Erscheinungsbild eines solchen Konfliktes, der zu einem bestimmten Maß zu psychisch subjektivem Leid führt. Dieses Leid wiederum bewirkt als Kompensationsversuch die Konstruktion des Willens zum Aufhören: „...aus diesem Grund suche ich Hilfe oder eine Technik, die mir helfen kann!" Diese mehr oder weniger starken Bemühungen, die in ihrer Ausprägung unmittelbar proportional zum subjektiv empfundenen Leid auf der anderen Seite entstehen, sind also der Überbau, der dafür sorgt, sich dieses Konflikts und des damit einhergehenden Leids weniger bewusst zu sein.

Nicht davon zu trennen ist das Gefühl des sogenannten „schlechten Gewissens". Es stellt den klassischen Überbau einer negativ bewerteten, aber dennoch begangenen Tat dar. Die bedingte Emotion der Gier oder des Neids bringt beispielsweise jemanden dazu, zu stehlen. Je mehr die Person rational mit positiv bewerteten Aspekten der Persönlichkeit wie Aufrichtigkeit und Rechtschaffenheit identifiziert ist, umso ausgeprägter ist ihr schlechtes Gewissen. Der Umgang mit diesem schlechten Gewissen ist es, welcher über die weiteren Schritte dieser Person entscheidet. Ist die Identifikation mit positiven Werten größer, wird sie vielleicht Hilfe suchen. Ist sie weniger groß, wird sie sich eine sogenannte „Sonderlogik" aneignen.

Die Sonderlogik ist die Entwicklung einer persönlichen Logik abseits der objektiv existierenden:

> *„Ich weiß, dass es nicht richtig ist, zu stehlen, aber in diesem Fall war es angebracht, weil..."* oder *„...aber hier ist es dennoch richtig, das ‚Falsche' zu tun, da..."*

Eine häufige Form der Sonderlogik, die man beispielsweise bei sich psychisch gegenseitig verletzenden Personen findet, ist diese:

> *„Ich weiß, ich hätte das nicht sagen oder tun dürfen, aber du hast ebenfalls vorher..."*

Man rechtfertigt sich und seine eigenen Handlungen, durch die anderer Personen.

Der psychologische Komplex hinter diesen Symptomen ist immer der gleiche: Eine Wahrnehmung wird aufgrund der eigenen Persönlichkeit interpretiert und löst eine bedingte Emotion aus. Das führt zu einer bewussten Reaktion, die rational zum Beispiel negativ bewertet wird. Bewusste Gedanken schaffen dann einen Überbau wie etwa die Sonderlogik und das schlechte Gewissen, um die hieraus entstandene Spannung zu überbrücken. Ein schlechtes Gewissen, groß genug, kann dann wiederum zu ausgleichenden Handlungen führen. Hierdurch wird die Theorie großer Kriminalpsychologen begründet, dass Kriminelle häufig den unbewussten Wunsch verspüren, gefasst zu werden.

Man sieht hier gut, wie komplex und vielschichtig die einzelnen psychischen Konstruktionen einander auslösen oder sich bedingen und man sie, in der Regel subjektiv, aufgrund ihres schnellen und komplexen

Ablaufs als eine psychologische Einheit wahrnimmt. Man erkennt ebenfalls, wie wenig effektiv Therapien sein können, die nicht am Ursprung der Kette, sondern an einem ihrer mittleren Glieder ansetzen. Sie werden unweigerlich neue Konflikte oder eine Verschiebung des Symptoms bei dem Betroffenen bewirken.

Was bedeutet nun in diesem Zusammenhang der Wunsch einer Person zur Veränderung?

Ist der Wille zur Veränderung ein Überbau, der jedoch nur mit geringer persönlicher Identifikation der „positiven" oder „gewünschten" Seite einhergeht, so wird es bei Lippenbekenntnissen bleiben und es werden keine relevanten Taten daraus folgen. Erwachsen hieraus jedoch kriminelle Handlungen, die rechtliche Konsequenzen nach sich ziehen, so wird häufig mit einer „schwachen" Persönlichkeit argumentiert: „Er wusste, es war falsch, aber er war zu schwach..." Tatsächlich jedoch ist es eine zu starke Persönlichkeit, die hier ursächlich ist.

Geht aber der Überbau mit einer stärkeren Identifikation der „positiven" Seite einher, kann daraus ein ausreichender Wille zur Veränderung resultieren. In ausgeprägter Form kann dieser Wille dann sogar zu der Passion führen, sich von seinem Leid zur Gänze befreien zu wollen. Das ist ein wichtiger Bestandteil der von uns beschriebenen *Conscious Realization*.

Leider allzu häufig erleben wir in unserer Praxis, dass Menschen vorgeblich mit dem Wunsch nach Hilfe erscheinen, aber eigentlich, wie sich schnell herausstellt, lediglich den unwillkürlichen Wunsch nach einem Testat verfolgen, welches den psychologischen Überbau ihres Konfliktes verstärken soll.

„Ich tue Dinge, die nicht richtig sind, aber ich kann nichts dafür, weil..."

Ein solches Schriftstück aus der Feder eines „Spezialisten" scheint für viele die ultimative Entschuldigung zu sein.

Der Zweck heiligt die Mittel.
Macchiavelli

Der berühmte Ausspruch „Der Zweck heiligt die Mittel" aus dem Buch „Der Fürst" von Machiavelli beschreibt in unseren Augen das schlechte Gewissen und die Sonderlogik nahezu perfekt. Auch wenn Machiavelli leider mit dem Glauben an den Wahrheitsgehalt seiner Aussage innerhalb der äußeren Welt hier leider seiner eigenen psychologischen Konstruktion erlegen ist. „Der Zweck", gut genug zu sein, sich wertig zu fühlen und seine eigenen unmoralischen oder unrechten Handlungen als solche zu erkennen, wird durch das schlechte Gewissen und die Sonderlogik erfüllt. Die Konstruktion dieses schlechten Gewissens versucht den Konflikt zwischen den aus dem Unwillkürlichen resultierenden negativen Handlungen und der dies erkennenden und bewertenden psychologischen Instanz zu „heilen".[28] Aber auch hier handelt es sich lediglich um einen Überbau, der einzig dabei hilft, das psychische Leid als Resultat eines jeglichen Konflikts weniger wahrzunehmen.

Konzepte von Veränderung

Wasch mir den Pelz, aber mach mich nicht nass
Deutsches Sprichwort

Wer werden will, was er sein sollte, der muss lassen, was er jetzt ist.
Meister Eckhart

Nach dem Entschluss, der zur Suche nach der Veränderung führt, kommen wir nun zu der Vorstellung der Menschen über die Veränderung selbst.

Eine Vorstellung ist es immer und unvermeidlich, da sie der tatsächlichen Wahrheit, also dem Status der noch unveränderten aktuellen Situation, diametral gegenüber steht. Die Vorstellung einer Veränderung beginnt damit, dass man sich gedanklich den Zustand nach der Veränderung erschafft und ihn damit sozusagen gedanklich vorwegnimmt. Mit diesem erwünschten Zustand identifiziert man sich und versucht fortan, den tatsächlichen aktuellen Zustand möglichst zu negieren zugunsten des neuen, den man nun zu erreichen trachtet. Auch hierbei erschafft man sich auf diese Weise das nun bereits bekannte Puppenspiel der Gedanken. Die Vorstellung des Wunsch-Zustandes ist eine gedankliche Konstruktion, die nicht der Wahrheit entspricht, die man aber nunmehr zu erreichen versucht. Ganz der allgemeinen Konditionierung entsprechend, sucht man nunmehr nach Mitteln, Techniken oder Systemen, die einem diesem Ziel näher bringen. In der materiellen äußeren Welt ist das ganz offensichtlich die richtige und sinnvolle Vorgehensweise. Man tut das Notwendige in der entsprechenden Reihenfolge, um äußere Veränderungen Schritt für Schritt umzusetzen, um schließlich das finale Ziel oder die entsprechend gewünschte Veränderung, wie beispielsweise den Umbau des Hauses, zu erreichen.

Im Rahmen der eigenen Psyche allerdings wird diese Strategie zum absurden Possenspiel. Diese Vorstellung von psychischer Veränderung beinhaltet nämlich das Konzept von chronologischer Zeit innerhalb der Psyche:

„Heute leide ich, ich werde jedoch mit Hilfe dieser oder jener Technik morgen den Zustand erreichen, in dem ich nicht mehr leide."

Das kann nicht funktionieren! Psychologische Veränderung im Verlauf von Zeit ist auf diese Weise nicht möglich. Dies mag Sie womöglich zweifeln lassen, da es vermutlich allem widerspricht, wovon Sie bislang überzeugt waren. Wir werden daher versuchen, auch dies völlig logisch und für jeden in sich selber nachvollziehbar zu erläutern.

Wir haben im Verlauf dieser gemeinsamen Reise erfahren, was nun jeder für sich selber überprüfen kann, dass nämlich psychologische Zeit grundsätzlich eine gedankliche Konstruktion ist, die nicht der Wahrheit entspricht. Da auch die psychische Zukunft Teil dieses konstruierten Konzeptes der psychologischen Zeit ist, kann jede Idee von einem veränderten Selbst in der Zukunft ebenfalls nicht mehr als eine Konstruktion sein. Das wirkliche Leben, in Form des eigenen bewussten Wahrnehmens, findet ausschließlich in der Gegenwart statt. Alles, was wahrhaft und wirklich geschieht, findet immer in der jeweiligen Gegenwart statt. Daher muss auch jede wirkliche und tatsächliche Veränderung unweigerlich in der Gegenwart geschehen. Tatsächlich kann sie nur in der Gegenwart geschehen, da ein Morgen, psychologisch gesehen, nicht existiert und daher auch niemals kommen wird.

Praktiziert man also in der Gegenwart eine Technik, in der Hoffnung, dass diese einen Morgen verändern möge, so ist dies ein unmögliches Paradoxon.

Dass dies mehr als eine Theorie oder ein Gedankenspiel ist, werden wir nun überprüfbar aufzuzeigen versuchen.

Erlernte Veränderung

*Wer ständig glücklich sein möchte,
muss sich oft verändern.*
Konfuzius

Vielleicht mögen psychologisch geschulte oder besonders aufmerksame Leser nun einwenden, dass es aber grundsätzlich möglich sei, neue Verhaltensweisen zu erlernen, die man gestern noch nicht beherrschte, die morgen jedoch Bestandteil der jeweiligen Persönlichkeit sind. Das wird zum Beispiel bei der noch immer häufig empfohlenen Therapiemethode „Operante Konditionierung" angewendet. Daher mögen manche hierin vielleicht einen Beleg dafür sehen, dass man lernen kann, sich innerhalb einer bestimmten Zeit zu verändern. Sind auch Sie vielleicht davon überzeugt, dass man lernen kann, im Verlauf einer bestimmten Zeit ein Anderer zu werden? Schauen wir uns daher dieses Konzept von Veränderung durch Lernen zunächst einmal genauer an.

Was ist das, was man als Lernen bezeichnet, eigentlich wirklich? Die meisten, werden das Prinzip des Lernens aus der Schule kennen. Für sie besteht es in der Regel aus einem Wieder-und-wieder-Praktizieren. Es ist das gleiche Prinzip, welches für das Aneignen motorischer Fähigkeiten wie beispielsweise das Fahrradfahren angewendet wird. Man übt es so lange, bis man es kann, und dann hat man es gelernt. Selbstverständlich, so werden Sie vielleicht sagen, braucht man dafür Zeit. Und so, wie Sie es betrachten, haben Sie natürlich auch Recht. Wir haben allerdings einen etwas anderen Blickwinkel auf dieses Prinzip und möchten Sie einladen, unserer Wahrnehmung zu folgen und dieser gegebenenfalls einer Überprüfung zu unterziehen.

Was die Wiederholung von Tätigkeiten und Gedanken jeder Art tatsächlich schafft, ist ein psychologisches Muster, gleich einer Konditionierung. Das häufige Wiederholen einer Vokabel beispielsweise, wie wir bereits im Rahmen der Merktechniken beschrieben haben, wird zu einer unwillkürlich abrufbaren Konditionierung. Im Falle der persönlichen Psyche ist dieser Prozess aber bei Weitem nichts *Neues*. Wie wir dargelegt haben, sind es eben häufig diese oft frühkindlich erworbenen Konditionierungen, die für das Leid der Menschen verantwortlich sind. Was man also durch das Einstudieren und Wiederholen anderer oder veränderter Gedanken oder Verhaltensweisen zu tun versucht, ist, die eine bereits vorhandene Konditionierung durch eine andere, bislang vielleicht noch nicht vorhandene zu ersetzen.

Abgesehen von der Frage, ob das wirklich die Betroffenen von ihrem Leid befreien kann, was wir mit einem klaren „nein" beantworten können, gilt also nun zu klären, ob man das überhaupt als eine echte Veränderung ansehen kann. Für uns ist das ebenso wenig eine Veränderung, wie Wiederholung Lernen ist.

Der Prozess der Wiederholung führt zu Konditionierung und damit zu automatisch ablaufenden, unwillkürlichen Prozessen. Wirkliches Lernen ist etwas anderes. Psychisches Lernen ist immer das Resultat einer tatsächlichen Erkenntnis und kann nichts anderes sein. Wenn man von einer Schlange gebissen wird, erlangt man eben im selben Moment die Erkenntnis, dass diese Schlange beißt. Wenn einem diese Schlange nun erneut begegnet, wird man folglich Abstand von ihr halten. Auf diese Weise hat man also sein Verhalten gegenüber der Schlange geändert.

Erkennt man nun, auf psychologischer Ebene, auf dieselbe Weise die Ursache des persönlichen Leides in einem automatisch wiederkehrenden Gedanken, wird man dann nicht fortan diesen Gedanken auf die gleiche Weise meiden wie eine beißende Schlange?

Die Erkenntnis dieser Betrachtungsweise führt zu zwei unwiderlegbaren, logischen Konsequenzen:

1. Lernen, Einsicht und Veränderung sind untrennbar miteinander verbunden.
2. Sowohl Lernen als auch Veränderung geschehen immer in der Gegenwart, denn sie können ausschließlich nur dann geschehen.

Jedes Wiederholen eines Prozesses, sei er nun gedanklich oder motorisch, schafft auf Dauer das, was wir einen unwillkürlich ablaufenden Mechanismus nennen. Unbewusste Mechanismen sind Konditionierungen und diese wiederum sind in erheblichem Maße für das Leid der Menschen mitverantwortlich. Eine Konditionierung durch eine andere zu ersetzen, kann daher in unseren Augen in keiner Weise als Veränderung bezeichnet werden, wie sehr dies vielleicht oberflächlich auch so erscheinen mag. Tatsache ist nämlich, dass es sich nur und ausschließlich um eine oberflächliche Veränderung handelt. In welche Richtung die Marionette sich auch bewegen mag – sie bleibt doch immer eine Marionette.

Wirkliche Veränderung kann nur in der tatsächlichen Erkenntnis des zugrundeliegenden psychologischen Prozesses und der Befreiung jeglicher Konditionierung entstehen. Diese Befreiung schafft den Raum für ein umfassenderes Bewusstsein als einzig wirkliche Veränderung des Menschen. Wie aber wird man sich einer Veränderung bewusst? Hierin liegt ein weiteres für das Verständnis von Veränderung wichtiges Detail. Das Bewusstsein der Veränderung, welches mit der Erkenntnis einhergeht, dass man sich verändert hat, ist in Wahrheit das Resultat eines Vergleichs:

> *„Gestern, verhielt ich mich noch auf solche Weise; soeben jedoch auf eine andere Weise. Also habe ich mich folglich verändert!"*

Dieser Vergleich erschafft im Bewusstsein das Gefühl von Veränderung. In dem Augenblick, in welchem man zu diesem Gefühl und der rationalen Erkenntnis von einer erfolgten Veränderung gelangt, ist die eigentliche Wahrnehmung aber bereits Bestandteil der Vergangenheit, an die man sich nun erinnert. Das subjektiv bekannte Gefühl von einer erfolgten Veränderung ist also das Resultat eines Vergleiches von zwei in der Vergangenheit liegenden Ereignissen oder Erfahrungen.

Vergleichen

*Das Vergleichen ist das Ende des Glücks
und der Anfang der Unzufriedenheit.*
Soeren Aabye Kiergkegaard

*Nichts ist und tut so ungut wie der Vergleich.
Egal wie er ausfällt.*
Peter Rudl

Wie in Kapitel 8 beschrieben ist die menschliche Psyche in der Lage, zugrundeliegende Gesetzmäßigkeiten von sich wiederholenden Ereignissen unbewusst zu erfassen. Als prägnantes Beispiel hierfür erwähnten wir das grammatikalische Erfassen der eigenen Muttersprache. Kinder sind hierzu problemlos ohne Erklärungen der Eltern (die sie häufig nicht einmal erklären könnten, selbst wenn sie wollten) in der Lage. Sie erfassen die Grammatik unwillkürlich und wenden Sie dann an.

Das gleiche Prinzip findet in der menschlichen Psyche Anwendung, wenn es um die Integration der ebenfalls nonverbal kommunizierten Gesetzmäßigkeit der „psychologischen Veränderung innerhalb von Zeit" geht.

Hierbei aber handelt es sich, gemäß unserer vorangegangenen Betrachtungen, um eine Fehlinterpretation. Aufgrund dieser angenommenen Gesetzmäßigkeit projiziert die Psyche die gewünschten Veränderungen in ein nicht existierendes Morgen und versucht, dieses dann mit Hilfe von Techniken oder Systemen zu erreichen. Die Menschen tun das mit dem gleichen, niemals hinterfragten, unbewussten Selbstverständnis, wie sie auch ihre Grammatik verwenden.

Also einfach ausgedrückt bedeutet es, dass das Vorhandensein von psychologischer Zeit verbunden mit der Idee sich in der Zukunft psychisch ändern zu können auf dieselbe Weise unbezweifelt akzeptiert wird wie die Grammatik der eigenen Muttersprache.

Das Resultat hieraus ist aber ein ständiges unwillkürliches Vergleichen und Abgleichen. Verglichen wird der jeweils aktuelle Status mit der Idee oder dem Ziel eines gewünschten Morgen. Hierdurch wird deutlich, dass jeder äußere und jeder psychologische Vergleich mindestens zweier Referenzpunkte bedarf.

Was wie so häufig in der materiellen Welt nützlich und sinnvoll ist, wird jedoch hier, im Zusammenhang mit der menschlichen Psyche, zur Absurdität. Die zerrissene Persönlichkeit vergleicht verschiedene Anteile ihrer selbst, innerhalb verschiedener Zeiten. Wir wissen aber nun, dass sowohl diese Zerrissenheit als auch die psychologische Zeit Fehlinterpretationen einer ihnen zugrundeliegenden Konstruktion sind.

Diese Erkenntnis, sofern sie in der Form aktueller, tatsächlicher Einsicht geschieht, macht damit jedes Vergleichen in Bezug auf sich selbst obsolet. Die Realisation dessen, bewirkt eine wirkliche und tatsächliche Veränderung im Moment der Einsicht. Diese Veränderung wird einem aber erst in dem Augenblick bewusst, in welchem man erkennt oder erinnert, dass man soeben einen gedanklichen Vergleich angestellt hat.

Vergleichen ist, auch wenn es zunächst unwahrscheinlich erscheint, tatsächlich einer der Haupttätigkeiten der menschlichen Psyche. Allein die Bewusstwerdung dieses Prozesses innerhalb der eigenen Psyche kann eine enorme persönlichkeitsverändernde Wirkung haben.

Wir haben in Kapitel 5 erfahren, wie man unwillkürlich jeweils nach regelmäßigen Einheiten eingegangener Bewusstseinsinhalte psychologisch verarbeitet. Diese Verarbeitung besteht zu einem großen Teil aus dem Abgleichen und Bewerten des entsprechend Wahrgenommenen. Das bereits Bekannte produziert beim Abgleich eine hierdurch bedingte Emotion von Vertrautheit und Sicherheit, die man als Teil des „Ich" interpretiert. „Neue" bislang unbekannte Wahrnehmungen, die man unwillkürlich als „wichtig" bewertet, werden in Form einer neuen Erinnerung integriert. Damit sind sie zugleich Teil des „Ich"-Prozesses.

Als „positiv" bewertete Inhalte werden künftig gesucht oder wiederholt und „negative" bemüht man sich, wenn möglich fortan zu vermeiden. Hierzu entwickelt man unmittelbar unwillkürliche Strategien, die dem Ziel eben dieser Vermeidung dienen. Die Mechanismen von „Suchen" oder „Vermeiden" gelten natürlich insbesondere für

Informationen oder Eindrücke, die einen Einfluss auf die vorhandenen psychologischen Strukturen oder Identifikationen haben. Daher findet man Vermeidungsverhalten häufig bei allen mit dem Gefühl von Unsicherheit einhergehenden Problemen. Die entwickelten Vermeidungs-Strategien werden dann ebenfalls als Teil des „Ich" integriert und bieten künftig ihrerseits ein Gefühl von Sicherheit in Reaktion auf diese Wahrnehmung.

Charakteristische Beispiele für ein solches Vermeidungsverhalten sind zum Beispiel sogenannte „Nicht-generalisierte-Angststörungen". Die Angst vor öffentlichen Auftritten oder Reden und auch die weit verbreitete Flugangst fallen in diesen Bereich.

Wie bei vielen anderen „Angst-Konditionierungen" auch, so dient auch die Flugangst häufig als unwillkürlicher Überbau eines unbewussten psychischen Konflikts. Wenngleich aber auch die Angst selber als unangenehm empfunden wird, so ist sie dennoch zugleich Bestandteil des eigenen, individuellen „Ich" und dient so parallel auf eine abstruse Weise dazu, die mit einem Gefühl von Sicherheit einhergehende Emotion von „Ich bin" zu verstärken.

Menschen mit derartigen psychologischen Symptomen leiden natürlich oft enorm darunter. Auf der anderen Seite erlebt man aber häufig, dass solche Menschen diesen Bestandteil ihrer selbst immer wieder wachrufen. Einer kleinen Verletzung im Mund nicht unähnlich, die man immer wieder mit der Zunge abtastet, obwohl man hierdurch den Schmerz wieder und wieder wachruft, tun diese Menschen das gleiche auf der psychologischen Ebene, indem sie sich immer wieder gedanklich damit beschäftigen, darüber nachdenken oder davon sprechen, auch wenn sie sich eigentlich in symptomfreien Situationen befinden. Sie rufen dieses Symptom also immer wieder auf die gleiche Weise gedanklich wach, wie das die Zunge physisch im Mund mit dem Wachrufen des Schmerzes tut.

Sie wissen nunmehr, dass das „Ich" mit dem Gefühl von Sicherheit gleichzusetzen ist und dass man sich ein Gefühl von psychologischer Sicherheit konstruiert, um sich dessen in Form des „Ich" hingeben zu können. Je mehr man also unwillkürlich „positiv" vergleicht und abgleicht –also der Abgleich mit einer bereits bekannten und „ungefährlichen" Wahrnehmung–, umso sicherer fühlt man sich. Dieses Gefühl von Sicherheit resultiert unter anderem aus dem „Abtasten" des „Ich", das automatisch bei jedem Vergleich von einem neuen Eindruck mit einer Erinnerung entsteht.

Zugleich bewirkt es, dass man weniger wachsam und weniger aufmerksam sein muss, denn in einer bekannten „ungefährlichen" Umgebung kann man sich „entspannen" und sich mit seinen Gedanken und damit mit sich selbst beschäftigen. Eine Situation aber, die über einen zu langen Zeitraum ein Zuwenig an Wachsein erfordert, kann im Gegenzug, ein Zuviel an Denkprozessen produzieren. Dieses Phänomen ist vielen nur allzu gut als „Langeweile" bekannt.[29]

Heutzutage leben die Menschen der westlichen Welt mehrheitlich in einer sicheren und bekannten Umgebung, die wenige Herausforderungen und damit eine erhöhte Gefahr von Langeweile beinhaltet. Unter anderem entwickelte sich vielleicht hieraus der Bereich der Unterhaltungen und Betätigungen, die man als „sichere Neuheit" bezeichnen könnte. Man besucht Zoos, wo man sicher vor den hinter Gittern gehaltenen Tieren ist, Vergnügungsparks, in denen man die „sichere Unsicherheit" genießen kann, und betreibt nicht zuletzt Extrem-Sportarten, welche die „Unsicherheit" mit Netz und doppeltem Boden bieten.

Man kann leicht einsehen, dass der Vergleich von äußeren Ereignissen und inneren Strategien zur Überlebenssicherung ein durchaus sinnvoller und hilfreicher Mechanismus ist. In einer mehrheitlich gefahrfreien Zeit hat sich hieraus aber, wie wir bereits im Zusammenhang mit dem „Ich" beschrieben haben, eine Art „Wildwuchs" entwickelt. Der automatisch unwillkürliche Abgleich bezieht sich heute mehr und mehr auf die inneren Prozesse des Werdens und Erreichens. Wahrnehmungen werden auf Dienlichkeit oder Hinderlichkeit im Hinblick auf die zu erreichenden Ziele von Werden und Sein bewertet und abgeglichen. „Bin ich schon" oder „Habe ich schon" gibt einem ein gutes, vertrautes und sicheres Gefühl. „Fehlt mir noch" oder „Kann ich noch nicht" hingegen bewirken bei einigen Menschen die Reaktion in Form einer regelrechten „Sammel-Wut".

Unwillkürliche Wurzel ist hier der immense Drang nach den positiv bewerteten Gefühlen, welche mit subjektiver Sicherheit und Kontrolle einhergehen. Solche Menschen sammeln scheinbar Ereignisse und Informationen, als ginge es um ihr Leben. Tatsächlich geht es aber nur um ihr „Ich".

Wir sind Menschen begegnet, die unglaubliche Sammlungen von Fotos haben, und man möchte fast glauben, sie be-suchen Orte und Ereignisse nur, um ihrer Sammlung ein Foto und ihrer Erinnerung ein Bild davon hinzuzufügen. Andere lesen so viele Bücher eines Themas und sammeln so viele Informationen darüber, wie sie nur kriegen können. Wieder andere unterliegen dem Drang, die ganze Welt bereisen beziehungsweise bestimmte besondere Erfahrungen machen und sammeln zu müssen. Bei solchen dem Sammelzwang unterliegenden Personen löst häufig schon die Information oder die Vorstellung, dass es ein Erlebnis, einen Ort oder eine Information geben könnte, die sie noch nicht kennen, diesen starken Drang der Sammelwut aus.

Wir halten also fest: Wenn ein Mensch jeder neuen Begebenheit mit dem Bezugsrahmen seiner Vergangenheit begegnet, den er in zukünftige Ziele umwandelt, so kann und wird daraus niemals etwas Neues oder wirkliche Veränderung entstehen. Es wird sich immer nur um eine neue Anordnung alter Bestandteile oder um andere Resultate bekannter Mechanismen handeln. Die psychologische Zukunft dieses Menschen wird daher immer identisch mit seiner Vergangenheit sein. Die Inhalte des äußeren Lebens wie Personen, Orte und Gegenstände mögen sich ändern, die Reaktion und Interpretation, die Annäherung an Konflikte und Probleme sowie die Form der Entscheidungen des Menschen werden aber immer gleich bleiben.

Wirkliche und tatsächliche Veränderung ist daher nur die Veränderung der Persönlichkeit selbst und nicht die ihrer Konstruktionen. Dies geschieht ausschließlich im Sinne und mittels einer Selbst-Erkenntnis, wie sie beispielsweise in der *Conscious Realization* beschrieben ist.

Das, was wir Lernen nennen, ist ein bewusstes Begreifen und damit die bewusste Erkenntnis von Zusammenhängen und Wahrheit. Diese bewusste Erkenntnis vollzieht sich immer in der Gegenwart und kann nur dort geschehen. Sobald sie als Konzept für die Wahrheit ins Unwillkürliche integriert wird, wird sie zu etwas „Altem" und Bekanntem, was daher nicht mehr wahr im wirklichen Sinne des Wortes sein kann. Die Gegenwart zu einem integrierten, bekannten Bestandteil seiner selbst umzugestalten, ist der übliche Mechanismus.

Lernen ist in jedem Augenblick neu!

Das ist die wirkliche und einzig mögliche Veränderung. Man kann sie nicht mitnehmen und zu seinem Bestandteil machen. Sie muss für sich selber Bestandteil des jeweiligen Augenblickes sein.

Was bedeutet diese Erkenntnis nun für das Bewusstsein und für das Gefühl von Veränderung?

Veränderung ohne Gedächtnis

Ihr müsst die Menschen lieben,
wenn ihr sie verändern wollt.
Johann Heinrich Pestalozzi

Zur Wiederholung:

- Wahrhaftes Lernen geschieht im Augenblick der Erkenntnis. In diesem Augenblick geschieht auch zugleich die Veränderung – in Form der Abweichung vom bekannten Mustern oder konditionierten Verhaltensweisen.
- Psychische Veränderung innerhalb von Zeit existiert nicht, denn: Jener, der sich verändern möchte, ist weder getrennt von dem zu verändernden Anteil noch von der psychologischen Zeit.
- Alles ist Bestandteil derselben psychologischen Konstruktion. Einsicht jedoch kann nur in Augenblicken wachen Bewusstseins existieren. Daher muss sie in jedem Moment neu geschehen. Lernen, Einsicht und Veränderung gehören psychologisch zusammen.

Um diese Veränderung zu bewahren, muss man sie kultivieren. Kultivieren bedeutet gemäß der Etymologie des Wortes „Das Pflegen des

Guten", ein Begriff, der ursprünglich aus der Landwirtschaft kommt. Dort wurde das gute Kraut gepflegt und das schlechte herausgerupft. Kultivieren bedeutet also ein ständiges Praktizieren, und zwar nicht im Sinne der automatischen Wiederholung, sondern im Sinne eines bewussten „Pflegens".

Die automatische Wiederholung hingegen könnte man mit dem Wort „Tradition" beschreiben. Bei vielen ständig praktizierten Traditionen wie vielleicht das Verstecken bemalter Eier zu Ostern weiß man häufig gar nicht mehr, welchen Sinn sie haben oder woher sie eigentlich ursprünglich stammen. Uns verwundert der lateinische Ursprung des Wortes nicht, der noch heute in der italienischen Entsprechung „Tradi-mento", „Der Verrat" bedeutet.

Die automatische, unwillkürliche, nicht hinterfragte Konditionierung im Sinne einer sinnlosen Wiederholung von Handlungen oder Prozessen begeht den Verrat am wachen, klaren Bewusstsein, welches im jeweiligen Augenblick durch rechtes Handeln das Gute als solches kultiviert.

Zugegeben ein wenig pathetisch, aber eindrücklich und verständlich. Erinnerungen an sich selber sind also der Verrat am bewussten, gegenwärtigen Leben, das im Augenblick der Erinnerung verhindert wird. Die wahre Veränderung einer Persönlichkeit, in Form von Bewusstwerdung, ist daher dadurch gekennzeichnet, dass sie sich vollständig dem Prozess von Erreichen und Vergleichen entzieht.

Man vergisst gleichermaßen, wie oder wer man vorher war.

Wir haben bereits beschrieben, dass traumatische Ereignisse, aber auch unbedingte Emotionen wie beispielsweise die Liebe eine tiefe persönlichkeitsverändernde oder besser – persönlichkeitsaufhebende Wirkung haben können. Man ergibt sich einer anderen Person und vergisst sich gleichermaßen selber. Daher wird man sich seiner Veränderung auch nicht gewahr. Selbst wenn einem jemand sagt, man habe sich unglaublich verändert, ist man oft nicht in der Lage, dies in sich selber zu erkennen. Das ist das Kennzeichen wahrer und natürlicher Veränderung gegenüber einer erzwungenen oder konditionierten im Sinne des Austauschs verschiedener automatischer Prozesse. Bei der neuen Konditionierung bleibt die alte Verhaltensweise als Referenz- und Vergleichs-Punkt immer im Hintergrund als Schatten oder Erinnerung erhalten.

Veränderung durch Leid

*Die Gedankenfreiheit ist die einzige wahre und
die größte Freiheit, die der Mensch erreichen kann.*
Maxim Gorkij

Menschen leiden seit tausenden von Jahren. Kriege und ideologische Auseinandersetzungen schafften in der Vergangenheit ein unglaubliches Leid. Wann aber hat persönliches Leid, Krieg oder Zerstörung jemals eine positive psychische Veränderung beim Menschen bewirkt?

Wir haben gesehen, dass die psychische Sicherheit über die körperliche gestellt wird und dass die Menschen ihr psychisches „Ich" sogar mit dem körperlichen Leben verteidigen. Warum also sollte körperliches Leid das „Ich" der Menschen verändern? Die Vorstellung, dass Leid Veränderung bewirkt, hält der Wirklichkeit nicht stand.

Warum das so ist, sollte nunmehr kein Mysterium mehr sein, denn wir haben den unwillkürlichen Mechanismus, der das Entstehen von bedingten Gefühlen bewirkt, bereits kennengelernt.

Auch das Gefühl von psychischem, subjektivem Leid ist ein bedingtes Gefühl, das an einen Gedankenprozess gebunden ist. Unter anderem vergleicht dieser Prozess den aktuellen mit einem gewünschten Zustand, also mit einer Vorstellung. Da es sich beim Leid eben um einen unwillkürlichen Mechanismus handelt, dient er entweder einem direkten Zweck oder einem anderen, höheren Ziel wie beispielsweise dem Erhalt der eigenen Identität. Hierbei wird das Leid, sozusagen als Kollateralschaden, in Kauf genommen.

Nicht selten chronifiziert sich das Leid auch auf solche Weise. Hierbei wird wiederkehrendes oder länger vorhandenes Leid unwillkürlich vom „Ich" als Teil desselben annektiert. Diese Integration entsteht durch die Wiederholung gleicher Gedankenprozesse. Wiederholung schafft ein Gefühl von Vertrauen und wird auf diese Weise gleichermaßen Bestandteil des „Ich" und des Gefühls von Sicherheit.

„Dieses Leid ist ein Teil von mir."

Nun ist es aber häufig so, dass einem die Gesellschaft vermittelt, dass Leid etwas Negatives ist, das man loswerden muss. In dem Wunsch also einerseits den gesellschaftlichen Status zu erhalten und der Identifikation mit dem vertrauten Leid andererseits, reift hier also ein innerer Konflikt heran. Dieser könnte die Psyche zu dem bereits von uns beschriebenen Kunstgriff verleiten.[30] Sie lagert das Leid einfach kurzerhand aus und macht es so zum Symptom. Auf diese Weise hat der Betroffene scheinbar alle Vorzüge auf seiner Seite.

„Ich würde ja gerne, aber ich schaffe es nicht!"

Das ist die immer wieder zu beobachtende Attitüde solcher Menschen. Ein Puppenspiel der Psyche.

Auf einer Reise nach Indien, die dem Zweck diente, persönlich Hilfsgüter zu übermitteln, machten wir einige interessante Erfahrungen in Bezug auf die unterschiedlichen Verhaltensweisen hilfsbedürftiger Menschen. Während unserer Ausflüge in die verschiedenen Dörfer erwarteten uns einige Familien mit der Attitüde und der Selbstverständlichkeit von Opfern. Diese nahmen die Waren häufig mit einer gewissen Selbstverständlichkeit und oft auch mit Scham entgegen. Sie waren teils von Bitterkeit und Stolz geprägt in dem Bewusstsein, sich ohne eigenes Verschulden in Not zu befinden. Andere wiederum waren verhältnismäßig frei von solchen Erwartungen und Identifikationen. Sie lebten, in relativer Freiheit ähnlicher Konzepte, ein im direkten Vergleich zufriedeneres Leben. Sie empfingen die übergebenen Waren in freudiger Überraschung und in Wertschätzung derselben. Das äußere Leid war zweifellos bei allen auf die gleiche Weise vorhanden. Die verschiedenen Haltungen und Identifikationen der Betroffenen jedoch schafften über die körperlichen Bedürfnisse hinaus ein völlig unterschiedliches Maß an psychischem Leid. Psychisches Leid ist also eine Folge von Gedankenprozessen oder des „Ich". Die Entthronung des „Ich" ist daher die effektivste Ursachenbehebung und die ultimative Befreiung vom Leid. Alle Techniken, Systeme, Therapien und Methoden, die auf einer Veränderung oder auf ein Verschwinden des Symptoms bauen, müssen im Vergleich dazu als oberflächlich und banal angesehen werden.

Dieser Zusammenhang zwischen „Ich" und Leid ist, einmal bekannt, auffällig und man kann ihn allerorts beobachten. Als besonders intelligent geltende Menschen sowie solche, die als Prominente in der Öffentlichkeit stehen, sind überdurchschnittlich häufig von psychischem Leid oder psychischen Erkrankungen wie zum Beispiel Depressionen betroffen. Tatsächlich liegt der Faktor hier bei etwa 1:3. Eine Tatsache, die seit langem bekannt ist, jedoch scheint es allgemein schwer zu sein, die richtigen Schlüsse daraus zu ziehen. Die hier beschriebenen Personengruppen, sehen sich häufig einer ausgeprägten Diskrepanz zwischen Selbstbild und Fremdbild gegenüber. Stars und Berühmtheiten werden von ihren Fans und ihrem Publikum wie Götter behandelt. Identifiziert man sich, gerade als junger Mensch, mit diesem Fremdbild, so erschafft das zwangsläufig ein großes Konfliktpotential, verbunden mit erheblichen Spannungen. Viele Künstler ver-*suchen* durch Drogen, Alkohol und Medikamente, sich dieser Spannung zu entledigen.

Gleiches gilt für Menschen, die sich mit ihrer besonderen Intelligenz identifizieren. Jede Identifikation schafft Leid. Je größer und perfekter das Selbst-Bild ist, mit dem man sich identifiziert, umso größer die innere Spannung. Sich dessen zu entledigen, ist eine Aufgabe, der viele nicht gewachsen sind, denn das Leid wird häufig versteckt bzw. nicht gezeigt, denn es ist nicht Teil des zu erfüllenden Fremdbildes.

Die Befreiung von psychischem Leid zugunsten der unbedingten Zufriedenheit, ist die wirkliche und wahre Veränderung, die ein Mensch erreichen kann. Darüber hinaus ist es unserer Ansicht nach die einzige Verpflichtung, die er innerhalb seines Lebens und dem Leben als solches gegenüber hat.

Veränderung durch Neuausrichtung?

*Von ‚Verwirklichung' zu sprechen, heißt,
an zwei Selbste zu denken – das eine,
das verwirklicht, und das andere,
das verwirklicht wird.*
Ramana Maharshi

Eine allgemeine und niemals hinterfragte Vorstellung der Menschen von psychischer Veränderung besteht in einer veränderten Bewegung oder Ausrichtung der Psyche. Jegliche Bewegung der Psyche aber ist immer charakterisiert durch das Streben nach dem einen oder dem Vermeiden von etwas anderem. Alles Werden oder Erreichen-Wollen ist psychologische Bewegung im Hinblick auf das Ausrichten seiner selbst zu einem Ziel hin. Jede, auf diese Weise geartete Vorstellung einer Veränderung der psychischen Bewegung beinhaltet daher die Idee von psychologischer Zeit sowie die Identifikation mit einem „Ich", das sich ändern möchte.

Aus diesem Grund muss absolut und unmissverständlich klar sein, dass all das in keiner Weise eine wahre Veränderung darstellen kann. Eine Richtungsänderung der Psyche, bestehe sie aus veränderten Gedanken, Identifikationen, Bewertungen oder Zielen, wird demnach den Menschen als solches niemals wirklich verändern.

Veränderung durch Psychotherapie?

Jede Bewegung verläuft in der Zeit und hat ein Ziel.
Aristoteles

Alle gängigen Arten von Psychotherapie basieren auf dem oben beschriebenen Konzept von Veränderung, welches das Konzept eins „Ich" innerhalb von Zeit beinhaltet. Man versucht in einer Therapie, entweder das „Ich" oder die Gedanken des „Ich" zu modifizieren beziehungsweise die unwillkürlichen Prozesse der jeweiligen Persönlichkeit zu beeinflussen. Die Kombination aus beidem wird heutzutage, in Form der „kognitiven Verhaltenstherapie", häufig als die ultimative therapeutische Intervention betrachtet. Hierbei handelt es sich um eine Kombination der Konditionierung neuer Verhaltens- oder Denkmuster mit dem logischen Verständnis der Ursachen, die zu dem Leiden führten.

Das, was sowohl die Psychoanalyse als auch die Gesprächstherapie tut, ist in ihrer Wirkung die Verstärkung der Illusion von psychologischer Zeit und die erhöhte Identifikation mit dem „Ich". Sie setzten aktuelle psychische Symptome oder Neurosen in Verbindung mit zeitlich zurückliegenden Ereignissen. Auf Grundlage dessen schaffen sie ein Versprechen von einer besseren Zukunft.

Sowohl das eine als auch das andere ist aber in dieser Form eine Illusion.

Die Befreiung des Geistes

Es gibt zweierlei Geburt der Menschen:
eine in der Welt und eine aus der Welt,
das heißt, geistig in die Freiheit.
Meister Eckhart

Der höchste Mensch wendet seinen Geist zurück
zur Ewigkeit und genießt die Geheimnisse
des Jenseits. Er ist wie das Wasser, das fließt,
ohne Formen anzunehmen.
Dschuang Dsi

Veränderte Bewegungen der Psyche können, gleich welcher Richtung sie folgen, niemals eine Veränderung des menschlichen Geistes bewirken. Der Geist ist wie ein Gefäß und die Psyche ein Teil des Inhalts. Das Kleinere hat keinerlei Einfluss auf das Größere. Das Gefäß, welches die Flüssigkeit hält, wird durch diese in keiner Weise beeinflusst. Eine Veränderung des Gefäßes kann aus dem Grund niemals durch die Veränderung der Flüssigkeit erzielt werden. Das aber versuchen die gängigen Formen der Psychotherapie. Sie bemühen sich, die Flüssigkeit zu klären. Sie sagen, das Leid resultiere z.B. aus einer Ansammlung von ungelösten Partikeln innerhalb der Flüssigkeit, und glauben, durch die Auflösung dieser Partikel in der Flüssigkeit oder die Veränderung der Flüssigkeit dauerhafte Linderung oder Freiheit vom Leid zu erreichen.

Der menschliche Geist hat sich gleichsam sein eigenes Gefängnis kreiert. Dieses Gefängnis besteht aus den Mauern psychischer Zeit und den Gittern psychischer Identifikation. Die Steine der Mauer oder das Metall der Gitter zu wechseln, wird auf die Funktion des Gefängnisses keinerlei Einfluss haben.

Die Menschen scheinen aber mit unendlicher Energie danach zu streben, ihr Gefängnis in eines mit Mauern aus Diamanten und Gittern aus Gold zu verwandeln.

Wird ihnen das aber jemals das Gefühl wahrer Freiheit vermitteln können?

Jede Bewegung der Psyche kann im günstigsten Falle eine Veränderung des Gefängnisses, jedoch niemals wahre oder tatsächliche Veränderung bewirken.

Ausschließlich die Einsicht in das Selbst, die Erkenntnis dieses gesamten Prozesses von einem dahinterliegenden Standpunkt aus, bewirkt eben durch wirkliche Einsicht eine wahrhafte Veränderung. Sie ist gemäß ihrer Natur unmittelbar und direkt. Sie muss es sein, denn sie existiert jenseits von psychischer Zeit. Dieser jenseitige Standpunkt ist der menschliche Geist. Er bildet das Gefäß der Persönlichkeit und wird zugleich durch diese begrenzt. Nur die Realisation dieses Geistes, mit der hiermit einhergehenden Wahrnehmung und Einsicht in den Inhalt, bewirkt dessen Befreiung und damit die einzig wahre und wirkliche Veränderung.

Kapitel 11
Leben und Tod

Nicht den Tod sollte man fürchten, sondern dass man nie beginnen wird, zu leben.
Marcus Aurelius

Durch bloßes logisches Denken vermögen wir keinerlei Wissen über die Erfahrungswelt zu erlangen; alles Wissen über die Wirklichkeit geht von der Erfahrung aus und mündet in ihr.
Albert Einstein

Wir nähern uns nun, auf der Reise durch die Welt der eigenen inneren Psyche dem Finale, in dem wir uns mit dem Leben und dem Tod als solche beschäftigen.

Beide stehen sich, zumindest in der üblichen Vorstellung der Menschen, entgegengesetzt gegenüber. Leben und Tod charakterisieren für die Menschen geradezu die Dualität der Welt. Wir haben erfahren, dass diese Dualität auf psychologischer Ebene eine Konstruktion und eine Täuschung ist, und Ihnen das in diesem Buch nachvollziehbar aufgezeigt.

Ziel muss es sein, die selbstgeschaffene Fragmentierung des Menschen aufzuheben und ihn wieder zu einer Einheit zusammenzufügen.

Wie das geschehen kann, ist die Frage, der wir uns im Anschluss zuwenden.

Schauen wir uns zu diesem Zweck zunächst die Dichotomie des menschlichen Lebens und Sterbens an.

Das Leben

Leben ist das, was passiert, während du beschäftigt bist, andere Pläne zu machen.
John Lennon

Das, was man sein Leben nennt und was es äußerlich charakterisiert, ist meist zu einem großen Teil vorherbestimmt. Die Regeln der sogenannten zivilisierten Welt lassen sich nicht verleugnen und im Allgemeinen nicht vermeiden. Die Menschen werden geboren und gehen in den Kindergarten oder in die Schule. Die Art der Schule wird durch die Umgebung, in welcher sie geboren wurden, oder durch ihre Familie bestimmt. Nach dem Erreichen eines angemessenen Schulgrades geht es darum, sich einem Studium zuzuwenden oder einen Beruf zu erlernen. Es folgt also, eine Studien- oder Lehrzeit, welche ebenfalls geprägt ist von Lernen und Erreichen, Absolvieren, Vorbereiten und Bestehen.

Nach dem erfolgten Abschluss geht es um die Eingliederung in die Berufswelt mit ihrem Alltag. Man versucht, sich innerhalb hierarchischer Strukturen hinaufzuarbeiten oder sich in der sogenannten freien Wirtschaft zu bewähren. Nebenbei gründet man in der Regel eine Familie und ist bemüht, den eigenen Kindern die bestmöglichen Voraussetzungen für dieses äußerliche Leben mitzugeben. Auf solche Weise schließt und wiederholt sich der Kreislauf, wieder und wieder.

Über diese äußerlichen Leitlinien des Lebens hinaus erschafft man seine eigenen Vorstellungen in Bezug auf das persönliche, individuelle Leben. Diese Vorstellungen sind natürlich, wie alle anderen auch, konstruiert. Darum sind sie aber nicht weniger real für die Menschen, die sich nur allzu häufig in ihnen verstricken. Daher gilt es zunächst, die Vorstellungen der Wirklichkeit von der tatsächlichen Wahrheit des Lebens zu trennen.

Die Idee und die psychisch als Realität akzeptierte Vorstellung des Lebens bezeichnen wir mit dem Begriff „psychologisches Leben".

Das psychologische Leben

Wer wagt sein Leben für das Leben?
Anke Maggauer-Kirsche, deutsche Lyrikerin

Freiheit leben heißt erst leben.
Karl Wilhelm Ramler, deutscher Lyriker

Das von uns so bezeichnete psychologische Leben bildet für viele das tatsächliche und einzig reale Leben. Die Menschen füllen ihr Bewusstsein damit, in derselben Weise, wie wir es ihm Rahmen der psychologischen Zeit in Kapitel 9 beschrieben haben. Tatsächlich ist das psychologische Leben ein Teil der psychologischen Zeit. Es besteht aus eben jenem Teil, der sich mit dem Planen und Erreichen von Stationen des äußeren Lebens beschäftigt: dem äußeren Lebenslauf mit all den Ansammlungen von richtig und falsch, von „man muss" und „man sollte" sowie von „man darf nicht" und „man sollte niemals".

Alles das besteht aus den äußeren, gesellschaftlich auferlegten Pflichten und Vorgaben sowie der jeweiligen Persönlichkeit, die versucht, sich damit zu arrangieren. Dieses Arrangement geht häufig auf die nachfolgend beschriebene Weise vonstatten.

Wie auch innerhalb der eigenen Identität identifiziert sich hier die Persönlichkeit mit einigen Bestandteilen des äußeren Lebens, mit anderen jedoch nicht. Solche werden daher oft als unangenehm oder sogar als belastend empfunden. Über den Konflikt zwischen den Bestandteilen des äußeren Lebens, mit denen man sich nicht identifizieren kann, und der gesellschaftlichen Notwendigkeit legt sich auch hier häufig ein psychologischer Überbau. Auch diese persönlichen Konstruktionen haben wir bereits –im Rahmen der Sonderlogik– beschrieben. Im Zusammenhang mit dem äußeren Leben sind es Glaubenssätze und Sprichworte wie die nachfolgenden, die aus solchen Rationalisierungen entstehen:

„Ohne Fleiß kein Preis."
„Lehrjahre sind keine Herrenjahre!"
„Wer A sagt, muss auch B sagen".
„Es gefällt einem nicht, aber man muss es dennoch tun!"

Das ist die dahinter liegende Rationalisierung.

Viele Menschen verbringen einen erheblichen Teil dessen, was sie ihr Leben nennen, mit der Beschäftigung, sich in diesem Leben zurechtzufinden oder sich mit ihm zu arrangieren. Was die Übermächtigkeit des psychologischen Lebens noch weiter verstärkt, ist der allgemein herrschende gesellschaftliche Konsens darüber. Man wird aufgrund seines Lebenslaufes beurteilt und daran gemessen. Es ist im Leben wichtig, Ziele zu haben und der persönliche Wert resultiert aus der Fähigkeit, diese zu erreichen. Man verstärkt den eigenen psychologischen Überbau, indem man in gegenüber anderen vertritt und ihn von ihnen bestätigt bekommt. Dies ist es, was wir bereits in Kapitel 4 als „das Rollenspiel" beschrieben haben. Je mehr die Menschen von diesem, ihrem persönlichen Leben eingenommen sind und je mehr sie sich damit beschäftigen, umso weniger Raum und Bewusstsein hat das, was wir das wahrhafte Leben nennen.

Wahrhaftes Leben

Und glaub nur nicht, dass alle Menschen leben, die sind zwar lebendig, aber sie leben nicht.
Bettina Arnim

Dem beschriebenen persönlichen Leben steht das wahrhafte gleichermaßen als Kontergewicht gegenüber. Es erhält jedoch in dieser Welt immer weniger Bedeutung und gerät gleichsam mehr und mehr in Vergessenheit.

Was also ist das wahrhafte oder tatsächliche Leben? Da es wahrhaft ist, kann es sich nicht innerhalb von Konstruktionen, Automatismen und Konditionierungen ereignen. Aus dem Grund muss es frei sein von psychologischer Zeit und damit jenseits von Vergangenheit und Zukunft.

Daher kann es nichts sein, was ein „Ich" sich zu eigen machen kann. Wenn man also darüber nachdenkt, so verpasst man es gerade!

Das wahrhafte und reine Leben besteht aus den Wahrnehmungen des Bewusstseins, jenseits von psychologischer Zeit, bedingten Gefühlen, persönlichen Bewertungen und Interpretationen. Tatsächliches, pures Leben existiert nur im gegenwärtigen Augenblick, in einem freien und reinen Bewusstsein.

Die Freiheit des Bewusstseins bedeutet in dem Zusammenhang die Freiheit im Sinne der persönlichen Freiheit. Diese kann sich nur und ausschließlich in der vollständigen Abwesenheit aller Bestandteile der Persönlichkeit wie Bewertungen und Interpretationen manifestieren.

Das psychische oder das persönliche Leben wird gelebt, das wahre Leben jedoch ist reinstes *Er-leben*! Das wahrhaftige Leben ist Er-leben, ist bewusst-es Sein. Es ist Freiheit von psychologischer Zeit, psychologischem Selbst („Ich") und psychischem Leben. Es ist der ständige Fluss des Erlebens. Jeden Moment neu und niemals bekannt.

Die Kunst des Lebens

Man sieht die Blumen welken und die Blätter fallen,
aber man sieht auch Früchte reifen und neue Knospen keimen.
Das Leben gehört dem Lebendigen an, und wer lebt,
muss auf Wechsel gefasst sein.
Johann Wolfgang von Goethe

Die Welt und die Gesellschaft sind beschaffen, wie sie sind. Sich eine andere zu wünschen oder ein Ideal derselben zu erschaffen und nach diesem zu streben, bedeutet neuerlich den Konstruktionen eines Puppenspiels zu erliegen. In sich selber Einheit und Frieden zu realisieren, ist die einzig effektive Möglichkeit, die Menschheit als solche, von der man ein Teil ist, näher zu ihrer Einheit zu bringen und sie damit zu verändern.

Wir wissen nicht, ob Jesus von Nazareth tatsächlich diese Bedeutung im Sinn hatte, als er seinen Anhängern sinngemäß Folgendes sagte: „Seid in dieser Welt, aber nicht von dieser Welt", aber es beschreibt exakt das, was wir als einen entscheidenden Teil der „Kunst des Lebens" bezeichnen würden.

Sich dem Leben zu entziehen und in die Isolation zu flüchten, bedeutet zugleich, sich einem unermesslich wertvollen und wichtigen Teil des Lebens vorzuenthalten. Dieser liegt in der wahren und tatsächlichen Begegnung mit anderen Menschen. Ein Element der Kunst des Lebens besteht also darin, die beiden Bereiche des Lebens miteinander in Einklang zu bringen und ihnen jeweils den rechten Raum beizumessen. Der andere, vielleicht noch größere Bestandteil dieser Kunst liegt in der rechten Annäherung und dem daraus resultierenden Umgang mit dem, was man als Tod bezeichnet.

Die Angst vor dem Tod

Mit dem Tod habe ich nichts zu schaffen.
Bin ich, ist er nicht. Ist er, bin ich nicht.
Epikur von Samos

Die Angst vor dem Sterben ist es, die das Bild der Menschen von dem, was sie Tod nennen, prägt. Da sie keinerlei Wissen über den psychischen Tod und keine Erinnerung oder Erfahrung mit dem Tod haben, machen sie sich von ihm, wie von allem, was sie nicht kennen, eine Vorstellung. Diese Vorstellung ist aber niemals die Sache oder der Zustand selbst, sondern immer nur eine Konstruktion und eine Idee von dem, der sie nicht kennt.[31] Die Konstruktion des Todes resultiert in diesem Fall aus der Negation all dessen, mit dem die Menschen sich identifizieren oder dem sie eine Bedeutung beimessen. Die Vernichtung also von allem, von dem sie glauben, dass es sie ausmacht oder dass es ihre Essenz darstellt.

Die hier angelangten Leser wissen nun mehr oder weniger exakt, worum es sich bei dieser Instanz handelt, die sich als die Essenz des menschlichen Daseins betrachtet und welche von sich glauben macht, die Zeit und das Leben offenbar schadlos überdauern zu können, um damit vermeintlich dem eigenen Bild vom Tod ein Schnippchen schlagen zu können.

Diese als „Ich" bezeichnete psychologische Instanz, sichert sich also selber ab, indem sie eine Vorstellung in Form eines Negativs von sich selbst entwickelt. Die Erschaffung dieser Idee erzeugt zugleich die subjektive und bedingte Emotion der Angst. Das „Ich" repräsentiert alles, was die Menschen zu haben glauben. Stellt man sich nun vor, das alles würde unwiederbringlich verschwinden, so geht das fast unweigerlich mit einem ausgeprägten Gefühl von Angst einher. Diese Angst ist eine unwillkürliche Reaktion, die einzig dem Zweck dient, Handlungen anzustrengen, die das eigene „Ich" zu erhalten oder weiter abzusichern versuchen.

Auch bei dieser Konstruktion erkennen wir das berüchtigte, psychologische Puppenspiel: Das „Ich" als Konstruktion aus Gedanken und Emotionen, mit dem die Menschen identifiziert sind, erschafft durch die unvermeidliche Koexistenz seines Gegenpols des „Nicht-Ich" zugleich eine Vorstellung vom Tod. Die hieraus als Symptom entstehende Angst dient, wie jeder andere psychologische Überbau auch, dazu die innere Spannung dieser beiden gegensätzlichen Pole zu verringern oder sie weniger wahrzunehmen. Darüber hinaus schafft sie die notwendige Energie für Handlungen oder psychologische Bewegungen, die das „Ich" stärken und erhalten beziehungsweise ihren Gegenpol, das „Nicht-Ich", bekämpfen sollen.

„Das „Ich" ist alles, was ich habe. Tod bedeutet die Auflösung des „Ich". Diese Vorstellung schafft Angst , welche mir die Energie

verleiht, etwas zu tun um mein „Ich" zu stärken, es abzusichern oder es vielleicht sogar über den Tod hinaus zu retten."

Einige von Ihnen mögen nun vielleicht in Bezug auf die Angst einwenden, dass es sich hierbei um eine, das körperliche Überleben sichernde und daher notwendige Emotion handelt. Daher möchten wir, um Missverständnisse zu vermeiden, an dieser Stelle erläutern, dass die Angst vor dem Tod in psychologischer Hinsicht, als die Vorstellung des Verschwindens seiner Selbst in Form des „Ich" oder Teilen davon vollständig unterschiedlich ist, von der „Todes-Furcht" eines Menschen im Angesicht lebensbedrohlicher Situationen, die den Körper und damit die physiologische Existenz direkt betreffen.

Dass dies mehr als ein Wortspiel ist, belegt bereits die Herkunft des Begriffes „Angst" von dem lateinischen Wort „Angusta", was so viel wie „Enge" bedeutet. Angst ist eine bedingte Emotion und als solche abhängig von Gedankenprozessen. Jeder, der sich beispielsweise den Verlust eines geliebten Menschen vorstellt, kann vermutlich diese „Enge" körperlich spüren. Vielleicht in Form eines Bandes, was sich um Brust oder Magen zu legen scheint. Vielleicht sogar in der Ausprägung vollständiger Unfähigkeit, sich überhaupt zu bewegen – eben „steif sein vor Angst". Da aber die Angst das Resultat eines Gedankenprozesses ist spielt sich eben auch der Lösungsversuch auf der gleichen Ebene ab. Bilder dessen was vielleicht geschehen mag erscheinen im Kopf und erschaffen die Angst. In Reaktion darauf versucht man auf gedanklicher Ebene unmittelbar eine Lösung zu finden. Eine zu starke, zu präsente Angst macht dies unmöglich und der immense gedankliche Energieaufwand lässt kaum Raum für anderes. Aus diesem Grund mag der Betroffene hier von außen wie paralysiert oder eingefroren erscheinen.

Das Wort „Furcht" auf der anderen Seite entstammt in der englischen Entsprechung „Fear" (alt-englisch „fær"), der Bedeutung von „Katastrophe" oder „unmittelbare Gefahr". Furcht ist eine Emotion, die nicht auf gedanklichen Prozessen basiert. Die körperliche Reaktion der unmittelbaren Furcht äußert sich daher in vollkommen anderer Weise. Wer sich schon einmal unvermittelt einer körperlich lebensbedrohlichen Situation gegenüber gefunden hat, sollte diese Tatsache bestätigen können. Das Problem, das eine Reaktion erfordert, ist in diesem Falle außen und nicht innerhalb der eigenen Gedanken, daher ist das Bewusstsein hier absolut wach und klar auf das Geschehen gerichtet. In lebensbedrohlichen Augenblicken der Krise bleibt dem Bewusstsein gar keine Kapazität für das bedingte Gefühl von Angst.

Ein weiteres anschauliches Beispiel für den Unterschied zwischen einer tatsächlich lebensbedrohlichen Situation und der bloßen Vorstellung derselben sind die erschütternden Erlebnisse der Opfer einer Reihe von schweren Erdbeben, von denen sich das erste am 25. April 2015 in Nepal ereignete. Abgesehen von unmittelbaren körperlichen Reaktionen der Furcht, die mit einem rasendem Herzschlag, dem Anstieg von Adrenalin im Blut, höchster Wachsamkeit sowie der messerscharfen Präsenz aller Sinne einhergeht, empfanden die Opfer mehrheitlich nicht jene Emotion von Angst im Sinne der von uns beschriebenen bedingten Emotion. Die Vorhersage von nachfolgenden Beben hingegen verursachte laut den Berichten vieler Betroffener eine an Lähmung grenzende Angst, welche die Menschen der Region gleichsam terrorisierte. Man muss also auch hier zwischen der Vorstellung von lebensbedrohlichen Situationen und der tatsächlichen Gegebenheit unterscheiden.

Ein anderes Beispiel zur weiteren Illustration des Unterschiedes zwischen Angst und Schreck oder Furcht ist das folgende Experiment, das wir unseren Lesern hier zur persönlichen Überprüfung anbieten:

Stellen Sie sich bitte vor, jemand würde Sie plausibel und glaubhaft davon überzeugen, dass Sie in der folgenden Nacht von einem Einbrecher heimgesucht werden. Vermutlich würden sie von dem Gefühl der Angst terrorisiert werden, würden sich unaufhörlich Gedanken machen und Strategien zu ihrem Schutz zu entwickeln versuchen. Sie würden vermutlich nicht in den Schlaf finden und wären beim Vernehmen des kleinsten Geräusches zunächst wie elektrisiert. Jetzt stellen Sie sich bitte, im Gegensatz dazu, vor, man hätte Ihnen vorher rein gar nichts gesagt. Sie würden friedlich wie ein unschuldiges Kleinkind schlummern, bis Sie auf einmal von einem Geräusch aufgeschreckt werden und sich unvermittelt einem Einbrecher gegenübersehen. In einem solchen Moment bleibt keine Zeit für Vorstellungen, die Angst erzeugen.

Sie werden, voll von Adrenalin, unmittelbar hellwach sich der Situation stellen und tun, was diese in ihren Augen erfordert.

Einige Leser mögen vielleicht auch schon Berichte darüber gehört oder gelesen haben, wie Mütter beispielsweise bei der Rettung ihrer Kinder unglaubliche scheinbar übermenschliche Kräfte mobilisiert haben. So etwas geschieht nicht aus dem bedingten Gefühl von Angst heraus. Vielleicht mag man das, was in solchen Momenten geschieht, in der Rückschau als Angst bezeichnen oder auch so interpretieren. Vielleicht geschieht das auch einfach in Ermangelung adäquater Begriffe, denn tatsächlich ist dies nicht die Angst, die wir sie als bedingtes Gefühl beschrieben haben.

Leben nach dem Tod

Menschen, die nach keinen Dingen trachten,
weder nach Ehren noch nach Nutzen
noch nach innerer Selbstaufopferung
noch nach Heiligkeit noch nach Belohnung
noch nach dem Himmelreich..:
solche Menschen sind wahrhaft frei.
Meister Eckhart

Und so lang du das nicht hast, dieses:
Stirb und Werde!, bist du nur ein trüber Gast
Auf der dunklen Erde.
J. W. von Goethe

Das „Ich" bildet die menschliche, psychologische Essenz, welche scheinbar die Zeit überdauert und sich, immer auf dieselbe Weise jung anfühlt, gleich wie sehr der Körper auch altern mag. Aus dieser subjektiven Empfindung innerhalb seiner selbst muss, nahezu zwangsläufig die Idee und der Wunsch nach einer Unsterblichkeit über den Zeitpunkt des körperlichen Ablebens hinaus entstehen. Das „Ich" mit seinen Ansammlungen ist den Menschen zum größten Anker der eigenen Sicherheit geworden. In dieser Form bemüht es sich seinerseits unaufhörlich im Rahmen seines Eigenlebens um die eigene weitere Absicherung. Dies in dem Streben zeitlichen Überdauerns. Das „Ich" hat auf seiner Reise durch die Zeit, der eigenen körperlichen Existenz, soviel erlebt und angesammelt, soviel Erfahrung und Wissen akkumuliert, dass die Vorstellung, all das habe keinen höheren Sinn, kein Ziel, keine dem irdischen Leben nachfolgende Existenz, nahezu absurd und unverständlich erscheint.

Wie bereits beschrieben, erfordert dieser psychologische Konflikt samt der Spannung, die er verursacht, einen psychologischen Überbau mit der Funktion eines Ventils. Diese Aufgabe erfüllt die hierdurch bedingte Emotion der Angst vor dem Tode, die ihrerseits den Drang verstärkt, das bedrohte „Ich" weiter abzusichern.

Darüber hinaus haben die Menschen im Laufe der Jahrhunderte die verschiedensten Konzepte zu dem Zweck entwickelt, die Überbrückung und Milderung dieses Instanzen-Konfliktes zu unterstützen oder voranzutreiben. Beispielsweise versuchen einige, einen Teil der persönlichen Existenz in dieser Welt überdauern zu lassen, indem sie Nachkommen zeugen, die den eigenen Namen oder die eigenen Gene weitertragen. Ihre Nachkommen versuchen sie darüber hinaus mit den Bestandteilen des eigenen „Ich" in Form von Meinungen, Wissen und Ideen zu füttern. Damit schließt sich der Kreis der Konditionierungen und der Entwicklung einer Persönlichkeit, den wir in Kapitel 4 beschrieben haben. Andere versuchen, sich mit ihren Taten in dieser Welt einen ihre körperliche Lebenszeit überdauernden Namen zu schaffen. Wieder andere bemühen sich, ein sie selber überdauerndes Werk zu erschaffen, welches ihrem Namen mit diesem Werk überdauern lässt. Das ist ein verzweifelter Versuch solcher Menschen, ihr „Ich" oder einen Teil davon mit der Idee der Unsterblichkeit zu verbinden. Der italienische Poet Antonio Porchia schrieb: „Man lebt in der Hoffnung, eine Erinnerung zu werden."

In nahezu jeder Religion existiert ein Konzept, das die Existenz des „Ich" in Form einer Seele über den Zeitpunkt des körperlichen Todes hinaus verspricht. Die Menschen nehmen diese Idee in dem Wunsch nach Sinn und Sicherheit nur allzu gerne an. Darüber hinaus bieten solche Konzepte, durch die allgemeine Akzeptanz der jeweiligen Gesellschaft, die ultimative Bestätigung dieser rationalen Konflikt-Überbrückung. Eine weitere Verstärkung wird durch das gesellschaftliche psychologische Rollenspiel bewirkt. Dankbar nehmen einige etwa die Vorstellung auf, ihr „Ich" würde in einem zukünftigen Leben, in einem anderen Körper gemäß der Idee von Reinkarnation oder Wiedergeburt, fortbestehen. Andere versuchen tatsächlich mit Hypnose, sich an eines ihrer mutmaßlich früheren Leben zu erinnern.

Bei allem, was wir hier über die Erinnerungen und das „Ich" im Allgemeinen erfahren haben, wirkt diese Intention nun geradezu kindlich naiv. Menschen, die solche Konstruktionen verbreiten, entwickeln, oder ihnen anhängen, verdeutlichen auf solche Weise umso mehr ihr unbewusstes Anhaften und ihre Identifikation mit dem „Ich" sowie die Angst davor, es zu verlieren – ein simpler Ausdruck fehlender psychologischer Einheit und Reife.

Allein die Idee, dieses kleine, limitierte und konstruierte „Ich" retten oder überleben lassen zu wollen, es gar in ein weiteres Leben zu überführen, erscheint ebenso unreif wie ein Kind, das im Sandkasten seiner Spielgefährtin die ewige Treue schwört.

Auch hier möchten wir nicht missverstanden werden. Wir wollen mit unseren Ausführungen nicht grundsätzlich das Vorhandensein von etwas Größerem – etwas jenseits unseres aktuell manifesten körperlichen Lebens Existierenden – verneinen. Wir sind vielmehr von der Existenz dessen, was wir das „Immense" nennen, sowie der Möglichkeit, dem sogar im Verlauf des körperlichen Lebens teilhaftig werden zu können, überzeugt. Allerdings wäre jede Beschreibung in dieser Hinsicht, innerhalb unseres Rahmens kontraproduktiv. Es ist schlechterdings unmöglich, das Immense zu beschreiben, denn es kann nur erfahren werden. Jeder Versuch einer Beschreibung dessen, würde bei den Lesern entweder eine generelle Skepsis in dieser Hinsicht hervorrufen oder dazu führen, dass die Leser versuchen, sich eine Vorstellung davon zu machen. Das wäre jedoch einmal mehr ein zusätzliches, hinderliches Gedanken-Konstrukt auf dem Weg zu eben genau dieser Erfahrung.

Wer die wahre Natur seiner Selbst beziehungsweise des Lebens einmal erfahren oder wahrgenommen hat, ist unweigerlich einer Sache teilhaftig geworden, die um so viel größer, allumfassender und gewaltiger ist als die unbedeutende Konstruktion des „Ich". Er würde solche oder ähnlich ausgerichtete, konstruierte Gedanken und Konzepte in keiner Weise weiter verfolgen oder ihnen auch nur einen Wert beimessen. Vielmehr hätte ein solcher Mensch die Konstruktion seiner gedanklichen Welt des „Ich" mitsamt all ihren psychologischen Bewegungen des Strebens, durch das Realisieren eines Raumes jenseits davon durchschaut.

Jemand, den man solcherart als „angelangt" bezeichnen könnte, hätte demnach keinerlei Angst mehr vor dem körperlichen Tod. Das bedeutet jedoch nicht, dass er den körperlichen Tod suchen würde. Er würde den Tod vielmehr gleichmütig auf dieselbe Weise annehmen, wie er auch jeden einzelnen anderen Augenblick des Lebens, der allen anderen gleich eine Veränderung darstellt, annimmt. Kein wirklich gelebter Augenblick unterscheidet sich von dem anderen innerhalb der endlosen Gegenwart des Seins.

Das Leben ist nur ein Moment. Der Tod ist auch nur einer!
Friedrich Schiller

Die Angst vor dem Tode jedoch verhindert gleichsam das wahre Leben. Diese Wahrheit in ihrer Gesamtheit zu erfassen, sollte unser nächster gemeinsamer Schritt sein.

Der Tod

Wie wenn das Leben wär nichts andres als das Verbrennen eines Lichts!
Verloren geht kein einzig' Teilchen, jedoch wir selber geh'n ins Nichts!
Denn was wir Leib und Seele nennen, so fest in eins gestaltet kaum,
es löst sich auf in tausend Teilchen und wimmelt durch den öden Raum.
Es waltet stets dasselbe Leben, Natur geht ihren ew'gen Lauf.
In tausend neuerschaff'nen Wesen steh'n diese tausend Teilchen auf.
Das Wesen aber ist verloren, das nur durch ihren Bund bestand,
wenn nicht der Zufall die Verstäubten aufs neu zu einem Sein verband.
Theodor Fontane

Natur du kannst mich nicht vernichten,
weil es dich selbst vernichten heißt.
Christian Friedrich Hebbel

Die Gedanken konstruieren eine Vorstellung vom Tod, die der Negation und der Auslöschung des „Ich" entspricht. Diese Vorstellung schafft die Angst vor dem Tode, die den Drang nach Absicherung und Erhalt seiner selbst verstärkt. Die daraus resultierenden Bemühungen stärken das „Ich".

Das „Ich" ist in seiner Essenz nichts weiter als die Ansammlung von gespeicherten Inhalten wie Erfahrungen, Erinnerungen, Wissen und wiederkehrende Gedankenprozesse. Die Akkumulation von gespeicherten Inhalten vermittelt ein Gefühl zeitlichen Überdauerns und damit ein Gefühl von Sicherheit und Vertrautheit. Diese Sicherheit, in Form des Anhaftens an Vergangenem, steht vollständig im Gegensatz zu dem, was wir als das wahrhafte Leben erfahren und beschrieben haben. Denn das wiederum besteht aus der vollbewussten Wahrnehmung des jeweiligen Augenblicks.

Ein umfängliches reines Bewusstsein, erfordert jedoch in diesem Zusammenhang die absolute Freiheit von dem Anhaften an Vergangenem. Die einzig wahre und mögliche Form von Freiheit, die ein Mensch erreichen kann, ist diese. Sie kann nur, durch die Disziplin erfahren werden, jeden erlebten Augenblick vollständig zugunsten des neuen, nachfolgenden zurückzulassen. Denn nur ein von Erinnerungen,

Vergleichen und Identifikationen befreites Bewusstsein ist eines, was zu wahrhaftem Leben befähigt ist.

Diese Fähigkeit macht einen weiteren wichtigen Teil dessen aus, was wir als die Kunst des Lebens bezeichnen.

Auf solche Weise erwachte, wache und lebendige Menschen kultivieren also die Fertigkeit, die Vergangenheit in jedem Augenblick zugunsten der Gegenwart und damit zugunsten des Lebens loszulassen. Das, was man innerhalb dieser Kunst des Lebens tatsächlich in gleichem Maße zurücklässt und was dabei wahrhaft stirbt und sterben muss, ist das „Ich".

Stirbt also das „Ich", so lebt der Mensch!

Anders ausgedrückt, muss das „Ich" sterben, damit der Mensch wahrhaft leben kann! Wahrhaftes Leben ist ständige Bewegung, ist ein ständiger Fluss von immer neuen unvergleichlichen Gegenwarts-Momenten. Das Flussbett in dieser Metapher bildet das reine, gegenwärtige Bewusstsein. Leben bedeutet ständiges Gegenwärtig-sein.

Wer aber an Vergangenem festhält, kann nicht zugleich leben. Damit bedeuten die Identifikation und das Anhaften an Zurückliegendem den wahrhaften und tatsächlichen Tod, welcher dem ständigen Fluss reinen Lebens entgegensteht. Der Mensch glaubt, er sei das Wasser, in Wahrheit jedoch ist er nur das Gefäß. Glaubt er dennoch, am Wasser festhalten zu müssen, so verfehlt er unweigerlich seine Essenz. Wer die tiefe Wahrheit dieser Tatsache erkannt hat, dem wird eines unvermeidlich klar: Der Tod und das Leben, können nicht voneinander getrennt werden. Sie gehören zusammen – in jedem einzelnen Augenblick.

Das eine kann ohne das andere nicht sein. Ohne Tod kann es kein Leben geben und das Anhaften am bereits Gelebten bedeutet zugleich den Tod.

Erkennt man seine wahre Natur als das des Gefäßes oder des Flussbettes, so bekommt das Wasser eine völlig neue und andere Bedeutung.

Die Kunst des Lebens ist es, den Tod als unvermeidlichen Bestandteil des Lebens in dieses zu integrieren. Das Leben vieler ist geprägt von der Angst, den Ast loszulassen, an dem sie hängen. Sie sind erst bereit loszulassen, wenn sie bereits den nächsten Ast in der Hand haben. Auf die gleiche Weise verhält es sich mit der Angst vor dem Tod. Sie wollen erst wissen, worum es sich bei dem Tod handelt, bevor sie bereit sind, das Leben zu dessen Gunsten loszulassen. Sie ahnen dabei gar nicht, dass eben diese Haltung sie davon abhält, jemals wahrhaft zu leben.

Leben ist, sich von Ast zu Ast zu schwingen. In jedem Moment sterben, um neu geboren werden zu können.

Es ist unmöglich, zweimal in denselben
Fluss zu springen. Auch wenn wir in dieselben
Flüsse steigen, fließt immer anderes Wasser herbei.
Heraklit

Freiheit

Das Sterben ist der Augenblick jener Befreiung
von der Einseitigkeit der Individualität, welche
nicht den innersten Kern unseres Wesens ausmacht,
vielmehr als eine Art Verirrung desselben zu denken ist:
Die wahre, ursprüngliche Freiheit tritt wieder ein
in diesem Augenblick.
Arthur Schopenhauer

„Freiheit" ist ein Begriff der, wie viele andere, die wir bislang in diesem Rahmen betrachtet haben, die Menschen seit jeher beschäftigt. Es gibt unzählige Bücher, Aufsätze und Theorien zum Thema Freiheit, wobei sich die meisten mehr oder weniger vorrangig auf die rein körperliche Freiheit beziehen. Dabei geht es zum einen um die Freiheit als Gegenpol des Eingesperrt-Seins, aber auch um die Freiheit, sich dorthin bewegen zu können, wohin man möchte. Die Freiheit, denken oder glauben zu können, was einem beliebt, und diese, seine Meinung öffentlich zu bekunden, sind wiederum andere häufig proklamierte Arten von Freiheit.

Staaten und Nationen, heben diese und ähnliche Formen von Freiheit oder die Freiheit ihres jeweiligen Landes als Errungenschaft hervor, die es unter allen Umständen zu bewahren, und notfalls mit Waffengewalt zu verteidigen gilt. Anderen, dieserart unfreien Staaten wird diese spezielle Freiheit gebracht, indem man sie mit Gewalt von ihren Tyrannen, ihrer Knechtschaft oder deren aktuellen Regierungen befreit.

Jene Form von Freiheit aber, welche uns hier ausschließlich interessiert, spielt innerhalb der oben erwähnten Konzepte von Freiheit keinerlei Rolle. Wir betrachten die Freiheit des Geistes, die mit der unbedingten Befreiung von Konflikten und seelischem Leid einhergeht, vielmehr als die notwendige Grundlage für jede andere Form von Freiheit. Dies ist für uns die einzige Form von Freiheit – jene, die völlig frei ist von äußerlichen Umständen und Gegebenheiten.

Die „Freiheit zum Sein", ist eine Erfahrung, die der österreichische, aus jüdischer Familie stammende Psychiater und Neurologe Victor Frankl machte und mit diesem Begriff belegte. Obwohl nahezu seine gesamte Familie in den Konzentrationslagern des Dritten Reiches den Nazis zum Opfer fiel, gründete er die von ihm benannte „Logotherapie" auf seinen persönlich im Holocaust gemachten Erfahrungen. Immer wieder sprach er von seinen Erlebnissen und der Möglichkeit, auch in den unwirtlichsten Umständen und Umgebungen in der Lage sein zu können, Glück und Zufriedenheit zu erfahren. Dies wurde ihm unter anderem durch die Erkenntnis möglich, dass einem eben diese Erfahrung nicht von außen gegeben wird, sondern man sie in sich ergründen oder begründen muss.

Glückseligkeit und tiefe Zufriedenheit sind nur und können überhaupt nur sein, wenn Konflikte und Identifikationen nicht sind. Auf dem Spielfeld des Bewusstseins kann nicht beides zugleich existieren. Ein klares und reines Bewusstsein ist daher, die einzig mögliche Form von tatsächlicher psychischer Freiheit. Nur mit dem Erreichen dieser Freiheit ist die Wahrnehmung des Immensen, welche mit der absoluten Selbsterkenntnis einhergeht, überhaupt möglich. Diese Selbsterkenntnis ist es, welche den Menschen von der Last seiner Persönlichkeit und seinem „Ich" befreit.

Wirkliche Freiheit kann nur aus der Freiheit von Konflikten und der Dualität innerhalb der eigenen Psyche bestehen. Daher kann

Freiheit niemals von außen gegeben oder im Außen gefunden werden. Persönliche Freiheit ist absolut und vollständig unbedingt, da sie die Freiheit eben von der Persönlichkeit mit all ihren Identifikationen und Konstruktionen ist. Sie erscheint im Moment des freien Bewusstseins und ist notwendige Bedingung für die Wahrnehmung dessen, was jenseits davon liegt.

Das Immense

Die Wachenden haben eine einzige und gemeinsame Welt.
Heraklit

Der Geist, der sich alleine liebt, ist ein
schwimmendes Atom im unermesslichen leeren Raume.
Friedrich von Schiller

Nur durch die Realisierung des Bereiches jenseits vom „Ich" und der eigenen Identität kann es gelingen, die Fragmente dieser Identität zu einer – und damit – zu *der* Einheit zusammenzufügen. Diese Wahrnehmung verweist zudem das eigene „Ich" auf den relativen und in dem Fall nebensächlichen Platz, der ihm zusteht.

Wir möchten, den Begriff des „Immensen", hier nur der Vollständigkeit halber einführen und versuchen zugleich, hieraus resultierende falsche Vorstellungen oder Vergleiche zu vermeiden. Das „Immense", bedeutet gemäß seiner tatsächlichen Bedeutung das „nicht Messbare" und daher beschreibt dieser Begriff jenen wahrzunehmenden Bereich am genauesten.

Jedes Messen bedeutet in psychologischer Hinsicht ein Akt des Vergleichens und Evaluierens. Das aber existiert nur in der Welt der Gedanken und ist daher im begrenzten Feld des „Ich" zu Hause. Die Gewahrwerdung des Immensen hingegen umfasst die Wahrnehmung des „Ich" sowie die aller weiteren Instanzen, aber eben von einem jenseitigen Bereich aus. In Ermangelung von, dies adäquat beschreibenden Worten, denn Worte sind ebenfalls Bestandteil und Ausdruck alles Messbaren, verwenden wir den Begriff Bereich, obgleich es sich offensichtlich um etwas jenseits von Raum und Zeit Liegendes handelt. Der passendere Begriff wäre vielleicht „Energie". Doch auch der bewirkt bei vielen Menschen die unmittelbare gedankliche Einordnung des Begriffes in Vorstellungen, die sie sich vielleicht bereits von Gott oder anderen ähnlichen Konzepten gemacht haben.

Tatsächlich handelt es sich um eine omnipräsente, alles durchdringende Energie, derer man bereits teilhaftig ist. Sich dieser Teilhaftigkeit bewusst zu werden und sie wahrzunehmen, bewirkt die absolute Erkenntnis nicht nur seiner selbst. Diese omnipräsente Energie umfasst alles Leben und alle Existenz. Sie manifestiert sich in allem Wandel. Die unmittelbare Wahrnehmung der Verbindung mit allen Dingen sowie der Tatsache, dass jede mögliche Aktion immer eine Interaktion darstellt, die niemals Einfluss auf die Gesamtkomposition haben kann, bewirkt die Realisation der absoluten Sicherheit.

Viele Menschen sind bereits dieses Bereiches teilhaftig geworden und man findet ihre Spuren innerhalb der Beschreibungen in der Literatur der verschiedensten Epochen. Einige der von uns in diesem Buch verwendeten Zitate geben ebenfalls einen Hinweis darauf. Ist jedoch die für das Verständnis dieser Worte notwendige Vorarbeit der eigenen Befreiung nicht geleistet, so wird ihr Studium bei jedem, der dies nicht selber erfahren hat, nur die unweigerliche gedankliche Einordnung und Interpretation solcher Worte innerhalb seines persönlichen Kontextes bewirken.

Jede Interpretation aber kann nur Missinterpretation bedeuten und wird das Immense daher niemals erfassen und es aus diesem Grund immer unweigerlich verfehlen. Die Gestaltung eines religiösen oder esoterischen Konzeptes sowie die Integration des Immensen in ein solches wird immer nur ein Konzept, eine Vorstellung und daher eine Konstruktion bleiben. Solange der Mensch mit dem begrenzten Geist des „Verstehens" identifiziert ist, solange kann er des Immensen nicht teilhaftig werden.

Wahre Sicherheit

Derjenige, der weiß, hat sich von allen Fabeln
getrennt, die die Begierde und das Denken schaffen,
er hat sich aus dem Stromkreis ausgeschaltet,
er willigt nicht mehr in den Trug ein.
Èmile Michel Cioran

Jede persönliche Absicherung, alles Ansammeln und Horten, Studieren, Lesen und Speichern von Fakten wird sich – aus dem Bereich der Gesamtheit betrachtet – immer als relativ präsentieren. Entsteht der Drang zur Sicherheit und zur Absicherung noch aus einem Gefühl des Mangels, der Angst vor Verlust oder mit dem Fokus auf die Kompensation dessen, so verschwindet dieses Streben mit dem Erreichen des Standpunktes der absoluten Neutralität zur Gänze. Solcherart angelangt, erfährt man das immense Ausmaß unbegrenzter und wahrhaftiger Sicherheit.

> *„Die unbegrenzte Gewissheit seiner selbst ist das größte Maß an Sicherheit, welches realisiert werden kann: die absolute Gewissheit, untrennbar mit allem verbunden zu sein, und die unmittelbare Erfahrung, dass diese Verbundenheit unendlich in Bezug auf Raum und ewig in Bezug auf die Zeit ist.*
>
> *Dies ist die Sicherheit, die ein Fels verspürt, den die Strömungen des Lebens umspülen, ohne seine Position zu beeinflussen oder an seiner Substanz zehren zu können."*

Was wir mit unseren Erklärungen über den Tod, des Immensen sowie der wahren Sicherheit erreichen können, wird bei Personen, die dessen noch nicht teilhaftig geworden sind, immer nur eine Vorstellung oder eine Idee davon sein. Jede Vorstellung aber verhindert die tatsächliche Wahrnehmung. Aus dem Grund verlassen wir nun, diesen vermutlich für viele Leser noch theoretischen Bereich und wenden uns nun dem Prozess der Befähigung zur Selbst-Befreiung von psychischem Leid und der tatsächlichen Wahrnehmung immenser Zufriedenheit und Glückseligkeit zu.

Teil III
Heilung

Kapitel 12
Den Sprung wagen!

Deshalb sage ich: Wenn ein Mensch von dem Selbst und von den erschaffenen Dingen abkehrt, dann wirst du – in dem Umfang, wie du es tust - die Einheit und Glückseligkeit in deinem Seelenfunken erreichen, welcher Zeit und Raum niemals berührte.

Meister Eckhart

Nun haben wir auf unserem gemeinsamen Weg zur Einsicht in das Selbst die wichtigsten Meilensteine aufgesucht und uns ihnen auf eine Weise genähert, die vermutlich für die meisten Leser einen Pfad abseits des bislang Bekannten darstellte.

Um aber etwas Neues erschaffen zu können, muss man sich zunächst des Alten entledigen beziehungsweise es unter Umständen sogar zerstören. Der Weg zu sich selber, so wie wir ihn bis hierher gemeinsam gegangen sind, ist geprägt von der Zerstörung der Ideen und Vorstellungen, die man vielleicht bislang von sich selbst, seiner

Umgebung und der Welt hatte. Ohne aber recht zu wissen, was man im Austausch dessen –was man bislang zu haben glaubte– erhält, ist die Bereitschaft, sich des Alten zu entledigen, jedoch allzu häufig ziemlich gering. Das sowie die Tatsache, dass so viele Systeme und Techniken Hilfe oder Heilung auf einfache und schnelle Weise versprechen, macht den hier beschriebenen Weg für viele Menschen schwierig und daher vielleicht weniger attraktiv. Aus diesem Grund, haben wir versucht, einen kleinen Vorgeschmack von dem beschriebenen Zustand psychologischer Einheit zu vermitteln.

Die psychologische Welt der Menschen, so wie sie sich heute darstellt, wurde in dem Akt der Trennung aus der Einheit im Selbst in die Dualität des „Ich" erschaffen. Das „Ich" hat sich also vom Selbst innerhalb der Psyche getrennt und damit Dichotomie und Ver-Zwei-flung geschaffen. Damit erschuf man in sich selbst die psychologische Entsprechung der Tag-und-Nacht-Dichotomie für alle Bereiche des inneren Erlebens. Das gute Licht wurde fortan zu erreichen und zu mehren versucht, während man das Dunkel zu bekämpften und zu vermeiden trachtete.

Das nun erlangte Verständnis dieser Zusammenhänge bedeutet aber nicht automatisch zugleich dessen Auflösung. Die Einigung und Zusammenführung der Fragmente seiner selbst erfordert die Konzentration sämtlicher zur Verfügung stehender psychischer Energie. Diese Energie, in rechtem Sinne zu verwalten, ist damit die Disziplin, welche zur Heilung führt.

Jede Bewegung der Psyche, hin zu oder weg von etwas, erfordert Energie. Dieser unglaubliche Energieverbrauch bleibt oft zeitlebens im Unbewussten, da er seit frühester Kindheit kultiviert und konditioniert ist. Auf solche Weise integriert er sich unbemerkt in das als „normal" empfundene Gefühl seiner selbst. Es ist, als würde man sich, seit man laufen lernte, mit einem schweren Rucksack auf dem Rücken fortbewegen. Dieser Rucksack wird, als Bestandteil seiner selbst, nicht mehr als zusätzliches Gewicht wahrgenommen.

Legt man diesen Rucksack nun als erwachsener Mensch ab, so schafft das ein erhebliches Maß an zusätzlich zur Verfügung stehender

Energie. Diese Energie ist dann auch notwendig, um sich „den Rücken freizuhalten". Das bedeutet, darauf zu achten, nicht erneut mit dem alten oder gar mit neuem Gepäck beladen zu werden.

Vermutlich werden Ihnen viele unserer Ausführungen unwahrscheinlich, illusorisch oder weltfremd vorkommen. Dennoch hoffen wir, dass unsere Beschreibungen zumindest ausreichend und verständlich genug waren, um Ihnen einen kleinen Funken, einen – wenn auch noch so geringen – Hauch davon zu vermitteln, dass eine von der allgemein bekannten Form menschlicher Existenz völlig unterschiedliche Seins-Form für jeden Menschen möglich ist, und Ihnen einen Geschmack davon zu liefern, wie dieses Leben beschaffen sein kann.

Sollte uns das bei Ihnen gelungen sein, wäre dann nicht allein dieser Funken ausreichend um die Passion aufzubringen, die notwendig ist, um die das gesamte Feuer zu entfachen?

Springen statt gehen

*Wenn man etwas erreichen will, was man noch nie erreicht hat,
muss man etwas tun, was man noch nie getan hat.*
N. Peseschkian

*In Wahrheit: Verließe ein Mensch ein Königreich und die ganze
Welt, behielte aber sich selbst, so hätte er nichts verlassen.*
Meister Eckhart

Welches Beispiel man für die Einigung des Geistes, die Heilung der Seele oder die Erlangung der absoluten Zufriedenheit auch bemühen mag, sei es das Ablegen des Rucksacks, der Wechsel von der Dualität zur Einheit, vom Existieren innerhalb von Zeit zu zeitlosem Sein, vom Ich zum Selbst oder von der bedingten zur unbedingten, vollständigen Wahrnehmung – zu all dem führt kein Weg!

Das Erreichen dieses Zustandes ist kein gradueller Prozess. Wenn das eine ist, kann das andere nicht sein.

Ist man hier, kann man nicht zugleich *dort* sein.

Man kann sich nur ein Bild oder eine Vorstellung von *dort* machen.

Jede Vorstellung von *dort* aber ist unweigerlich Teil des Hier und dem Hier entsprungen.

Nach *dort*, kann man also nur gelangen, wenn man springt – ohne Rücksicht!

Man springt daher immer ins Ungewisse, denn das Gewisse ist Teil des Wissens und des Bekannten und damit Bestandteil des Hier.

Das wiederum widerspricht jeglicher menschlichen Konditionierung und allem, was man als „die psychologische Natur des Menschen" bezeichnet.

Das muss auch so sein, denn diese gilt es ja – zugunsten wahrer Veränderung – zurückzulassen.

Der Weg in die geistige Freiheit ist also kein Weg – es ist ein Sprung! Man springt gleichsam in die Einheit des Geistes und damit zugleich in die Zufriedenheit, indem man die Welt der Konstruktionen und des Leides hinter sich lässt.

Beides zugleich kann nicht existieren. Wenn das Leid ist, kann Zu-Frieden-heit nicht sein. Wo Hass ist, kann zugleich keine Liebe sein. Wo Liebe ist, hat der Hass keinen Raum.

Es gibt keinen Weg, der jemanden vom Hass in die Liebe führt.

Man muss die bedingte Emotion des Hasses mit all ihren Bedingungen und Erinnerungen hinter sich – und damit zugleich sterben lassen. Jede Erinnerung erweckt erneut diesen Schatten und verdrängt damit zugleich die Bedingungsfreiheit.

Die unglaubliche Angst davor, alles loszulassen, die Dinge, an denen man haftet, ohne zurückblicken zu können, hinter sich zu lassen, ist das letzte und größte Hindernis beim Sprung in die geistige Freiheit.

Diese Angst wurde bereits häufig, sogar in der Literatur über Menschen, von denen man annahm, dass sie diesen Sprung realisiert haben, beschrieben. Jesus und Buddha beispielsweise mussten beide, der Geschichte nach, gegen die Versuchung, das Anhaften am „Ich" in der Form von positiv bewerteten Emotionen wie Vergnügen, Eitelkeit oder Besitz oder gegen den Teufel kämpfen. Diese Form der Angst ist für sich selber nur Teil des Rucksacks oder des Ichs und daher ebenfalls nur Teil der Konstruktion.

Wie aber, kann man die Menschen dazu ermutigen, die Welt ihrer Konstruktionen, ihrer Gedanken und ihres Leides zu verlassen, wenn die „Belohnung" von absoluter Freiheit und Glückseligkeit nur in völliger Abwesenheit eben dieser konstruierten Welt in Erscheinung treten und somit nicht vorgekostet werden kann?

Wir versuchen das zu erreichen, indem wir auf Lücken in dem Vorhang der Illusionen hinweisen und so einen Geschmack von dem zu vermitteln versuchen, was jenseits dieses Vorhangs liegt. Vielleicht ist es möglich, diese Lücken so miteinander zu verbinden, dass sie groß genug werden, um schließlich ganz hindurchschlüpfen zu können. Vielleicht kann also aus vielen kleinen Lücken tatsächlich ein Tor werden. Man wird sehen.

Einige der vielversprechendsten Lücken, die durchaus als Zugang zu bezeichnen sind, haben wir unter dem Begriff der „Einfühlung" zusammengefasst.

Kapitel 13
Jenseits des „Ich"

*Wer mit den Augen eines anderen sehen, mit den Ohren eines
anderen hören und mit dem Herzen eines anderen fühlen
kann, der zeichnet sich durch Gemeinschaftsgefühl aus.*
Alfred Adler

Im Verlauf dieses Kapitels versuchen wir auf nachvollziehbare Weise die Aufmerksamkeit auf vorhandene Lücken im Vorhang der Illusionen innerhalb des alltäglichen Lebens hinzuweisen. Auf Momente also, die sich durch eine Abwesenheit dessen auszeichnen, was wir als das „Ich" erfahren haben.

Die Aufgabe der Leser ist es hier, sensibler für solche Momente zu werden, um von der Möglichkeit gebrauch machen zu können sie zu erweitern, oder sie auf andere Lebenssituationen zu übertragen, in denen das „Ich" vielleicht sogar nicht nur vorhanden, sondern regelrecht dominant ist. Das übergeordnete Ziel ist hier die Möglichkeit zum

Sprung jenseits des „Ich" zu kultivieren, wann immer man an Konflikten, bedingten Emotionen, negativen Gedanken und Verzweiflung als Bestandteil oder Resultat des „Ich" leidet.

Der Begriff „Einfühlung", wie wir ihn verwenden bezeichnet, einfach ausgedrückt, das „Mitschwingen" eines Menschen. Dieses Mitschwingen wiederum besteht aus einem „Sich-hingeben" und vollständigen „Sich-einlassen" auf eine andere als die eigene Schwingung.

Die eigene Schwingung wird, wie wir nunmehr gemeinsam herausgearbeitet haben, mehrheitlich von den persönlichen Gedanken und der damit einhergehenden inneren Realität geprägt und bestimmt. Üblicherweise besteht ein Hauptteil der persönlichen Tätigkeit darin, die eigene Frequenz auf andere zu übertragen, das Gegenüber in die subjektive Realität hineinzuziehen oder bei anderen auf die Resonanz der eigenen Schwingung zu stoßen. Man möchte die eigene Frequenz also reflektiert beziehungsweise die eigene Realität bestätigt zu bekommen. Wir haben dieses Phänomen, bereits oberflächlich in Kapitel 4 im Rahmen unserer Ausführungen zum Rollenspiel beschrieben.

Einfühlung hingegen bezeichnet das vollständige „Sich-ergeben" oder Hingeben einer anderen als dieser persönlichen Schwingung.

Da wir vermeiden wollen, zu abstrakt oder theoretisch zu werden, und eine Konstruktion des Lesers von Ideen überirdischer oder göttlicher Schwingungen zu verhindern versuchen, beschreiben wir das nachfolgend explizit an kleinen, zugänglichen Beispielen, die auf solche Weise auch den Weg zu einer sensibilisierten Wahrnehmungen feinerer Schwingungen ebnen können.

Menschliches Einfühlen

Das große Glück der Liebe besteht darin,
Ruhe in einem anderen Herzen zu finden.
Julie-Jeanne-Elènore de Lespinasse

Das Einfühlen in einen anderen Menschen ist eines der größten und erhabensten Bestandteile menschlichen Lebens. Jemand, der unserer

Welt den Rücken kehrt, um in Einsamkeit oder als Eremit ein isoliertes Leben zu führen, kann sich dieses Bereiches niemals wirklich bewusst geworden sein. Das „Ich-lose" Gefühl des Sich-hin- oder -ergebens an einen anderen Menschen ist endlose Male innerhalb seiner Verknüpfung mit dem Begriff „Liebe" besungen, erdichtet und beschrieben worden.

Der „Rausch" der Verschmelzung in und mit einem anderen lebenden und fühlenden Wesen ereignet sich innerhalb wahrer Liebe nahezu auf natürliche Weise. Es bedarf hierfür oft zu Beginn keinerlei willentlicher Anstrengung.

Die unbedingte Emotion der Liebe wird aber leider häufig in ihrer Definition mit vielen anderen Konstruktionen und bedingten Emotionen verknüpft. Diese Interpretationen halten die betroffenen Menschen häufig von einer reinen Wahrnehmung tatsächlicher Liebe fern. Wir verwenden die tatsächliche Liebe daher in unserem Rahmen lediglich als Referenz-Punkt, um einen Geschmack, der völligen Hingabe seiner selbst zugunsten der Schwingung eines anderen Menschen zu vermitteln.

Eine wichtige Unterscheidung, auf die wir kurz eingehen möchten, liegt aber hierbei in dem Unterschied zwischen der Schwingung eines anderen Menschen und der einer anderen Persönlichkeit. Hierin liegt die Gefahr eines Irrtums und daher ein besonderer Knackpunkt, der leicht zu falschen persönlichen Schlüssen führen könnte. Die Schwingung einer anderen Persönlichkeit wahrzunehmen, ist das, was wir bereits als „Menschenkenntnis" in dem entsprechenden Kapitel beschrieben haben. Sie wird in ihrer oberflächlichen Form durch die Fähigkeit charakterisiert, die nach außen dringenden Wünsche, Ziele und Identifikationen wahrzunehmen, zu erkennen und zu bewerten.

Im Rahmen der profunderen Menschenkenntnis ist man darüber hinaus in der Lage, mit Hilfe dieser „durch-klingenden" Persönlichkeitsanteile des Menschen auf seine jeweils vorhandenen abgelehnten eigenen Anteile und vielleicht sogar auf die unwillkürlichen Bestandteile seiner Persönlichkeit zu schließen. Diese Form von „Menschenkenntnis", beschriebt den zielgerichteten analytischen Prozess einer Person durch einen Fachkundigen.

Die tatsächliche, ganzheitliche Wahrnehmung eines anderen Menschen aber ist etwas völlig anderes und in ihrer Form ungleich tiefer. Sie bezieht sich auf die hinter der Persönlichkeit liegende Schwingung, die den Urgrund ihrer menschlichen Existenz bildet.

Für diese Wahrnehmung eines Menschen aber in seiner Gesamtheit, die ein absolutes „Sich-einlassen" oder „völlige Hingabe" bedeutet, ist es eine hilfreiche Voraussetzung, sein eigenes Selbst, die eigene Grundfrequenz zunächst bewusst wahrnehmen zu können, also:

Die bewusste Wahrnehmung der natürlichen Frequenz des Selbst!

Anderenfalls wird die eigene Persönlichkeit immer das „Ruder in der Hand" haben und solcherart auf die persönlichen Schwingungen des Gegenübers mit der eigenen Persönlichkeits-Frequenz reagieren.

Das Sprichwort „Um jemand anderes lieben zu können, muss man sich erst einmal selber lieben", beinhaltet also, in diesem Kontext durchaus einen Funken Wahrheit. Allerdings beschreibt es nur einen Teil der Wahrheit, denn ganz im Sinne dieses Kapitels kann sich die Einfühlung in Form von Hingabe ebenso als Eintrittspforte zur Selbsterkenntnis entpuppen.

Wie wir bereits angedeutet haben, kann das Gefühl tatsächlicher Liebe zu einem anderen Menschen eine ausgeprägte persönlichkeitsverändernde Wirkung haben. Die Hingabe seiner selbst geschieht innerhalb von Liebe oft spontan und ohne Anstrengung. Als natürliche Reaktion kann sie auf solche Weise eine Distanz zu den eigenen Persönlichkeits- und Gedankenprozessen bewirken, welche dann hierdurch relativiert werden.

Andererseits bewirkt die Hingabe an einen anderen Menschen häufig ein tieferes Verständnis seiner selbst. Denn in der Liebe wird selbst das nicht an einem anderen verurteilt, was man bei sich selbst vielleicht nicht leiden kann. Auf dem Weg kann „Sich selbst in dem anderen zu erkennen" zu Selbst-Akzeptanz und Selbst-Erkenntnis führen.

Die Einfühlung in und die Hingabe an andere Menschen beinhaltet also einen möglichen Zugang zur Selbsterkenntnis.

Situatives Einfühlen

Durch nichts als die Seele sind die Sinne zu heilen,
und durch nichts als die Sinne ist die Seele zu heilen.
Oscar Wilde

Das situative Einfühlen, ebenfalls eine Lücke in dem Vorhang der Konstruktionen, wird von vielen Menschen erfahren, aber nur von den wenigsten bewusst wahrgenommen. Man ergibt sich hierbei vollständig der Schwingung einer Situation oder einer äußeren Gegebenheit. Umgangssprachlich ausgedrückt, lässt man ein Geschehen „auf sich wirken". Das geschieht in der Regel unwillkürlich, da die betroffene Persönlichkeit häufig noch keine Erinnerungen als Vergleichs- oder Bewertungspunkte zur Verfügung hat.

Hierbei handelt es sich um eben diese atemberaubenden Situationen von „Ich-losigkeit", die man fortan gerne als die Höhepunkte seines persönlichen Lebens bezeichnet. Hierin enthalten sind häufig all die „ersten Male" eines Lebens.

Alle Ereignisse und Erfahrungen, die man oft im Leben anzusammeln versucht: der erste Sonnenuntergang, das Feuerwerk, der Vulkanausbruch, der Besuch der Rocky Mountains oder des Himalaya, der erste Flug, der erste Sprung ins Wasser, der erste Schnee, das erste Mal in der Wüste oder im Ozean – all diese Ereignisse werden einem häufig aus zwei Gründen aber dennoch nicht als „Ich-lose" Ereignisse bewusst:

1. „Ich-losigkeit", kann einem nur als solche bewusst werden, wenn man sie dem Zustand von „Ich-haftigkeit" gegenüberstellen kann.

a. „Ich-haftigkeit" ist aber, für die meisten, der als normal betrachtete Dauerzustand. Es fehlt hier das Wissen oder die Sensibilität und damit die aktive Wahrnehmung im Hinblick auf diese Gegebenheit. Um sich also eines „Ich"-losen Momentes bewusst zu werden, muss man erst einmal sein „Ich" realisieren und wissen, was ein „Ich"-Zustand überhaupt ist. Die Einsicht in das eigene „Ich" muss also der Erkenntnis der „Ich-losigkeit" als Bedingung vorausgehen.

b. Das Erfassen von eigenen „ich-losen" Momenten als solches kann zeitlich aber nur nach dem Ereignis selber geschehen, denn sonst wäre es nicht vom „Ich" erkannt worden. Das Erkennen, Einordnen und Benennen obliegt der Ratio, und damit eben dem „Ich". Das führt zu der Tatsache, dass es die Gedanken sind – von denen das „Ich" ein Teil ist – die „ich-freie" Ereignisse mittels vergleichen erkennen. Dies wiederum bewirkt das Nachfolgende:

2. Das „Ich" macht sich, die „ich-losen" Momente, die aufgrund der Vollständigkeit ihrer Wahrnehmung ungleich intensiver sind, unmittelbar nach deren Erleben, zu einem Bestandteil seiner selbst – zur eigenen Erinnerung! Diese Erfahrung wird gespeichert und ist somit fortan ein „Ich-Bestandteil".

„Wow! Ich bin gerade so in meiner Tätigkeit aufgegangen, dass ich alles um mich herum vergessen habe. Das hat mir Freude gemacht und darum werde ich versuchen es von nun an öfter zu wiederholen."

Auch diese Ereignisse, werden also unmittelbar subjektiv interpretiert, umgedeutet und unterliegen den üblichen Filtern der Identifikation. Erkennt man die Augenblicke situativen Einfühlens aber als das, was sie sind, nämlich Momente vollständigen Erlebens ohne „Ich"-Existenz und ohne „Ich"- Einfluss, so können sie als Lücke im Vorhang der Konstruktionen ebenfalls zur Erschaffung eines Durchgangs beitragen.

Hingabe an eine Tätigkeit

Alle Lebewesen außer den Menschen wissen,
dass der Hauptzweck des Lebens darin besteht,
es zu genießen.
Samuel Butler

Bei der Hingabe an eine Tätigkeit gehen wir weg von der Einfühlung in andere Menschen oder äußere Gegebenheiten und wenden uns nun den eigenen Tätigkeiten und inneren Prozessen zu.

In dieser Kategorie unterscheiden wir zwischen zwei verschiedenen Formen von körperlicher Aktivität die durch die Hingabe des

Ausübenden zu „ich-losen" Tätigkeit werden können. Auf der einen Seite haben wir solche Handlungen, die mit einer gewissen Begeisterung ausgeübt werden und die einen relativ hohen Anspruch an den Tätigen stellen. Innerhalb solcher Situationen kann man den von uns im Rahmen von Kapitel 8 bereits erwähnten „Flow-Zustand" erreichen. Es handelt sich hierbei um einen ungestörten, konzentrierten Zeitraum harmonischen Zusammenwirkens von motorischem und Fakten-Gedächtnis, in Abwesenheit von bewussten Gedankenprozessen die mit einem „Ich-Gefühl" einhergehen. Ein Chirurg oder ein Freikletterer beispielsweise, der auf seinem persönlichen Höchstniveau agiert und dessen Bewusstseinskapazität vollständig von dieser Herausforderung eingenommen ist, gerät leicht wie von selbst in diesen „Flow-Zustand", der eben durch die „Ich-losigkeit" in Verbindung mit intensivem Genuss einem Rausch gleicht.

Der zweite Bereich von Tätigkeiten scheint uns aber in diesem Zusammenhang noch bemerkenswerter zu sein. Denn der steht ganz im Gegensatz zu den zuvor beschriebenen Aktivitäten, die aufgrund ihres hohen Anspruches und der Notwendigkeit sich ihnen mit der gesamten Kapazität des eigenen Bewusstseins zu widmen fast mühelos in einen Zustand von „Ich-losigkeit" führen. Bei dieser zweiten Gruppe geht es nämlich um solche Aufgaben und Handlungen die häufig als langweilig und uninteressant abgetan werden und damit das Bewusstsein nicht vollständig einzunehmen in der Lage sind. Als Solches bildet dieser Tätigkeitsbereich hier gleichsam eine Brücke und schafft die Bewältigung, des vermutlich größten Lebensbereiches der meisten Menschen, in Abwesenheit des „Ich".

Hierbei geht es eben um all die, sich wiederholenden alltäglichen, anspruchslosen und bereits bekannten Tätigkeiten, ohne große persönliche Herausforderung. Wäre also deren Verrichtungen ohne ein Auftauchen des „Ich" möglich, so würde das den ultimativen Beleg dafür bieten, dass ein „normales" Leben jenseits von Konflikten und Leid – die ja Teil des „Ich" sind oder durch dieses bedingt werden– möglich ist. Die Schwierigkeit bei monotonen Tätigkeiten liegt aber generell darin, dass sie, wie bereits in den Erläuterungen zum Zeitgefühl in

Kapitel 8 beschrieben, oft zu einer erhöhten Gedankenfrequenz einladen und damit zu einer verstärkten „Ich-Präsenz" führen. Da solche Betätigungen also in dieser Hinsicht eine besondere Herausforderung bieten, werden sie innerhalb bestimmter Lebensphilosophien diszipliniert oder auch im Umfeld religiöser Lebensgemeinschaften gerne als Übung verwendet, um einer höheren Macht näher zu kommen. In buddhistischen Zen-Klöstern wird noch heute, bei dem Ausführen von alltäglichen Notwendigkeiten wie das Wischen des Bodens oder das Schälen von Kartoffeln, bewusst auf jegliche technische oder erleichternde Hilfsmittel verzichtet und man ist angehalten solche Tätigkeiten rituell, also immer auf die gleiche Weise und in Stille, in einem sogenannten meditativen Zustand zu verrichten. In christlichen Klöstern findet man ebenfalls ähnliche Traditionen und Verhaltensregeln.

Der Unterschied zwischen der Hingabe an eine Tätigkeit und den anderen „ich-losen" Zuständen besteht in dem hierbei notwendigen Handlungsbedarf. Die vorangegangenen Zustände der Einfühlung sind in ihrer Form eher passiv und erfordern daher nicht notwendigerweise eine Tätigkeit, die auf Wissen oder Fertigkeiten beruht. Hier wird daher eine Brücke in der Art geschlagen, dass sie die Möglichkeit eines Zustandes von „Ich-losigkeit" belegt, bei welchem dennoch auf bereits erworbenes und vorhandenes Wissen oder körperliche Fertigkeiten zugegriffen wird. Es werden hierbei also Denkprozesse jenseits des „Ich" bemüht. Jede Form von handwerklichen Tätigkeiten vom Gärtnern über anstreichen bis zu allen Arten von alltäglichen Aktivitäten können in diesem Zustand durchgeführt werden. Obwohl auf fachliches Wissen und Fertigkeiten zugegriffen wird, kann das ohne das Gefühl von „Ich" geschehen. Die Einfühlung in Form der Hingabe an eine Tätigkeit bietet also einen erheblichen Beitrag zu der Möglichkeit eines alltäglichen Lebens in Abwesenheit von persönlichem Leid.

Selbsteinfühlung

Der wahre Beruf des Menschen ist, zu sich selbst zu kommen.
F. W. Nietzsche

Die Einfühlung in sich selbst bildet im Rahmen der Hingabe und der Einfühlung im Allgemeinen gleichsam die Königs-Disziplin. Kann sich die Einfühlung in Situationen, Augenblicke und Menschen noch häufig spontan ereignen und daher leichter ergründet und kultiviert werden, so ist die Einfühlung in sich selbst, die ein „Sich-hingeben" an die eigenen inneren Prozesse bedeutet, für die meisten Menschen mit erheblichen Schwierigkeiten verbunden. Die Problematik hierbei besteht eben in den vorhandenen Persönlichkeitsprozessen. Diese nämlich machen sich alle Wahrnehmungen zu eigen. Sie bewerten, verurteilen und interpretieren sie. Das gilt in besonderem Maße für die Wahrnehmungen in Bezug auf sich selbst. Gefallen sie einem nicht oder werden sie gar als Bedrohung empfunden, so lagert man sie bisweilen sogar aus. Auf diese Weise werden sie als nicht zu sich selbst gehörend empfunden. Aus einem Teil des „Ich" wird solcherart ein „Es", welches das „Ich" ereilt:

„Ich" und die Sucht
„Ich" und die Angst
„Ich" und die Eifersucht
"Ich" und die Wut

Infolgedessen bedingt eine Einfühlung in sich selbst die Notwendigkeit zum vorhergehenden Verständnis der eigenen psychologischen Prozesse auf die hier initiierte Weise.

Wie alle Arten der Einfühlung, so ist auch diese frei von einer bewussten Anstrengung der Psyche. Das macht ebenfalls einen bedeutenden Unterschied zu anderen psychischen Zuständen aus wie etwa der Konzentration.

Die Einfühlung und damit die Hingabe an sich selbst ist eines der wichtigsten Zugänge zur Heilung von psychischem Leid und Konflikten. Die Hingabe an sich selbst bedingt das Erkennen und Erfahren des Selbstgefühls, dem man sich übergibt und von welchem aus man alle nicht dort zugehörigen Prozesse und psychischen Bewegungen betrachtet. Sie werden innerhalb dieses Zustandes dann nicht mehr als Teil der eigenen Identität wahrgenommen, sondern als das, was sie sind: Prozesse, automatische Reaktionen und Konditionierungen.

Auch die Einfühlung in sich selbst kann sich spontan ereignen. Gemäß unserer Erfahrungen ist jedoch ein tiefes Verständnis der inneren Prozesse und deren Zusammenhänge, wie wir sie in diesem Buch einzuleiten versuchen, für die dauerhafte Kultivierung notwendig und hilfreich. Hat man dieses Verständnis nicht, so ist es schwierig, diesen Zustand bewusst als solchen wahrzunehmen oder ihn von den „Ich"-Prozessen zu trennen.

Selbstliebe

Hast du wahrhaft Ganzheit erlangt,
fließt dir alles zu.
Laotse

Das Konzept der Selbstliebe taucht immer wieder als Problem oder Frage vieler Klienten im Zusammenhang mit der psychologischen Beratung auf. Häufig diagnostizieren diese selbst die mangelnde oder nicht vorhandene Selbstliebe als Ursache ihres Leides. Viele Menschen sehen es als notwendige Lösung ihrer emotionalen Probleme an, zu lernen, wie man sich selber liebt. Die häufig diesem Konzept zugrundeliegende Idee besteht in der positiven Bewertung oder Einschätzung, beziehungsweise in der Akzeptanz der eigenen Persönlichkeitsanteile und Eigenschaften.

Einfach ausgedrückt glaubt man, dass die Selbstliebe darin besteht, alles gut zu finden, was man glaubt, tut, denkt oder ist. Die nunmehr eingeweihten Leser werden erkennen, dass dieses Konzept unweigerlich bedeutet, das „Ich" zu erhöhen, es positiv zu bewerten und es damit zugleich zu bestärken.

Diese Form der Eigenliebe ist in ihrer übersteigerten Form als Neurose mit dem Namen „Narzissmus" bekannt geworden, benannt nach dem Jüngling Narziss, der unsterblich in sein eigenes Spiegelbild verliebt war und aufgrund dieser unerfüllbaren Liebe starb. Das Konzept der Eigenliebe ist eine Konstruktion, welche der Wirklichkeit nicht standhalten kann. Das gilt nicht zuletzt aus dem Grund, dass die Liebe zu sich selbst, gemäß dieser Idee, zwei Bestandteile beinhaltet: der Liebende und das Geliebte. Da wir nunmehr erfahren haben, dass diese Trennung eine psychologische Konstruktion ist, wissen wir ebenfalls um die Fiktion dieses Konzeptes der Selbstliebe.

Die Selbsteinfühlung jedoch erfüllt alle für eine Heilung vom Leid notwendigen Voraussetzungen. In der Hingabe an die eigenen inneren Prozesse ist keinerlei Bewertung enthalten. Tatsächlich existiert die bewertende und vergleichende Instanz des „Ich" im Verlauf wirklicher Selbsteinfühlung nicht. Durch eben dieses Verschwinden der inneren Spaltung manifestiert sich die Einheit des Geistes, welche zugleich die Freiheit von Konflikten und Leid bedeutet.

Innerhalb von Liebe besteht kein „Ich", ja kann kein Sinn von „Ich" existieren, denn dann wäre es nicht Liebe.

Meditation

Die Erscheinung ist vom Betrachter nicht
losgelöst, vielmehr in die Individualität
desselben verschlungen und verwickelt.
Johann Wolfgang von Goethe

Entgegen der landläufigen Meinung stammt der Begriff „Meditation" nicht von *medius* („mittlere") ab, sondern vom lateinischen *meditatio*, was „nachsinnen" oder „nachdenken" bedeutet. Interessant ist das besonders hinsichtlich der Tatsache, dass die meisten der heute gängigen oder in Mode gekommenen Meditationspraktiken sich mit der Befreiung von Gedanken oder deren Kontrolle beschäftigen, beziehungsweise diese zum Ziel haben. Beide Intentionen aber sind zum Misserfolg verurteilte Puppenspiele. Die Vorstellung, dass ein Bestandteil der Psyche einen anderen seiner selbst kontrollieren könnte, sollte im Rahmen dieses Buches nunmehr hinreichend als absurde Konstruktion entlarvt sein.

Was man mit Hilfe dieser Meditations-Praktiken erreicht, ist eine partielle – im Sinne einer zeitlich begrenzten– Abwesenheit von

Gedankenprozessen. Diese wird hierbei durch die willentliche und daher mit Anstrengung verbundene Ausrichtung oder Hinwendung des Bewusstseins auf körpereigene oder äußere Prozesse, erreicht. Das kann eine gewisse, ebenfalls zeitlich limitierte Linderung von subjektivem Leid und eine damit einhergehende Entspannung bewirken. Aber als begrenzte Technik angewendet, kann das gemäß unserer Erfahrung keine tatsächliche und dauerhafte Veränderung oder Heilung einer Person herbeiführen.

Der Prozess der bewussten und kultivierten Einfühlung als Bestandteil der *Conscious Realization* ist es, den wir hingegen als wahrhafte Meditation bezeichnen. Um keine Missverständnisse zu verursachen, möchten wir das hier noch einmal präzisieren.

Die Idee beziehungsweise das Ziel der meisten Praktizierenden von herkömmlicher Meditation ist die Befreiung von psychischen Spannungen, die als einschränkend oder als leidbringend empfunden werden. Dieser Effekt ist jedoch mit den generell praktizierten und verbreiteten Meditations-Techniken allenfalls kurzfristig und begrenzt. Wahrhafte oder tatsächliche Meditation kann für uns nur in der dauerhaften und lebensumspannenden Befreiung dieses Leides bestehen. Nur das entspräche dann auch einer wirklichen und nachhaltigen Veränderung des Menschen.

Der von uns beschriebene Zustand des bewussten und dauerhaften Verweilens im Selbst – jenseits des „Ich" – der die Kultivierung von Einfühlung oder Hingabe beinhaltet, charakterisiert solcherweise wirkliche und wahrhafte Meditation. Diese kann nicht in der völligen Aufgabe oder der Abwesenheit von Gedankenprozessen bestehen. Einfühlung und Hingabe gemäß unserer Ausführungen bedeutet hingegen die bewusste Abwesenheit der trennenden und Konflikt-gebärenden „Ich-Instanz".

Dergestalt eint wahrhafte Meditation den Geist und befreit von Spannungen und damit von Stress und Leid. Sie schafft darüber hinaus ebenfalls Erlösung von sämtlichen bedingten Emotionen, auch wenn das noch nicht zugleich automatisch das Vorhandensein der unbedingten Emotionen bedeutet, worauf noch genauer einzugehen ist.

Einfühlen, mitfühlen, mitleiden

Niemand ist frei, der über sich selber nicht Herr ist.
Matthias Claudius

Die Notwendigkeit zur Unterscheidung von Einfühlen, Mitfühlen und Mitleiden erscheint uns angebracht, da diese Begriffe im allgemeinen Sprachgebrauch oft synonym verwendet werden und dies hier zu Verwirrung oder Missverständnissen führen könnte. Tatsächlich beschreiben zwei dieser Worte jeweils eine unterschiedliche Wahrnehmung.

Das Einfühlen haben wir, wie wir glauben, nunmehr in unserem Zusammenhang relativ ausführlich beschrieben. Beim Einfühlen, in Bezug auf einen anderen Menschen, handelt sich um die Wahrnehmung dieser Person im Sinne einer vollständigen Hingabe. Das Phänomen der vollständigen Hingabe resultiert aus der physiologischen Begrenzung des jeweiligen Bewusstseins. Nimmt man den anderen vollends in das eigene Bewusstsein auf und nimmt ihn auf diese Weise wahr, so kann hier zugleich kein Raum und damit keine Möglichkeit für die dominante Existenz eines „Ich" mehr verbleiben.

„Ich habe mich dem anderen also ganz und gar hingegeben."

Der Begriff „Mitgefühl" beschreibt im Grunde die gleiche Wahrnehmung, aber uns scheint der Begriff „Einfühlung" etwas präziser zu sein. Der Begriff „Mit-gefühl" beinhaltet eine parallel vorhandene psychische Entität, die „mit" der anderen Person „mit-fühlt". Der Begriff „Einfühlung" präsentiert sich uns daher vollständiger. Hierbei macht man etwas mit "sich". Man fühlt sich ein. Das beinhaltet eine Selbst-Transformation, die das Verschwinden des „Ich" innerhalb der vollständigen Einfühlung in unseren Augen präziser beschreibt.

Bei der Manifestation des Mitleides aber handelt es sich um etwas anderes. Das Gefühl des Mitleids ist eine bedingte Emotion und als solche abhängig von gedanklichen „Ich-Prozessen". Mitleid kann also nur existieren, wenn auch zugleich ein „Ich" besteht. Dem Mitleid liegt daher ein unwillkürlicher Prozess als Resultat einer persönlichen Identifikation zugrunde.

Nachfolgend ein Beispiel: Man nimmt wahr, wie eine einem wichtige, oder nahestehende Person leidet. Identifiziert man sich mit der Rolle als Freund, führt das unter Umständen zu dem Gefühl der Verpflichtung dieser Person helfen zu müssen. Der persönliche Wert, den man dem Teil der Identität „Freund" beimisst, bestimmt daher über das Maß der Bestrebung den leidenden Menschen zu unterstützen. Eine in solcher Weise manifeste Identifikation und Zielsetzung schafft dieserart Dualität, Spannungen und damit Stress und Leid. Man fühlt mit der Person, leidet aber zugleich an der empfundenen Notwendigkeit oder Unfähigkeit zur Entfernung des Leides. Beim Mitleid leidet man also "mit" jemandem zusammen. Der persönliche Anteil an Leid entstammt hier in der Regel den eigenen Identifikationen oder Ängsten als Bestandteil des „Ich". Daher ist Mitleid eine bedingte Emotion.

Erscheinen die Unterschiede dieser Begriffe zunächst auch banal oder als Haarspalterei, so ist die zunehmende Sensibilisierung hinsichtlich der Prozesse des „Ich" ein wichtiger Schritt auf dem Weg zur vollständigen Selbsterkenntnis. Nur wer sein „Ich" vollumfänglich erkennt, ist in der Lage, das jenseits davon liegende „Selbst" wahrzunehmen und damit die „Einsicht in das Selbst" zu erlangen.

Kapitel 14
Glück

Wer nicht frohlocket und nicht hasst, um nichts trauert und nichts begehrt...gleichmütig gegen Feind und Freund, gleichmütig gegen Ehr' und Schmach, Kält' und Hitze, Glück und Unglück, befreit vom Hängen an der Welt; Lob und Tadel gleichviel achtend... zufrieden immerdar.

Auszug aus der Bhagavad Gita

Die sogenannte Glücksforschung ist ein Bereich der Psychologie, der sich dem Thema widmet, herauszufinden, was den Menschen glücklich macht, was das Glück grundsätzlich bedingt oder es in welcher Weise auch immer beeinflusst. Auch geht es hier häufig, um die Beantwortung der Frage, ob die Empfindung des Glücks genetisch bestimmt ist oder ob sie erlernt werden kann.

Die Psychologen Brickman, Coates und Janoff-Bulman führten im Jahr 1978 eine interessante Studie zu diesem Thema durch.[32] Mit dem

Ziel, die äußerlichen Einflüsse des subjektiven Glücks zu definieren, besuchten sie Menschen, deren Leben durch gravierende äußerliche Ereignisse umfassend verändert wurde. Einerseits suchten sie Leute auf, die viel Geld in der Lotterie gewonnen hatten. Auf der anderen Seite Personen, die aufgrund eines Unfalls querschnittgelähmt waren. Das Psychologenteam ging davon aus, dass das jeweils die Ereignisse sind, welche das subjektive Glücksempfinden am umfangreichsten positiv oder negativ beeinflussen.

Das Ergebnis war, wenn auch nicht auf die zunächst angenommene Weise, dennoch beeindruckend. Selbstverständlich beeinflussten beide Arten von Geschehnissen das subjektive Glücksempfinden der betroffenen Personen zunächst in der erwarteten Ausprägung. Die Lottogewinner waren unmittelbar nach dem Ereignis über die Maßen mit Freude und persönlichen Glücksgefühlen erfüllt. Bei den Unfallopfern hingegen ging das körperliche Trauma mit einem massiven Verlust von persönlichem Glück, Zufriedenheit und Lebensqualität einher.

Das Erstaunliche und Unerwartete war aber, dass sich sowohl bei den Lottogewinnern als auch bei den gelähmten Unfallopfern die jeweils vor dem beeinträchtigenden Ereignis ursprünglich vorhandene „persönliche Wohlfühl-Frequenz" wieder einstellte. Und das längstens nach dem Zeitraum von einem Jahr. Das bedeutet, dass die Teilnehmer dieser Studie nach einer gewissen Zeit wieder ein ähnliches Niveau an persönlicher Zufriedenheit wie vor dem gravierenden Ereignis erreichten.

Nachdem wir nun wissen, dass weder körperliche noch äußerliche Einflüsse das „Glücklichsein" oder das „Zufriedensein" unausweichlich beeinflussen müssen, stellt sich nunmehr die Frage, woher diese scheinbar individuell vorhandene Grundfrequenz in Bezug auf das persönliche Zufriedenheitsniveau kommt.

Eine Psychologengruppe um David Lykken und Auke Tellegen ging in Minnesota daher, der Frage nach einer eventuell vorhandenen genetischen Prädestination des persönlichen Glücks nach und untersuchte diese Theorie unter anderem mit Hilfe eineiiger Zwillinge.[33] Laut ihrem Ergebnis ist das individuelle Glücksniveau, also die jeweilige emotionale

Grundfrequenz eines Menschen, zu 50 Prozent genetisch bestimmt. Das Resultat gründete mehrheitlich auf der Beobachtung, dass eineiige Zwillinge, die jedoch getrennt aufwuchsen, zu ca. 50 Prozent das gleiche Wohlfühl-Niveau lebten oder erlebten wie ihre jeweiligen Zwillingsgeschwister.

In Bezug auf den hier vorliegenden Kontext jedoch stellen sich bei der Einordnung dieser Ergebnisse dieselben Fragen wie zu Beginn dieses Buches: Wie nähert man sich objektiv einer subjektiven Beurteilung von Glück? Glück und psychologisches Wohlgefühl sind zunächst einmal subjektive, persönliche Beurteilungen einer von verschiedenen Bedingungen abhängigen Emotion. Wie oft hat man welche Emotion? In welcher Ausprägung? Innerhalb welchen Zeitraumes und in welcher Länge? Liegt die beschriebene Emotion in ihrem Ausmaß im Rahmen der Norm oder außerhalb der Norm? Und wo fängt das Glück an beziehungsweise wo hört der Normalzustand auf? Und wodurch wird der „Normalzustand" überhaupt bestimmt?

All das ist viel zu theoretisch und wenig hilfreich, insbesondere für unglückliche Menschen.

Sogenannte Glücksempfindungen, die aus einer äußerlichen Ursache oder der persönlichen Beurteilung einer vorhandenen Wahrnehmung resultieren, sind zweifelsfrei, eine bedingte Emotion zu nennen und daher nicht als Glück im Sinne von wahrer Zufriedenheit zu bezeichnen. Tatsächliches Glück aber im Sinne von Glückseligkeit ist eine unter allen Umständen unbedingte Emotion und daher unabhängig von äußeren Gegebenheiten und inneren Gedankenprozessen.

Bei dem Glücksbegriff aber, wie er im Allgemeinen beschrieben oder verwendet wird, handelt es sich vielmehr um ein mehr oder weniger ausgeprägtes Gefühl von Freude, wie man es auch von dem Erreichen eines Zieles wie etwa einen erfolgreichen Schul- oder Studienabschluss kennt. Der in dieser Weise verwendete Begriff vom Glück mit dem beschriebenen Hochgefühl ist in Wahrheit daher häufig tiefste Freude über ein Ereignis eine Gegebenheit oder gedankliche Konstruktionen und als solches bedingt. In diesem Kontext hängt die beschriebene Emotion also mit der Zielsetzung und den jeweils erreichten

Etappenzielen der entsprechenden Persönlichkeit zusammen. Aus dem Grund wird das entsprechende bedingte Gefühl unweigerlich wieder nach einer bestimmten Zeit der dahinterliegenden Grundfrequenz weichen. Diese Grundfrequenz wiederum ist vollständig von dem Maß an innerer Spannung bestimmt, die aus der empfundenen Distanz zu persönlichen Zielen oder Identifikationen resultiert.

Glückseligkeit aber ist tiefste Zufriedenheit und daher unbedingt. Wahres Glück ist demzufolge nicht zu erreichen und nicht zu finden. Allerdings ist Glückseligkeit aber dennoch, und das ist die gute Nachricht für alle Glücksritter, zu 100% genetisch bedingt. Überdies ist diese genetische Glücksdisposition, soweit wir wissen, bei 100% der Menschen vorhanden. Die Grundfrequenz der Glückseligkeit nämlich ist der Urgrund eines jeden Menschen.

Leider ist es vielen Menschen nicht ohne weiteres möglich, diese Glücksfrequenz in sich wahrzunehmen. Darum begeben sich etliche immer wieder auf die Suche danach. Da es im Äußeren jedoch nichts zu finden gibt, endet die Suche nur allzu häufig dort, wo sie begonnen hat: in sich selbst. Denn wo immer man körperlich auch hinreisen mag, die eigene Persönlichkeit wird diesen Ort ebenfalls in eben demselben Augenblick erreichen. Ein hierzu passendes Zitat von Jesus v. Nazareth:

> „Das Reich Gottes kommt nicht mit äußerlichen Gebärden; man wird auch nicht sagen: Siehe hier! oder: da ist es! Denn sehet, das Reich Gottes ist inwendig in euch."

Was man aber in der äußeren Welt finden kann, ist Freude. Die aber ist als solche bedingt und muss daher immer wieder mit ihrer äußerlichen Ursache vergehen. Und wenn sie schließlich vergeht, folgt ihr oft unweigerlich der fade Geschmack des Verlustes oder die ebenfalls bedingte Emotion des Verlangens nach mehr von ihr.

Der Mangel an Wahrnehmungsfähigkeit in Bezug auf die eigene Glücksfrequenz liegt also nicht daran, dass den betreffenden Menschen etwas fehlt. Die Ursache für diese verbreitete Unfähigkeit liegt vielmehr darin, dass die Betroffenen ein „Zuviel" angesammelt haben. Die Menschen sind zu sehr mit ihren persönlichen Ansammlungen und Bedingungen, mit Erreichen und Werden beschäftigt. Das hält sie von ihrer Zufriedenheit ab und damit zugleich von ihrem wahrhaften, unbedingten und unabhängigen Glück fern. Diese Tatsache gilt es hier zu realisieren und sich dessen bewusst zu werden. Glück kann man nicht durch Ansammeln und Suchen finden. Glück erfährt man einzig, in Abwesenheit aller bedingten Gedanken und Emotionen. Man muss sich derer also entledigen, um die wahre, natürliche Eigenfrequenz vollständigen Glücks zu empfinden. Menschen, die sich, sei es innerhalb von wissenschaftlichen Studien, Büchern oder äußeren Gegebenheiten, auf die Suche nach dem Glück machen, zeigen auf solche Weise nur, dass sie es noch nie erlebt beziehungsweise nie als Bestandteil ihrer wahren Natur erkannt haben. Sie jagen dieserart einer Idee hinterher, die immer von der Wahrheit getrennt sein muss.

Entwicklung zum Glück?

Höre auf, dich mit Rasse, Familie, Namen,
Gestalt und sozialer Stellung zu identifizieren.
Diese gehören zum Körper, dem Kleid der Vergänglichkeit.
Shankara

Die Menschheit hat in den letzten Jahrtausenden eine immense Entwicklung durchlaufen. Das angesammelte und gespeicherte persönliche Wissen ist mit der allgemein zugänglichen Fähigkeit von Lesen und Schreiben enorm angestiegen. Die Vermittlung dieses Wissens hat sich mit Hilfe moderner Kommunikationsmittel noch einmal in ihrem Umfang potenziert. Die Menschen sind von ihren Füßen auf Pferde, von dort auf Fahrzeuge und dann auf Flugzeuge und Jets umgestiegen, um schneller von einem Ort zum nächsten zu gelangen. Sie haben die Sprache und die Schrift entwickelt und sind innerhalb ihrer Verbreitung von Sprachrohren über Telegrafie zur Telefonie gelangt. Im Zeitalter von mobilem Telefonieren und Internet sind nahezu alle Informationen in kürzester Zeit zu erhalten. Waren und Produkte sind mit heutigen Verkehrsmitteln im Zeitraum von zwei Tagen fast überall in der Welt verfügbar. Die menschliche Wissens- und Warengesellschaft hat solchermaßen enorm an Effizienz gewonnen. Was das Betrifft ist die Entwicklung der Menschen fortlaufend perfektioniert und systematisiert worden.

Wie aber verhält es sich mit der psychologischen Entwicklung? Kann man hier eine zu der äußeren Entwicklung proportional verlaufende Evolution beobachten?

Bereits zu Beginn hatten wir festgestellt, dass sich alles Streben und Entwickeln der Menschen nach dem Erreichen und Erhalten absoluter Zufriedenheit und Glückseligkeit ausrichtet. Scheint es nicht in diesem Zusammenhang so zu sein, dass sich alle vom Menschen aufgewendete Energie, um dieses Ziel von Zufriedenheit zu erreichen, auf die fortgesetzte Perfektionierung zur möglichst effizienten Befriedigung von Wünschen, Bedürfnissen und der weiteren Ansammlung von Wissen konzentriert? Der Fokus liegt also darauf, persönliche oder allgemeine Wünsche und Bedürfnisse so schnell und umfangreich wie möglich zu erfüllen. Diese Entwicklung ist es, welche die Menschheit in unglaublicher Weise fortsetzt und vorantreibt. In welcher Form aber hat all diese Evolution tatsächlich zur Vermehrung wahrer Zufriedenheit geführt? Ist der Mensch heute glücklicher und zufriedener, als er es vor hundert oder tausend Jahren war?

Wir haben ergründet, dass äußerlicher Reichtum und körperliches Wohlbefinden keine Garanten für innere Glückseligkeit sind. Darüber hinaus haben wir erlebt, dass Armut und Entbehrung nicht unbedingt die innere Zufriedenheit zerstören können. Die Fakten belegen also, dass die Evolution des Menschen und das Erreichen von Gesundheit und Wohlstand nicht mit einer größeren allgemeinen Zufriedenheit einhergehen. Eher im Gegenteil, die generelle psychologische Hilfebedürftigkeit scheint sogar mit dem Erreichen äußerer Sicherheit anzusteigen.

Dem Leser sollte inzwischen klar sein, warum das so ist. Alles Streben und Erreichen nährt das „Ich". Je größer es wird, umso mehr Nahrung scheint es zu brauchen. Das „Ich" kann aber in sich niemals dauerhafte Befriedigung finden, da es äußerer Impulse bedarf.

Therapie als Weg zum Glück?

*Warum siehst du den Splitter im Auge deines Bruders, aber den
Balken in deinem Auge bemerkst du nicht?*
Matthäus 7:3

Einer der häufigsten Fragen, mit denen man sich innerhalb der Tätigkeit psychologischer Beratung konfrontiert sieht, ist die von Hilfesuchenden im Hinblick auf die Beurteilung der Frage nach persönlicher Krankheit oder Gesundheit:

„Ist das normal oder bin ich krank?"

Die Frage nach dem eigenen psychischen Zustand ist eine interessante, der es sich vielleicht lohnt, in diesem Zusammenhang einmal nachzugehen und sie mit der nach der körperlichen Gesundheit zu vergleichen.

Erstaunlicherweise, ist der Begriff „Gesundheit" im somatischen – also körperlichen Zusammenhang – relativ klar und einfach zu bestimmen. Körperliche Gesundheit definiert sich nämlich gemeinhin durch die Abwesenheit sämtlicher Krankheitssymptome im Sinne von Schmerzen, Einschränkungen, Behinderungen oder Insuffizienzen des Körpers. Im seelischen oder psychischen Bereich verhält es sich erstaunlicherweise nicht ganz so einfach. Hier hat man unter anderem den Begriff der „Norm" zu Hilfe genommen. Das, was als normal gilt, ist hierdurch von der klinischen Bezeichnung einer Erkrankung befreit.

Dass diese Norm einer ständigen Entwicklung und Anpassung unterliegt, zeigt folgendes eindrückliches Beispiel: Im ICD-10, der internationalen statistischen Klassifikation der Krankheiten, die von der Weltgesundheitsorganisation WHO herausgegeben wird und als verbindliche Diagnostik-Grundlage für Psychologen und Psychotherapeuten dient, war beispielsweise von jeher die Homosexualität als behandlungsbedürftige Krankheit aufgeführt. Erst seit 1993 ist das nicht mehr der Fall und die Homosexualität gilt seitdem, aus dem ICD-10 entfernt, als „normal". Das also, was prinzipiell als psychologisch krank oder gesund gilt, scheint zumindest in der Fachwelt wandelbar und damit überhaupt *nicht* klar zu sein.

Darüber hinaus gilt allgemein als therapiebedürftig, wer sich subjektiv in seiner Lebensqualität oder in der Bewältigung seines Lebens durch psychisches Leid beeinträchtigt fühlt oder diese Beeinträchtigung durch das eigene Verhalten anderen Menschen dauerhaft auferlegt beziehungsweise diesen schadet.

Was aber bedeutet in dem Zusammenhang der Begriff „Therapie" und welches Ziel hat eine Therapie?

Die grundsätzliche Intention einer psychotherapeutischen Behandlung ist es, die psychisch empfundene Beeinträchtigung oder das Symptom auf ein „normales" Maß zu regulieren. Die Norm ist in diesem Falle das allgemeine Durchschnittsmaß an psychologischer Gesundheit innerhalb der Gesellschaft. Leid gehört zum Leben und ein gewisses Maß an Leid wird als normal und unvermeidbar erachtet. In der Annahme dieser Gegebenheit sind die üblichen Therapien und Behandlungsmethoden häufig darauf ausgerichtet, besonders leidbringende Konstruktionen und Konditionierungen durch weniger belastende zu ersetzen. Ein häufig in diesem Zusammenhang verwendeter Fachbegriff hierfür ist „Paradigmenwechsel".

Eindrücklich überzeichnet wird das durch die Methode des sogenannten positiven Denkens, ein „Konzept" des amerikanischen Pastors Ralph Walter Emerson, innerhalb dessen durch fortgesetztes Wiederholen von positiv bewertetet Affirmationen oder Glaubenssätzen eine „bessere" Konditionierung und damit eine positive psychologische Veränderung zu erreichen versucht wird.

Für uns aber liegt es auf der Hand, dass es nur eine Form von psychischer oder seelischer Gesundheit geben kann, die ebenso wie ihre körperliche Entsprechung einzig aus der Abwesenheit von sämtlichen Leid bringenden Symptomen in der Form von psychologischen Konflikten bestehen kann. Der Weg zu dieser Konfliktfreiheit kann wiederum nur in der Einigung des Geistes bestehen. Sollte in der heutigen Welt auch die Mehrheit der Menschen die Möglichkeit eines Lebens ohne Konflikte, Sorgen und Ängste als unmöglich, da gänzlich unbekannt, ansehen, so war es unser Ziel, den Lesern dieses Buches einen Hauch von der Existenz dieser – sehr wohl vorhandenen Möglichkeit –

zu vermitteln. Sollte uns das gelungen sein, wäre es dann nicht die Aufwendung jeglicher zur Verfügung stehender Energie wert, diesen Zustand für sich zu realisieren? Wäre diese Energie nicht sinnvoller investiert, als sie für das Erreichen nutzloser Ziele oder die Kompensation vorhandener Defizite zu verschwenden, die niemals kontinuierliche Befriedigung erfahren können? Was also gäbe es zu verlieren, wenn man nun tatsächlich erkannt hätte, dass im Leben nichts jemals dauerhaft sein wird oder erreicht werden kann mit Ausnahme innerer Freiheit und Zufriedenheit?

Jetzt, da Sie einen ersten Überblick und Einblick in Bezug auf sich selber, die Mechanismen und einen entscheidenden Teil Ihrer psychologischen Prozesse und Automatismen haben, sind Sie in der Lage, objektiv und logisch für sich selber Entscheidungen zu treffen und damit die Verantwortung für Ihr Seelenleben und Ihren Geist in die sprichwörtlich eigenen Hände zu nehmen.

Viele Menschen und Institutionen haben in den vergangenen Jahrhunderten versucht, diesen existenten Verantwortungs-Mangel der Menschen auszunutzen oder diese Lücke zu schließen. Einige, um sich zu bereichern, andere, um ihr jeweiliges „Ich" zu stärken, und wieder andere vielleicht tatsächlich aufgrund selbstloser Motive. Es wurden in jedem Fall viele Konzepte und Institutionen entwickelt, um die Menschen aus ihrem selbst geschaffenen Leid herauszuführen. Im Laufe der Epochen gab es die verschiedensten Religionsformen, die aber ihr Ziel immer mehrheitlich verfehlten. Sie versuchten häufig auf mehr oder weniger subtile Weise, das individuelle „Ich" durch ein göttliches „Ich" zu ersetzen. Es gab politische Systeme, die probierten, das „Ich" in ein größeres, gemeinsames Ziel zu integrieren oder es dazu zu bringen, einer größeren Sache zu dienen. Keines dieser Konstrukte war jedoch in der Lage menschliches Leid dauerhaft zu mindern.

Man entdeckte auch die unterschiedlichsten Meditationstechniken innerhalb der Jahrhunderte immer wieder neu als Weg zur Befreiung. Hierbei geht es eigentlich darum, mit Hilfe von verschiedenen Körperhaltungen und Atemtechniken dem „Ich" im Rahmen einer festgesetzten Zeit zu entfliehen. Auch das ist in der Regel von begrenztem Erfolg, weil das „Ich" natürlich, gemäß seiner Natur, immer wieder zurückkommt und niemals wirklich dauerhaft verschwindet. Daher haben diese Formen der Meditation, praktisch dieselbe Wirkung wie andere und zum Teil modernere Methoden zur zeitweisen Ablenkung vom „Ich": Filme anschauen, besondere Sportarten, oder auch die Einnahme psychotroper Substanzen fallen in diese Kategorie.

Jede Form der Flucht vor dem eigenen „Ich" ist gemäß der Natur des „Ich" immer zeitlich begrenzt und kann darum keine dauerhafte Hilfe bieten.

Vielleicht entwickelte man auch aus diesem Grund die Psychotherapie. Sie zielt mehrheitlich darauf ab, unangenehme, Leid bewirkende Konstruktionen des „Ich" durch angenehmere zu ersetzen. In neuerer Zeit hat man noch weitere und speziellere Techniken und Systeme mit diesem Ziel entwickelt. Beispielsweise setzt man auf die Kraft des Jetzt, mit der Intention, im Hier und Jetzt zu verweilen. Allerdings scheitert auch diese Technik nur allzu häufig an der Notwendigkeit, in einer Welt leben zu müssen, die ihre Referenzpunkte in der Vergangenheit hat und die der ständigen Planung für ein Morgen bedarf.

Darüber hinaus gilt bei der Anwendung von „persönlichen" Techniken, dass es sich in der Regel um das „Ich" handelt, welches ein Ziel erreichen möchte.

Nachdem wir also nun gemeinsam einige der, wie wir glauben, wichtigsten Eckpunkte der menschlichen Psyche sowie deren Entstehung betrachtet und versucht haben, sie ins rechte Licht zu rücken, stellt sich natürlich jetzt die Frage, was man denn nun mit diesem Wissen anfängt und wie man all diese Theorie, denn in praktischer Weise so umsetzen kann, dass es einen tatsächlich von Selbsttäuschung und Leid befreit?

Der Weg dieser praktischen Umsetzung kann, und das entspricht unserer tiefsten Überzeugung, abgesehen von Spontan-Ereignissen – nur mit der nachfolgend beschriebenen *Conscious Realization* erreicht werden.

Teil IV

Conscious Realization
(Bewusste Selbst-Realisation)
Der Weg zum absoluten Bewusstsein

Innerhalb der vielen Jahre unserer Arbeit mit anderen Menschen im Hinblick auf deren Befreiung von psychischem Leid haben wir uns mit nahezu sämtlichen Techniken und selbst den entlegensten Methoden und Systemen beschäftigt, die scheinbar oder tatsächlich den Zweck verfolgen, das menschliche Leid zu mindern. Die Ergebnisse ihrer Anwendung waren für uns mehrheitlich recht eindeutig. Selbst vielversprechende Konzepte, die wir auf unserem Weg von A wie Atemtechniken bis Z wie Zen-Buddhismus erforschten, waren allenfalls in der Lage, eine zeitlich begrenzte „Auszeit" vom Leid zu bewirken.

Eine dauerhafte Abschottung von der Welt in Form einer Einsiedelei oder beispielsweise in einem abgeschiedenen Kloster konnte und kann für uns ebenfalls nicht als Lösung in Betracht kommen. Denn hierbei handelt es sich um eine künstlich herbeigeführte Isolation von äußeren Reizen, auf die das „Ich" eventuell mit negativen Gedanken und Empfindungen reagieren könnte. Als solche bewirkt Isolation daher keinerlei Veränderung, sondern lediglich einen Mangel an „Leben".

Bei der von uns beschriebenen und angestrebten Befreiung von psychischem Leid muss es sich also um eine Veränderung handeln, die unter allen Umständen dauerhaft ist. Darüber hinaus darf sie sowohl zeitlich als auch räumlich keinerlei Einschränkungen unterliegen und nicht an äußere Gegebenheiten oder Lebensumstände gebunden sein.

Unter dieser Prämisse sind wir zu einem Prozess gelangt, wie ihn Menschen zu allen zeitlichen Epochen seit Beginn der Aufzeichnung erfahren haben, denen es gelungen ist, eben diesen Zustand absoluter unbedingter Freiheit von psychologischem Leid zu erreichen. Häufig hat man diese Menschen posthum verschiedenen Systemen oder Religionen zugeordnet oder sich in der Entwicklung nachfolgender Techniken auf eben solche außergewöhnliche Existenzen berufen.

Tatsächlich aber ist der Vorgang, den wir als *Conscious Realization* bezeichnen, absolut unabhängig von solchen oder ähnlichen festen Strukturen. Es handelt sich daher auch in keiner Weise um ein System oder eine Technik, die „wir" entwickelt oder erdacht haben. Vielmehr sind die hier vorliegenden Ausführungen zur *Conscious Realization* unser Beitrag zu einer möglichst exakten Beschreibung eines absoluten Selbstrealisations-Prozesses, wie er durch die größtmögliche Erweiterung des eigenen Bewusstseins auf nahezu natürliche und ursprüngliche Weise eintreten kann.

Nach der Selbstrealisation dieses Prozesses stießen wir im Rahmen der Periode von Verarbeitung, Nachbearbeitung und Recherche auf vielfältige zeitlich zurückliegende exakte Beschreibungen dessen. In den verschiedensten historischen Berichten von und über sogenannte „Befreite", „Erwachte" oder als „erleuchtet" beschriebene Menschen fanden wir die unterschiedlichsten Interpretationen dessen, was wir nun zu beschreiben versuchen. Seither haben wir diesen Prozess partiell oder ganzheitlich innerhalb der unterschiedlichsten Personen gemeinsam erfolgreich initiiert und diese Menschen im Verlauf der Realisation ihres Selbst begleitet.

Unsere eigenen Beobachtungen, die verschiedenen historischen Beschreibungen sowie die exakte Dokumentation der von uns begleiteten Menschen bilden die Grundlage des hier vorliegenden Buches sowie die nun folgende Zusammenfassung der *Conscious Realization*.

Kapitel 15
Conscious Realization

*Alles wird erkannt, sobald es dem Licht
ausgesetzt wird, und was immer dem Licht
ausgesetzt wird, wird selber zu Licht.*
Paulus

Bereits im Verlauf dieses Buches haben wir mit dem Versuch begonnen, die *Conscious Realization* innerhalb der interessierten offenen und passionierten Leser anzustoßen. Dies geschah, indem wir die inneren Automatismen und Konditionierungen der Menschen im Allgemeinen beschrieben und erläutert haben. Wir haben Sie überdies immer wieder dazu angehalten, die jeweiligen, von uns benannten grundsätzlichen inneren Prozesse sowie deren Entstehung, in sich selber nachzuvollziehen beziehungsweise diese in sich zu erkennen.

In dem vorliegenden Kapitel beschreiben wir die Struktur des gesamten Prozesses in ausführlicher Weise. Einerseits zur nachhaltigen

Erweiterung des Bewusstseins der interessierten Leser, andererseits als Basis für Berater oder Therapeuten, welche die Grundlagen dieses Prozesses in ihre Arbeit mit Klienten oder Patienten integrieren möchten.

Hierzu gilt es noch anzumerken, dass wir uns im Zusammenhang unserer Ausführungen und Beschreibungen dieses Prozesses an der vollständigen Befreiung von psychologischem Leid als das finale Stadium orientiert haben. Das bedeutet aber nicht, dass die von uns erläuterten Phasen und Stadien der *Conscious Realization* nicht auch erfolgreich auf einzelne, begrenzte psychologische Symptome oder Syndrome angewendet werden können.

Ganz im Gegenteil sogar halten wir *Conscious Realization* für die einzig nachhaltige und effektive Möglichkeit, um jede Form von neurotischen Symptomen oder Verhaltensweisen zu behandeln, ohne lediglich eine Konditionierung gegen eine andere auszutauschen oder eine sogenannte Symptomverschiebung zu evozieren. Hierbei ist man zwar eines Problems enthoben aber leider nur zugunsten eines anderen sich neu bildenden Symptoms, das natürlich demselben unwillkürlichen Ziel dient.

Unabhängig von der Möglichkeit aber, nur einzelne „leidende" oder „krankhafte" Bestandteile der Psyche zu behandeln, halten wir diese Zielsetzung für nicht ausreichend. Obgleich sie dem einzelnen Menschen seinen Leidensdruck nimmt, reicht es jedoch nicht, um ihm die volle Bandbreite menschlichen Lebens in Form von wahrer Zufriedenheit und Glückseligkeit zugänglich zu machen.

Gemäß unseren Erfahrungen ändert sich daher häufig im Rahmen einer symptomorientierten und damit begrenzten Behandlung, die Zielsetzung im Laufe der Zusammenarbeit zwischen Klient und Berater im Hinblick auf eine eher ganzheitliche Erhöhung des Grades an Zufriedenheit. Man mag vielleicht zunächst der Vorstellung unterliegen, dass es ausreichend ist, den psychologischen, symptomatischen „Stein des Anstoßes" aus dem Weg zu räumen, um mehr Licht ins Innere der eigenen Psyche gelangen zu lassen. Hat man aber einmal das Licht gesehen und verfügt bereits über das notwendige „Werkzeug", warum sollte man sich dann mit nur einem Stein begnügen, wenn man auch das ganze Gefängnis um einen herum einzureißen in der Lage ist? Ein wenig Freiheit ist dann als Ziel oft nicht mehr so attraktiv.

Die *Conscious Realization* lässt sich grob in zwei Phasen einteilen, welche sich wiederum jeweils in drei verschiedene Stadien aufgliedern:

Sensibilisierungs-Phase
1. Passion, Leidenschaft
2. Begreifen, Ordnung schaffen
3. Resonanz, Selbsterfahrung

Realisations-Phase
4. Wahrnehmen, der Beobachter
5. Wachstum, Raum schaffen
6. Ent-scheidung, Freiheit

Alle Phasen und Stadien zeigten sich in unserer Arbeit mit Klienten als progressiv aufeinander aufbauend. Sie präsentierten sich, insbesondere bei ihrem erstmaligen Durchlaufen, in der von uns beschriebenen Reihenfolge als unvermeidbar und notwendig für die unterschiedlichen Bereiche der Psyche. Die einzelnen Stadien sind jedoch, auch wenn sie einmal durchlaufen sind, dennoch in keiner Weise bereits vollständig abgeschlossen.

Die Arbeit innerhalb der drei Stadien der Sensibilisierungs-Phase beispielsweise, bildet einen Kreislauf der sich einer Spirale gleich, immer tiefer durch die Schichten der jeweiligen Persönlichkeit dreht. Im fortgeschrittenen Verlauf dieses persönlichen Prozesses finden durchaus Sprünge zwischen den einzelnen Phasen und Stadien statt.

Wir haben die Erfahrung gemacht, dass die Intensität der sogenannten Initial-Phase der „Passion" häufig eine wesentliche Bedingung oder Voraussetzung dafür ist, wie tief und intensiv der gesamte Erkenntnis-Prozess schließlich durchlaufen wird. Bei vielen uns bekannten Fällen, in denen sich der von uns beschriebene Prozess spontan, das heißt, ohne geplante oder bewusst herbeigeführte Einleitung vollzogen hat, war ein erhebliches Maß an vorangegangenem subjektiven Leid mitverursachend. Das immense Maß des Leidens an sich selbst, verbunden mit dem Wunsch, sich von selbigem zu befreien, bewirkte bei diesen Menschen häufig den Prozess der „Heilung" sozusagen unwillkürlich. Vielleicht muss also das „Ich" erst so stark an sich selber erkranken, damit es schließlich eine Korrektur oder Auflösung erfährt.

Der Prozess zur bewussten Einheit des Geistes – *Conscious Realization* – besteht zunächst in der tatsächlichen und vollständigen Erkenntnis des „Ich" samt seiner Prozesse und Konstruktionen von einem jenseitigen Standpunkt aus, sowie der damit einhergehenden Ablösung oder Distanzierung vom „Ich". Zugleich erfolgt die unmittelbare Integration aller abgespaltenen Bestandteile innerhalb der wahren hierdurch realisierten Natur.

Nachfolgend wagen wir eine detaillierte Beschreibung der einzelnen Phasen und Stadien der *Conscious Realization*:

I. Sensibilisierungsphase
1. Stadium: Passion/ Leidenschaft

Das Leid ist das schnellste Pferd zur Vollkommenheit.
Meister Eckhart

Jedes Leben hat sein Maß an Leid.
Manchmal bewirkt eben dieses unser Erwachen.
Buddha

Das Leiden schafft die Leidenschaft, um das,
was Leiden schafft, aus dem Weg zu schaffen.
Der Autor

Wir haben gesehen, wie jede Regung der Psyche auf ein Ziel hin ausgerichtet ist. Setzt man sich ein willkürliches Ziel, einzig weil es sich logisch oder richtig anhört und damit als das Resultat aus einem bewussten Gedankenprozess, dann wird sich dessen Verfolgung häufig als mühsam erweisen und man wird den Weg dorthin als energieraubend und erschöpfend empfinden. Einem Ziel aber, mit dem man unwillkürlich identifiziert ist, wird man hingegen auf ewig scheinbar mühelos hinterherjagen.

Ein zutiefst unglücklicher leidender Mensch kann unter gewissen Umständen eine Passion zur Befreiung vom Leid entwickeln. „Passion" bedeutet für uns prinzipiell die Vereinigung beider psychologischer Anteile, bestehend aus dem unwillkürlichen und auch aus dem willentlichen Teil im Hinblick auf ein gemeinsames Ziel. In diesem Falle besteht die Einheit der Psyche in Ihrem Streben zur Befreiung vom Leid.

„Passion" scheint uns in dem Zusammenhang der perfekte Begriff zu sein, da er in seiner doppelten, ursprünglichen Wort-Bedeutung sowohl tiefes Leid (Passion entstammt dem lateinischen Wort „passio" - „leiden" wie beispielsweise in der Verwendung der „Passion Christi"), zugleich aber auch tiefste Sehnsucht oder Befriedigung im Sinne von Leidenschaft bedeutet. Es ist in unseren Augen daher keinesfalls Zufall, dass der Begriff „Passion" als eines der wenigen existenten Worte beide Seiten der Dichotomie, beide Pole der menschlichen Psyche zugleich beschreibt. Vielleicht ist tiefer seelischer Schmerz notwendig, um die erforderliche Energie aufbringen zu können, die schließlich alles Leid zu überwinden hilft.

Man nutzt auf diese Weise den psychologisch konditionierten und von uns bereits im Zusammenhang mit der Menschenkenntnis in Kapitel 4 erläuterten Effekt der „Über-Kompensation".

In unserer Gesellschaft besteht heutzutage ein allgemeines durchschnittliches Maß an Unzufriedenheit und Verzweiflung. Dieses „Normalmaß" an Leid wird als zum-Leben-gehörend allgemein akzeptiert und nur zu selten in Frage gestellt. Daher löst häufig erst ein überdurchschnittliches subjektives Leid den Wunsch aus, es überwinden zu wollen. Um in der Ausprägung des Strebens nach Zufriedenheit gar in den Bereich der Passion zu gelangen, bedarf es also entweder eines besonders starken seelischen Schmerzes oder aber der persönlichen Einsicht in das eigene Leid als ein überflüssiges Symptom.

Sind diese Voraussetzungen nicht gegeben, neigt man allzu leicht dazu, sich im Rahmen seines „Ich" zu arrangieren. Man richtet sich häuslich ein und empfindet den wirklichen Wunsch nach Veränderung nur zu Zeiten persönlicher Krisen.

Diese Krisen treten in der Regel oft bei größeren Veränderungen der jeweiligen persönlichen Lebenskonstruktionen auf. Der Verlust eines Partners oder einer geliebten Person, die bevorstehende Rente, der Wegfall des Arbeitsplatzes, Wohnortwechsel, anstehende Prüfungen oder persönliches Versagen – all das sind allgemeine Beispiele hierfür. Inmitten solcher persönlicher Krisen erkennt man die innere Konstruktion als nicht sicher und sucht vielleicht Hilfe und Veränderung. Gleichzeitig arrangiert man aber, im Rahmen seiner Möglichkeiten, die äußeren Umstände auf eine Weise um, die persönliche Konflikte und Unsicherheitsgefühle weniger wahrzunehmen hilft. Vielleicht lenkt man sich also ab, sucht neue Kontakte, andere Hobbys oder eine andere Arbeit und so weiter. Man gestaltet sein Leben also wieder in einer Weise, die weniger wehtut, nur um dann dazu überzugehen, dieses neue Lebensarrangement abermals abzusichern. Mit dem Nachlassen des Schmerzes verblassen dann auch aufs Neue der Wunsch und die Energie zur Veränderung. Bis zum nächsten lebensverändernden oder einschneidenden Ereignis.

Wir hoffen, durch das vorliegende Buch eine erhöhte Aufmerksamkeit der Leser für die Leid bringenden Konstruktionen des Menschen geschaffen zu haben. Diese Sensibilität könnte, in Verbindung mit der Erkenntnis des allgegenwärtigen Mangels an wahrhaftem Leben sowie dem Vorgeschmack der Möglichkeiten, die in der Erfahrung von wahrem Glück und tiefer Zufriedenheit liegen, ebenfalls eine Passion in den Lesern erwecken. Diese würde dann aber nicht aus Leid, sondern aus der Sehnsucht nach tiefem inneren Frieden entsteht.

Sensibilisierungsphase
2. Stadium: Begreifen/ Ordnung schaffen

So wenig ein Gebäude fertig ist, wenn sein
Grund gelegt worden, so wenig ist der
erreichte Begriff des Ganzen das Ganze selbst.
G. W. F. Hegel

Noch vor einigen Jahrhunderten, als Wissen und Bildung noch nicht allgemein zugänglich und vor allem in der westlichen Welt vornehmlich in der Hand der Kirche war, bestand das Streben vieler Gesellschaften darin, ein, wie man es nannte, „gottgefälliges Leben" zu führen. Ziel war zu jener Zeit häufig die Belohnung Gottes in oder nach dem eigenen Leben. Viele Menschen richteten ihr Handeln und Streben damals auf diese Bestimmung hin aus.

Heute jedoch leben wir in einer Gesellschaft, in welcher der Logik ein immenser Stellenwert eingeräumt wird. Die Notwendigkeit, rational zu verstehen und in allem einen in sich schlüssigen Sinn finden zu müssen, ist Teil der heutigen allgegenwärtigen gesellschaftlichen Konditionierung. Diese Konditionierung ist, wie jede andere Bewegung der Psyche auch, kein Zufall, sondern ebenfalls auf ein Ziel hin ausgerichtet. Das aktuelle soziale Gefüge der Welt besteht nahezu ausschließlich aus Werden und Erreichen. Wer nichts erreicht oder angesammelt hat, hat keinen Wert innerhalb der Gesellschaft.

Wie aber erreicht man Werden und Erreichen?

Kinder beginnen häufig mit Hilfe von Versuch und Irrtum Strategien zu entwickeln. Gewalt, Durchhaltevermögen, dass Einnehmen einer Opferrolle, betteln oder weinen können ebenso Mittel zur Zielerreichung sein wie Probleme machen beim Essen, beim Toilettengang oder im Verhalten mit Geschwistern. Schnell erwachsen aus den so gemachten Erfahrungen Ideen und Konzepte die, je nach Dienlichkeit, also danach ob sie zum Ziel führen oder nicht, internalisiert und ins Unwillkürliche übernommen werden. Alle zukünftig im Bewusstsein auftauchenden potenziellen, neuen Instrumente, Strategien oder Möglichkeiten zur Zielerreichung nehmen fortan den Weg über die Logik oder über die Emotion. Gefällt einem ein Ziel, eine Idee beziehungsweise die Vorstellung dessen, so erschafft man den Willen oder den Wunsch, es erreichen zu wollen. Finden sich verschiedene Möglichkeiten zur Zielerreichung, so entscheidet oft die Ratio. Häufig wird jener Weg gewählt, der am ehesten schlüssig oder logisch erscheint.

Auch hierin ist das unwillkürlich übernommene Konzept von potenzieller Veränderung im Verlauf von Zeit enthalten. Heute etwas tun, um sich morgen zu verändern, beziehungsweise morgen jemand zu werden.

Um aber all diese falschen Vor-Stellungen und Konditionierungen als solche zu erkennen und sie ausräumen zu können, müssen wir zunächst dennoch weiter mit ihnen arbeiten. Denn bis zu diesem Punkt sind sie nicht nur einfach ein Teil der Menschen. Die Menschen sind vielmehr, psychologisch nahezu identisch mit diesen Konditionierungen, die eine erhebliche Komponente ihres Ichs ausmachen. Jemand, der die Notwendigkeit für weiteres Handeln auf dem Weg zur Befreiung vom Leid nicht logisch und rational begreift, wird diesen Weg häufig entweder nicht weitergehen oder einfach nicht die notwendige Energie aufbringen. Er wird bei der Logik verweilen, weil sie für ihn das wichtigste Instrument ist. Was nicht logisch erscheint, wird als „Blödsinn" oder „sinnlos" abgetan.

Der Begriff „Sinn" ist in seiner allgemeinen Verwendung deckungsgleich mit einem logisch begründbaren und nachvollziehbaren Ziel. Das was nicht einwandfrei logisch erscheint und als solches „begriffen" wird, ergibt keinen Sinn. Ein, wenn nicht sogar der entscheidende Teil des menschlichen Seelenlebens ist aber überhaupt nicht logisch, sondern eben „psycho-logisch". Daher ist es unvermeidbar und notwendig, dass man zunächst, ohne den Hauch eines Zweifels, logisch vollkommen klar erkennen muss, dass die Logik den Bereich der absoluten Zufriedenheit nicht begreifen oder erfassen kann. Denn hierbei handelt es sich um einen Bereich jenseits der Ratio. Erst wenn dieses Verständnis erreicht worden ist, können wir den Weg fortsetzen, ohne immer wieder auf diese Wiederstände zu stoßen.

Was die *Conscious Realization* bewirkt, gleicht auf diese Weise dem Erlernen einer neuen Sprache. Um jemandem eine Idee, von dieser neu zu erlernenden Sprache zu vermitteln, müssen wir uns zwangsläufig zunächst der alten Sprache bedienen, die unser Gegenüber spricht, um uns verständlich zu machen. Vor Jahrhunderten sprachen die Menschen die Sprache der Religion und man bediente sich ihrer als gemeinsame Grundlage. Viele Entscheidungen und Handlungen mussten mit den Worten der Bibel im Einklang stehen, sonst wurden sie abgelehnt.

Heutzutage sprechen die Menschen die Sprache der Logik und der Ratio. Also müssen wir im ersten Schritt den Zugang zu ihnen über eben diese Sprache finden. Nur so sind wir oft erst in der Lage, überhaupt Kontakt aufnehmen zu können. Frühestens dann können wir, im nächsten Schritt versuchen, die neue Sprache zu vermitteln.

Auf rationale klare und nachvollziehbare Weise zu erläutern, welchen Konditionierungen die Menschen unterliegen, wie diese entstehen und welche psychischen Auswirkungen sie haben, ist also der logische Beginn dieses Prozesses. Das intellektuelle Erfassen von verständlichen Erklärungen und Beschreibungen ist notwendig, damit unser Gegenüber bereit ist, weitere nachfolgende Schritte überhaupt zuzulassen.

Solange die Menschen nicht völlig logisch, rational nachvollziehbar und verständlich begreifen können, dass...

- sie nahezu gänzlich konditioniert sind
- Sicherheit im Sinne von Stillstand in der Welt nicht existiert
- psychische Zeit eine Illusion ist
- alles, was sie glauben zu sein und womit sie identifiziert sind, eine Konstruktion ist, ...

... solange werden sie unter keinen Umständen bereit sein, diese Vorstellungen loszulassen.

Erst wenn man sich im Verlauf des zweiten Stadiums „Begreifen" von seiner Logik ein zweifelsfreies Verstehen eingeholt hat, ist man bereit für den nächsten notwendigen Schritt. Frühestens dann ist man fähig, die für diesen nächsten Schritt erforderliche Energie aufzubringen, um sich hier für etwas Neues, vielleicht bislang Unbekanntes zu öffnen.

Innerhalb des zweiten Stadiums geht es also darum, die eigenen Konditionierungen und inneren Prozesse logisch und rational zu verstehen.

Einen großen Teil dieses Verständnisses haben wir mit den vorangegangenen Kapiteln in diesem Buch zu erreichen versucht. Sie sind daher ein essenzielles Element des Stadiums „Begreifen". Wir erläuterten, was Konditionierungen sind, wie sie zu einem Bestandteil des Unbewussten werden und sich so dem willentlichen Zugriff entziehen.

Wir haben die Entstehung von Gedanken und Gefühlen beschrieben mit dem Ziel, ihnen den rechten Stellenwert beizumessen und die verbreitete Illusion zu zerstören, man wäre ihnen hilflos ohne die Möglichkeit einer Einflussnahme ausgeliefert. Mit Hilfe von objektiv logischen und eindeutigen Schilderungen haben wir die Funktion und die Bestandteile dessen aufgezeigt was man sein „Ich" nennt und es so hinreichend als Illusion enttarnt. Das Verständnis hierfür ist die notwendige Voraussetzung für den weiteren, darauf aufbauenden Verlauf der *Conscious Realization*, bei dem es jetzt darum geht, diese Erkenntnisse zu Erfahrungen zu machen.

Sensibilisierungsphase
3. Stadium: Resonanz/ Selbsterfahrung

Das ist der Weisheit letzter Schluss:
Nur der verdient sich Freiheit wie das Leben,
Der täglich sie erobern muss.
Johann Wolfgang von Goethe

Der nächste Schritt ist das Wiedererkennen der im zweiten Stadium dargelegten, und verstandenen eigenen Konditionierungen und Mechanismen sowie der dazugehörigen Auswirkungen und Wechselwirkungen innerhalb seiner selbst.

Die „Wiederkenntnis" besteht darin, dass man beginnt, die logisch verstandenen Erläuterungen und Zusammenhänge in sich selbst zu kontrollieren, beziehungsweise diese in sich zu empfinden.

Es handelt sich hierbei um einen Prozess der Erkenntnis im Sinne einer Erfahrung. Er ist in Art und Umfang nicht mit der Struktur des rationalen Akzeptierens, Begreifens und logischen Nachvollziehens wie er in Phase zwei stattfindet, zu vergleichen. Daher hat er nichts mit dem in unserer Gesellschaft vorherrschenden logischen Verständnisprozess gemein. Hierbei geht es um eine wesentlich eindringlichere und tiefere Erfahrung, die mit einer innerlich empfundenen Resonanz einhergeht. Bei diesem Erleben entsteht eine Form von Rückkopplung oder

Widerhall – ein unverwechselbares Gefühl des „In-sich-wieder-Empfindens".

Ein solcher innerer Widerhall, der mit einer synchronen Schwingung zweier Instrumente zu vergleichen ist, schafft ein unmittelbares „Er-Leben". Das ist zugleich die direkte Erfahrung der Wahrheit im Augenblick. Damit ist Wahrheit nicht mehr abhängig von dem Glauben an Informationen, der Logik oder äußeren Instanzen. Sie wird in diesem Augenblick zur eigenen Gewissheit. Diese Gewissheit wird durch den vorangegangenen Prozess von „Begreifen" und „Resonanz" zugleich Teil des Bewusstseins. Sie ist auf solche Weise dem Unbewussten entrissen und der Willkür zugänglich.

Wenn man beispielsweise im Verlauf des zweiten Stadiums der *Conscious Realization*, tatsächlich und vollständig verstanden hat, wie Angst entsteht und das sie ein automatisch ablaufender Prozess von konditionierten Gedankenkomplexen ist, die nicht der äußeren Wahrheit entsprechen, so ist man nun in der Lage diesen Prozess der Angst innerhalb seiner selbst zunächst künstlich zu reproduzieren oder nachzubauen.

Auf diese Weise erhält man die tatsächliche Erfahrung der Wahrheit. Man produziert willkürlich Angst hervorrufende Gedanken und die hieraus resultierende bedingte Emotion der Angst, bestätigt die beschriebene Theorie umfassend und wird hierdurch zu einer persönlichen Erfahrung.

Was sich theoretisch sehr komplex und kompliziert anhören mag ist praktisch ein simpler und einfacher Prozess. Stellen Sie sich einfach mit ausreichender Energie und Phantasie vor, dass Sie morgen durch einen Schicksalsschlag das verlieren, was Ihnen lieb ist. Das mag eine Person, ein Gegenstand oder vielleicht Ihre Arbeit sein. Wenn Sie in der Lage sind sich diesen Gedanken voll hinzugeben, werden Sie feststellen, wie sich unwillkürlich das Gefühl von Angst in Ihnen regt. Natürlich ist diese Angst in ihrer Ausprägung nicht so stark, als wenn sie in ihrer spontanen, unwillkürlichen Form erscheint, aber sie bestätigt, auch in schwächerer Existenz, dass sie exakt auf die hier beschriebene Weise entsteht.

Damit wird das theoretische Wissen aus dem zweiten Stadium zu einer persönlichen Gewissheit und zur aktuellen Wahrheit, die künftig nicht mehr erinnert werden oder aus dem Gedächtnis gerufen werden muss. Sie werden mit etwas Übung und Sensibilität diesen Prozess künftig bereits im Moment seines Auftretens wahrnehmen können.

Gerade die Emotion Angst kann sehr einnehmend und überwältigend sein, aber Sie werden feststellen wie die Erfahrung der wahren Natur von Angst ihr bereits einiges an Kraft nimmt. Wenn Sie darüber hinaus Ihr waches Bewusstsein auf die Wahrnehmung dieses Prozesses richten, werden Sie erfahren wie beim nächsten Auftreten von unwillkürlicher Angst, diese bereits den allergrößten Teil ihrer Kraft und ihres Schreckens verliert.

Dieser Hergang schafft neue Energieressourcen auf verschiedenen Ebenen. Zum einen steht künftig die bislang für den Ablauf und die Aufrechterhaltung des unwillkürlichen Prozesses der Entstehung von Angst notwendige Energie zur besseren Verfügung und auf der anderen Seite muss fortan keine Energie mehr aufgewendet werden, um die Auswirkungen und Symptome dieser Mechanismen bewusst zu kontrollieren oder zu bekämpfen. Man spart also die Energie die man vorher zur Bekämpfung und Unterdrückung von Angst verwendete.

Die im Laufe des Sensibilisierungsprozesses auf solche Art freiwerdenden energetischen Ressourcen sind für die nachfolgenden Stadien auf dem Weg zur geistigen Einheit dringend notwendig. Insbesondere Menschen, die zur Ausprägung psychosomatischer Symptome neigen, werden häufig bereits durch die Arbeit innerhalb der ersten Stadien Erleichterung erfahren.

Je intensiver und umfangreicher die Erfahrungen im Zusammenhang mit der Arbeit in Stadium zwei und drei kultiviert werden, umso sensibler werden die Praktizierenden in Bezug auf ihre eigenen inneren Prozesse. Schon bald sind sie in der Lage, Konstruktionen und bedingte Emotionen unmittelbar bei deren Erscheinen wahrzunehmen. Tatsächlich erschafft und kultiviert man hier eine solch profunde Selbstwahrnehmung, wie sie den meisten Menschen der heutigen Zeit leider nicht zur Verfügung steht. Das liegt weniger an der Unfähigkeit unserer heutigen Artgenossen, als vielmehr daran, dass es keinerlei Raum und Gelegenheit in der sogenannten modernen Gesellschaft gibt, um diese grundsätzlich vorhandene Fähigkeit zu elaborieren oder zu kultivieren.

Sogenannte zivilisierte Menschen lernen daheim, wie man sein sollte und was richtig beziehungsweise falsch ist. In der Schule versucht man ihnen die Werkzeuge an die Hand zu geben, um sich in der späteren Arbeitswelt zurechtzufinden. Wer aber bringt jungen Menschen bei, wie man in sich selber hineinfühlt, sich erkennt, sich wahrnimmt oder konstruierte von unbedingten Emotionen unterscheidet? Wie lernen sie, wahrhaftes Glück von falschem Ehrgeiz zu unterscheiden? Dieser omnipotente Mangel liegt vermutlich in der Tatsache begründet, dass ein Akt der Selbsterkenntnis offensichtlich in keiner Weise zur Erreichung eines äußeren Zieles oder einer nutzbringenden Fähigkeit beiträgt. Absolute Zufriedenheit und Ausgeglichenheit ohne erreichen oder produzieren zu wollen ist in einer Gesellschaft die nach immer mehr Wachstum und Gewinn trachtet offensichtlich nicht hilfreich.

Die Sensibilisierungs-Phase bildet die Grundlage für die im Gesamt-Prozess nachfolgende Realisationsphase. Je profunder die Ausprägung der Sensibilisierungsphase, umso mehr Energie beziehungsweise Intensität steht für die Stadien der Realisationsphase zur Verfügung.

Das Durchlaufen des Stadiums der Resonanz schafft unter Umständen eine gewisse subjektiv empfundene Unsicherheit. Das kann geschehen, da man hier einerseits beginnt, sich selber in Frage zu stellen, und einem auf der anderen Seite häufig die für die rationalen Prozesse wichtigen Referenzpunkte fehlen. Sich selber zu hinterfragen, ist ein paradoxer Prozess, da er von einer nicht vorhandenen oder konstruierten psychologischen Spaltung seiner selbst ausgeht, wie wir sie bereits in Kapitel 2 als „Puppenspiel" beschrieben haben.

Das zweite Problem, welches vorhandene Unsicherheiten verstärken kann, sind die fehlenden Kontroll- oder Referenzpunkte. Wenn man die Erfahrung des „In-sich-einfühlen" nicht kennt, weiß man nicht, ob man wirklich das „Richtige" fühlt oder wie man das Richtige fühlen soll. Das sind die oben von uns erwähnten fehlenden Referenzpunkte, die zu haben man üblicherweise bei rationalen Prozessen gewohnt ist. Bei einer Rechenaufgabe zum Beispiel, eine logische und rationale Anforderung, kann man bei Unsicherheit in Bezug auf das Ergebnis gegebenenfalls eine Probe machen oder sie kontrollieren, in anderen Bereichen lassen sich unsichere Informationen nachschlagen oder man fragt jemanden der es weiß. Aber wie funktioniert das mit Gefühlen? Man kann nicht wissen, ob man das Richtige fühlt und tatsächlich ist das auch nicht die Aufgabe.

Daher muss einem folgendes hier klar sein: Erreicht man innerhalb der *Conscious Realization* den Punkt, an welchem man sich die Frage nach richtig oder falsch stellt, so ist man bereits in dem Moment des Zweifels unwillkürlich vom Stadium der Resonanz auf das des rationalen Begreifens zurückgesprungen. Hierbei handelt es sich aber um eine häufig verwendete unwillkürliche Strategie, um die beschriebene Unsicherheit kompensatorisch zu überbrücken. Man erfährt während des Durchlaufens von Phase zwei und drei gleichsam, dass man nicht ist, wer man zu sein glaubt, und man weiß am Ende nur, wie wenig man eigentlich tatsächlich bisher wusste.

Wissen und Empfinden sind eben zwei vollständig getrennte Bereiche, und sich falsche Vorstellungen von Gefühlen zu machen, kann zu erheblichen Konflikten führen. Der „Sprung" vom 2. Stadium zum 3. Stadium gestaltet sich daher für viele zunächst schwierig. Er wird häufig zunächst nur kurzfristig gelingen und immer wieder Unsicherheit verursachen. Die führt dann unwillkürlich dazu, ständig erneut auf Ebene zwei zurückzuspringen.

Dieses Hin und Her zwischen Verstehen-, Empfinden, zu versuchen das Empfundene zu verstehen, erneut zu empfinden, die Unsicherheit, das Richtige empfunden zu haben, usw. kann ab einem bestimmten Grad zu Unsicherheit und Verwirrung führen.
Bisweilen ruft das sogar einen Schutzmechanismus auf rationaler Ebene hervor, der dazu führt, die Logik des gesamten Prozesses in Frage zu stellen oder die Fähigkeit des Beraters in Zweifel zu ziehen. Der persönliche Schluss den man dann aus seiner Unsicherheit zieht ist vielleicht:

Das verwirrt mich alles, das funktioniert ja alles nicht, Ich habe das Gefühl jetzt erst recht verrückt zu werden.

Oder aber man versucht, den Berater zu entthronen. Hierbei kann es etwa zu folgenden Gedanken oder Konklusionen kommen:

„*Der Berater weiß ja selber nicht wie es geht.*"
oder
„*Er hat dieses und jenes gesagt oder ein Verhalten gezeigt was mich zu der Interpretation verleitet, dass er selber diesen Zustand nicht kennt, welchen er mir nun vermitteln möchte.*"

Dies sind keine seltenen Reaktionen die aus der simplen Tatsache resultieren, dass eine solche emotionale Arbeit zunächst eine sehr ungewohnte Tätigkeit in einer bislang von Ratio und Logik dominierten Lebensführung ist. Die Suche nach logischen Argumenten die den gesamten Prozess in Frage stellen ist mit viel weniger Energieaufwand verbunden, als die Arbeit im Verlauf der *Conscious Realization* an diesem Punkt fortzusetzen.

Durch die Vorwegnahme und die verständliche Erklärung dieses Schutz- und Abwehrmechanismus der Logik, so wie wir es hier zu tun versuchen, binden wir ihn gleichermaßen aktiv in den Prozess mit ein. Er wird solcherart ebenfalls eine „in-sich-zu-erkennende" Konditionierung die, sobald sie als solche erfahren wird, den Prozess der Heilung vorantreibt und ihm durch dieses Erfolgserlebnis neue Energie gibt.

Die Sensibilisierungsphase, besteht aus einem Komplex von sich abwechselndem Begreifen und aktiver Resonanz. Dieser Wechsel wiederum besteht aus einem Hin-und-her-Springen zwischen Empfindungen und Wahrnehmungen innerer Prozesse sowie den Stadien, diese rational zu erkennen und zu evaluieren. Solche Phasen des Hin und Her sind leider zunächst unvermeidbar und notwendig. Man erkundet hierbei vorsichtig ein bislang weitgehend unbekanntes Terrain. Bei jeder kleinen Unsicherheit, bringt einen die „alte" Konditionierung dazu auf den vermeintlich sicheren Boden der Ratio zurückzukommen. Wir haben diesen Effekt bereits beschrieben. Erst, wenn mit zunehmender Sensibilität diese Konditionierung selbst ins Bewusstsein eindringt oder man eine größere Sicherheit im Bereich des Wahrnehmens erlangt, werden diese Sprünge weniger oder die Intervalle zwischen den Sprüngen länger.

Die Früchte der fortgesetzten Disziplin innerhalb dieser Sensibilisierungsphase sind wahrhaftes Selbstbewusstsein und eine beginnende Selbsterkenntnis, die nichts mit der allgemeinen oberflächlichen Verwendung dieser Begriffe gemein haben. Sie werden sich auf eine tiefe und intensive Weise neu kennenlernen, die Sie sich nicht hätten vorstellen können. Also geben Sie nicht auf, es lohnt sich!

II. Realisationsphase
4. Stadium: Wahrnehmen/ der Beobachter

Wer alles erkennt, sich selbst jedoch verfehlt, der verfehlt alles.
Jesus von Nazareth

Die bislang durchlaufene Sensibilisierungsphase ist gekennzeichnet durch eine voranschreitende Auto-Sensibilisierung in Form einer immer feiner werdenden Wahrnehmung der eigenen psychologischen Prozesse und Reaktionen. Die Passion, also der Wille zur Befreiung oder Veränderung, bestimmt das Maß und den Grad der Intensität der Sensibilisierungsphase, denn bis zum Eintritt in die Realisationsphase ist der Prozess in der Regel noch an ein bewusstes Ziel geknüpft. Dieses Ziel ist die Veränderung der eigenen seelischen Struktur beziehungsweise die Befreiung vom persönlichen Leid. Die Tiefe des persönlichen Leidensdrucks bedingt die Ausprägung des Willens zum Wandel, der zur Leidenschaft werden kann.

Wer aber möchte hier tatsächlich verändern und wer ist der zu Verändernde? Auch die Frage haben wir im Verlauf des Buches logisch nachvollziehbar zu beantworten versucht und so die Illusion der Zweiteilung als „Ich"-Prozess entlarven können. Benutzten wir den „Ich"-Prozess bislang jedoch noch innerhalb der Sensibilisierungsphase, so ist die nachfolgende Realisationsphase gekennzeichnet von der Realisierung des wahren Selbst und damit von der Aufhebung jeglicher psychologischer Dichotomie oder Spaltung.

Kurz gesagt: Die Realisationsphase dient der Einigung des Geistes.

Durch die fortgesetzte Kultivierung von innerer Resonanz und des kontinuierlichen Wahrnehmens interner Prozesse gelangt man im Zusammenhang mit der hierdurch weiter zunehmenden Sensibilisierung zum Bewusstsein einer diese Resonanz wahrnehmenden Entität. Mit der Erweckung und der Entwicklung dieser Entität beschäftigen wir uns nun in Stadium vier und fünf der *Conscious Realization*. Um die notwendige Energie für diese zwei Stadien der Realisations-Phase aufbringen zu können, ist es auch hier zunächst von besonderer Wichtigkeit, dessen Grundlage genau zu verstehen.

Als Resonanz bezeichnet man gemäß allgemeiner Definition das „Mitschwingen eines schwingfähigen Systems". Das bedingt zwangsläufig zwei voneinander getrennte Einheiten: eine die Schwingung verursachende und eine mitschwingende oder die Schwingung reflektierende Einheit. Der Teil welcher die Schwingung verursacht ist in unserem Zusammenhang der kontrolliert produzierte Gedankenimpuls. Die als Antwort darauf entstehende und wahrgenommene psychische Reaktion oder Emotion bildet die zweite Größe, also jenen Bereich, der die Schwingung zurückwirft und so die Resonanz der verursachten Frequenz darstellt.

Knüpfen wir hier noch einmal, zum besseren Verständnis, an unser praktisches Beispiel mit der bedingten Emotion von Angst an.

Im zweiten Stadium der Sensibilisierungsphase „Begreifen" haben Sie theoretisch erfahren wie Angst funktioniert und entsteht. Im dritten Stadium „Resonanz" haben Sie diese Theorie in sich selbst überprüft und zu einer persönlichen Erfahrung gemacht. Damit ist sie zu Ihrer Gewissheit geworden. Der Komplex der Resonanz bewirkt auf diese Weise eine tiefe Erfahrung der eigenen inneren Konstruktion von Angst. Bedingte Emotionen beispielsweise verlieren solcherart an Kraft und Schrecken, da sie in der eigenen Psyche nunmehr als Illusion erkannt werden. Dieses Geschehen ist in seiner Wirkung vollständig unterschiedlich zu rein kognitiven Verständnis-Prozessen.

Kommen wir aber nun zum nächsten Stadium im Verlauf dieser Phase – dem Beobachter.

Der Komplex der inneren Resonanz, entspricht also in unserem Beispiel dem Angst-produzierenden Gedanken als Schwingung auf der einen Seite und der Emotion von Angst als Reaktion auf der anderen Seite. Die Realisation dessen bedingt aber zwangsläufig eine weitere, bislang unentdeckte Instanz, nämlich jene, die diesen Komplex überhaupt wahrnimmt. Anders ausgedrückt: Wer kann schon sagen, welche Musik irgendwo gespielt wird, wenn niemand da ist, der sie hört?

Wer also, innerhalb der seelischen Wahrnehmung ist die Entität, welche sich des Resonanz-Komplexes bewusst wird?

Dass eine solche vorhanden sein muss, beweist die Tatsache, dass man das Gefüge der Resonanz beziehungsweise die eigenen inneren Prozesse überhaupt wahrzunehmen in der Lage ist. Jeder kann daher in sich die Existenz dieser Größe auf einfache Weise überprüfen. Wenn man fähig ist sowohl die Gedanken die zu bedingten Emotionen führen als auch die bedingten Emotionen selbst im Augenblick ihres Entstehens oder Auftretens wahrzunehmen, ist man also zugleich dieser wahrnehmenden Einheit teilhaftig geworden.

Da diese Manifestation innerhalb der Psyche nichts weiter tut als wahrnehmen, nennen wir sie für den Moment einfach provisorisch den „Beobachter".

In Rahmen der Annäherung an diesen Beobachter oder dem Ziel sich mit „ihm" vertraut zu machen, ist es wichtig, „ihn" von anderen Bestandteilen der Psyche zu isolieren. Um sich also des Beobachters bewusster zu werden ist es hilfreich zu erfahren, welche Regungen der Psyche nicht dem Beobachter entsprechen.

Wir haben bereits viele intrapsychische Prozesse den verschiedenen willkürlichen und unwillkürlichen „Ich"-Bestandteilen zugeordnet. Hierunter unter anderem persönlichkeitsbestimmende Anteile wie Erinnerungen, Interpretationen und Bewertungen. Da die Sensibilisierungsphase der *Conscious Realization* ausschließlich aus der Erkenntnis und der Erfahrung eben solcher Prozesse im Bereich des eignen Geistes besteht, so ist man ab einem bestimmten Selbsterkenntnis-Grad in der Lage, diese Gebilde von der Entität des Beobachters zu trennen. Im Verlauf der Arbeit mit dem Beobachter wird man erfahren, dass der Beobachter nicht Teil des „Ich", und das „Ich" nicht Teil des Beobachters sein kann. Diese beiden Präsenzen stehen also innerhalb der Psyche unabhängig nebeneinander.

Für jene Leser unseres Buches, die den Prozess nicht bis hierher durchlaufen haben, sondern ihn zunächst nur, durch reines Lesen theoretisch erfahren möchten, sind solche Zusammenhänge vermutlich sehr komplex und - wenn überhaupt - nur sehr schwer zu begreifen. Der Beobachter muss eben erfahren und nicht verstanden werden. Er wird aber umso besser erfahren, je effektiver er durch die Abstraktion von „Nicht-Beobachter-Bestandteilen" isoliert erlebt werden kann. Das geschieht eben durch und mit Hilfe der Erkenntnisse des Sensibilisierungsprozesses. Aus diesem Grunde hatten wir zu Beginn des Kapitels auf die Tatsache hingewiesen, dass die einzelnen Phasen nicht nach einmaligem Durchlaufen als abgeschlossen gelten können, sondern sie sich vielmehr tiefer und tiefer in die jeweilige Persönlichkeit „schrauben".

Widmen wir uns also nun der Beantwortung der Frage, wie die Arbeit mit dem Beobachter im diesem vierten Stadium der Conscious Relization aussieht.

Zu Beginn ist es wichtig, in der Lage zu sein, den Beobachter überhaupt wahrzunehmen. Da es sich hier um einen Prozess handelt, der jenseits von Logik und Worten abläuft, wir ihn aber dennoch zwangsläufig in Worte kleiden müssen, könnte die Beschreibung vermutlich zunächst ein wenig theoretisch klingen. Das liegt aber nur an der Notwendigkeit zur Verwendung der „alten" Sprache in Form von Worten. Sobald der Beobachter jedoch einmal tatsächlich wahrgenommen wurde, wird er dem Praktizierenden völlig klar sein.

Zunächst einmal geht es lediglich darum, zu begreifen, dass so etwas wie eine die inneren Prozesse wahrnehmende, getrennt vom „Ich" existierende Entität existiert und dass diese, außer wahrzunehmen, keine weiteren Eigenschaften besitzt und keine anderen Tätigkeiten ausübt. Solcher Art kann der Beobachter daher seinerseits nicht beobachtet werden. Es existiert also kein weiterer Beobachter der den

Beobachter wahrnehmen oder beobachten könnte! Das wäre auch absurd, denn reine Beobachtung lässt sich nur erfahren und nicht beobachten. Darum ist die Aufgabe innerhalb dieses vierten Stadiums, die Erfahrung des Beobachters als solche zu realisieren.

Unglücklicherweise bedarf es hierfür, in Abwesenheit eines Beobachters jenseits des Beobachters oder einer anderen Instanz, die das übernehmen könnte, zunächst noch der psychologischen Manifestation des „Ich". Denn um eine Wahrnehmung als solche zu erkennen, und das gilt auch für den Beobachter, braucht es die Erfahrung der Wahrnehmung in Form einer Erinnerung. Das Erinnern wiederum ist die Aufgabe des „Ich". Hierbei muss man sich noch einmal bewusst machen, dass empfinden und eine Empfindung als solche zu realisieren oder zu begreifen, zwei zeitlich voneinander getrennte mentale Ereignisse sind. Während man also beobachtet, kann man nicht im selben Augenblick diese Wahrnehmung als Teil des Beobachters realisieren. Unmittelbar nach der Wahrnehmung aber kann sich das „Ich" an sie erinnern und in dieser Erinnerung rückwirkend den Beobachter erkennen.

Auch das klingt komplizierter, als es tatsächlich ist. Vergleichen Sie es mit der intensiven Vorstellung an einen rosa Elefanten. Im Augenblick in dem dieser sehr detaillierte rosa Elefanten in seiner gesamten Präsenz vor Ihrem geistigen Auge erscheint, sind Sie nicht in der Lage zugleich darüber nachzudenken oder ihn zu analysieren. Im Augenblick des darüber Nachdenkens verschwindet das Bild entweder völlig oder es verblasst sehr stark.

Im Zusammenhang mit dem Beobachter bedeutet das zwangsläufig, dass wenn man sich des Beobachters durch die Erinnerung des „Ich" bewusst wird, dieser seiner Natur gemäß schon nicht mehr präsent ist. Denn wie wir bereits festgestellt haben, präsentieren sich „Ich" und „Beobachter" als voneinander unabhängige Instanzen innerhalb der Psyche: Der Raum den der eine einnimmt, wird dem anderen entzogen.

Die Arbeit also in Stadium vier besteht daher zunächst aus einem Hin-und-Her-Springen zwischen „Ich" und „Beobachter". Das ist gut, wichtig und notwendig, denn es schafft innerhalb dieser Disziplin die klare und sichere Abgrenzung der beiden Entitäten „Ich" und

Beobachter sowie deren sichere Erkenntnis. Entgegen den Eigenschaften des „Ich" wird man sich im Falle des Beobachters seiner nur durch die Abwesenheit von Eigenschaften in der unmittelbaren Erinnerung dessen bewusst. Der Beobachter selber ist immer nur und ausschließlich in der unmittelbaren Gegenwart vorhanden.
Daher ist er:
- nicht bewertend
- ohne Willen
- ohne Ziel
- ohne Vergleich
- ohne bedingte Emotionen

Ist man sich mittels ausreichender Kultivierung dieses vierten Stadiums beider Instanzen bewusst und mit ihnen vertraut, so kann man sich nahezu auf natürliche Weise dem Stadium fünf widmen. Auch hier gilt wie für alle anderen Stadien auch: Je intensiver man Stadium vier kultiviert hat, umso profunder sind die Möglichkeiten für das darauf folgende Stadium fünf.

Realisationsphase
5. Stadium: Wachstum/ Raum schaffen

Niemand ist frei, der über sich selbst nicht Herr ist.
Matthias Claudius

Da es keine weitere Instanz gibt, die den Beobachter beobachtet, kann man sich des Beobachters nur, durch dessen Erinnerung oder dessen Verschwinden bewusst werden. Das ist eine Tatsache, derer man sich unter allen Umständen klar bewusst sein muss und die es unbedingt zu überprüfen gilt. Erst diese Gewissheit unterscheidet den Beobachter vom „Ich" und man ist bereit, dieser bislang vermutlich unbekannten Größe auf seinem weiteren Weg zu vertrauen. Vertrauen bedeutet in dem Zusammenhang, dass man bereit ist, sich auf diese Entität einzulassen zu Ungunsten einer anderen – nämlich der des „Ich".

Denn: Wenn der Beobachter ist, ist das „Ich" nicht, auch wenn der Beobachter natürlich durchaus in der Lage ist, die einzelnen Bestandteile des „Ich" als solche wahrzunehmen. Wenn das „Ich" jedoch erscheint, verschwindet der Beobachter in demselben Maße. Das aber, was der Beobachter wahrgenommen hat, wird durch das „Ich" in Form einer erinnerten Wahrnehmung annektiert und hierdurch bewusst erkannt. Es wird wie alle anderen Wahrnehmungen auch, zur Erinnerung, die sich das „Ich" unmittelbar darauf als einen Bestandteil seiner selbst aneignet:

„Ich habe wahrgenommen oder empfunden, dass..."

Hierdurch ergibt sich ein – wenn auch kleinster – Intervall zwischen der Beobachtung/Wahrnehmung und der Realisation derselben durch das „Ich". Dieser Realisation folgt üblicherweise die unmittelbare Bewertung und Interpretation dessen. Das bedeutet: In dem Augenblick, in welchem man sich des Beobachters bewusst wird, ist er bereits unweigerlich aus dem Bewusstsein verschwunden.

Innerhalb der Bewusstwerdung des Beobachters muss man sich üben. Man muss vertraut werden mit beiden Stadien sowie mit den Unterschieden beider Formen des Seins. Je vertrauter man mit dem Beobachter wird, umso weniger notwendig wird die anschließende Realisation dessen durch das „Ich". Man ist zunehmend in der Lage, mehr und mehr im Beobachter zu verweilen.

Diese Entwicklung bedeutet zugleich die schrittweise Abnabelung vom „Ich". Zunächst zwingt einen die Unsicherheit, die durch das ungewohnte Verweilen im Beobachter entsteht, immer wieder dazu, zum rationalen „Ich" zurückzuspringen, um die vermeintliche Kontrolle wieder zu erlangen. Durch die fortgesetzte Disziplin der Stadien zwei und drei erweist sich dies einem jedoch als zunehmend weniger notwendig.

Kommen wir nun also zur Disziplin in Stadium fünf.

In Stadium fünf geht es darum, dem Beobachter zunehmend mehr Raum und Energie beizumessen. Das geschieht in natürlicher Weise durch die fortgesetzte und kultivierte Abwesenheit des „Ich". Je mehr Energie und Aufmerksamkeit man den inneren Prozessen widmet, umso mehr erschließt sich einem eine völlig neue und veränderte Daseinsform. Innerhalb der Phase von Stadium fünf ist es durchaus hilfreich, sich in stiller Beobachtung zu üben. Hierbei wird man vertrauter mit der Rolle des Beobachters und ist zunehmend besser in der Lage, diesen vom „Ich" zu trennen oder zu unterscheiden. Diese stille Beobachtung oder Wahrnehmung besteht vor allem darin, sich von externen Reizen, äußeren Anforderungen sowie der Notwendigkeit zur Interaktion des „Ich" abzuschirmen.

Wir haben hier drei verschiedene Schwierigkeitsgrade definiert, die den Praktizierenden gemäß ihrer jeweiligen Fähigkeiten helfen können, sich innerhalb der Kultivierung von Stadium fünf zunehmend besser zurechtzufinden:

Level 1
Bedeutet praktisch, sich für einen bestimmten Zeitraum in körperlicher Stille, jeglichem aktiven zwischenmenschlichen Kontakt und damit sämtlicher verbaler und nonverbaler Kommunikation mit anderen Menschen zu entziehen. Zu Beginn ist es daher sicher hilfreich, sich für festgelegte Zeiträume von anderen Menschen in stiller Beobachtung zurückzuziehen. Auf diese Weise ist man ungestört in der Lage seine inneren Prozesse in Abwesenheit von körperlichen Bewegungen und äußeren Reizen zu beobachten und sie sich gemäß der Einteilung von „Ich" und Beobachter vertraut zu machen.

> *„Oh Gott ist das langweilig! Jetzt liege ich hier auf dem Bett in völliger Stille, nur weil irgendjemand geschrieben hat, dass es helfen soll."*

Dieser auftauchende Gedanke macht Sie vielleicht wütend. Dann erkennen Sie die Wut als Resultat dieses Gedanken und beobachten wie die Wut sich im selben Moment wieder auflöst. Unmittelbar nach dieser Erkenntnis wird Ihnen klar, dass es der Beobachter war, der diesen Prozess wahrgenommen hat und Sie fühlen sich vielleicht stolz, das erkannt zu haben, bevor Ihnen klar wird, dass es das „Ich" ist was sich den Stolz zu eigen macht und es erneut der Beobachter war, der es observierte ... das könnte ein Ausschnitt aus solch einer Erfahrung in Level 1 sein.

Level 2
Ist man nach einer Weile ausreichend in Level 1 geübt, wird es notwendig, dazu überzugehen, diese stille Beobachtung zu kultivieren, während andere Menschen in der Umgebung sind. Das geschieht in Level 2 noch ohne jeden aktiven Kontakt mit anderen Personen. Geeignete Orte hierfür sind beispielsweise öffentliche Plätze, Kaffees, öffentliche Verkehrsmittel, Warteschlangen, und so weiter.

Ein weiterer bedeutender Unterschied zu Level 1 ist, dass durch fortgesetztes Praktizieren, der Beobachter über ausreichend Raum und Energie verfügt, um unmittelbarer das „Ich" wahrzunehmen. „Unmittelbarer" bedeutet in unserem Zusammenhang, dass die zeitlichen Intervalle zwischen der Präsenz des „Ich" und dessen Wahrnehmung durch den Beobachter kleiner werden und die „Ich"-Impulse und -Reaktionen somit weniger Energie und Stärke erhalten.

Man beobachtet sich beispielsweise wie einem der Geruch von frischen Backwaren in die Nase steigt und sich der unmittelbare Impuls einstellt, davon etwas haben oder probieren zu wollen. Zugleich verblasst der Wunsch im Moment seiner Wahrnehmung durch den Beobachter.

Diese Sensation gleicht dem Gefühl „neben-sich-zu-stehen" und sein „Ich" und damit seine frühere Persönlichkeit von einer gewissen Distanz aus zu beobachten. Die automatischen Prozesse und Reaktionen des „Ich" wirken in Level 2 bereits deutlich schwächer als noch in Level 1. Das liegt daran, dass dem „Ich" samt seinen Prozessen Energie fehlt, die nun dem Beobachter zugutekommt. Ein Beleg dafür, dass man erfolgreich beginnt in Richtung des neuen und zukünftigen inneren Gleichgewichtes zu arbeiten.

Fällt Ihnen das noch zu schwer, so sollten Sie sich vielleicht noch zunächst mehr in dem Praktizieren von Level 1 üben.

Auch für Level 2 gilt, dass hier so lange und häufig praktiziert werden sollte, bis man sich möglichst ununterbrochen und mit dem geringsten Energieaufwand auf nahezu natürliche Weise im Beobachter aufhalten kann.

Level 3
Das dritte und anspruchsvollste Level bildet die stille Beobachtung seiner selbst innerhalb der aktiven Interaktion mit anderen Menschen.

Level 3 kann umso besser gemeistert werden, je mehr man sich in Level 1 und 2 geübt hat.

Die große Schwierigkeit von Level 3 liegt in der Aufrechterhaltung der kontinuierlichen Wahrnehmung des Beobachters. Innerhalb der aktiven Interaktion mit anderen Menschen werden in ständiger Wiederholung Anforderungen an das eigene „Ich" gestellt. Das „Ich" versucht sich zu präsentieren, sich zu verteidigen, sich zu profilieren, zu erklären, sich darzustellen, zu erinnern und so weiter und so fort. Man versucht, die eigene Rolle zu festigen, und sie zu kommunizieren. Der reife Beobachter ist in der Lage, alle diese psychischen Bewegungen wahrzunehmen und im Augenblick ihres Entstehens zu „entschärfen".

Hierbei entsteht wahre Veränderung, die auch den Menschen im persönlichen Umfeld nicht verborgen bleiben. Viele dieser Menschen im Umfeld des Praktizierenden versuchen daher aufgrund ihrer hieraus resultierenden Unsicherheit, an die „alte" Rolle oder Persönlichkeit des Praktizierenden zu appellieren, was die Anforderungen an das „Ich" noch erhöht und daher zunehmend mehr Disziplin in der Kultivierung des Beobachters erfordert.

Man mag bei dieser Beschreibung allzu schnell das Wort „Meditation" auf den Lippen haben und sicherlich ist das, neutral betrachtet eine adäquate Bezeichnung dafür, jedoch ist dieser Begriff heutzutage häufig fehlinterpretiert und mit vielen falschen Inhalten und Bedeutungen gefüllt worden, was für uns Grund genug ist, ihn hier zunächst zu vermeiden. Der Begriff Meditation wird heute allgemein im Sinne einer Technik verwendet, welche es einem erlaubt mittels bestimmter Methoden für einen festgesetzten Zeitraum seiner Selbst und der Welt zu entfliehen oder sich ihr zu entziehen. Man nimmt sich sozusagen eine Auszeit auf Zeit. Wir haben dieses Konzept bereits in Kapitel 13 als für uns von beschränktem Wert beschrieben. Ziel kann, gemäß unserer Erlebnisse nur sein, einen Zustand frei von Leid zu erreichen, der das gesamte Leben umspannt und sich nicht auf einen bestimmten Zeitraum der Isolation und Abgeschiedenheit beschränkt.

Da die *Conscious Realization* für die meisten Menschen bislang unbekannt ist, erfordert sie zunächst eine ungewöhnliche Bereitstellung von Energie und Aufmerksamkeit. Hierin ist ein gewisses Frustrationspotential enthalten. Das Aufrechterhalten von Aufmerksamkeit in Bezug auf sich selber ist, wie die Verwendung eines niemals zuvor benutzten Muskels, zunächst von einem Gefühl der Überanstrengung begleitet und geht daher nicht selten mit subjektiver Erschöpfung einher. Aus diesem Grund neigt man vielfach dazu, verschiedene Aufmerksamkeits-Inseln zu schaffen. Das bedeutet, dass man die notwendige Aufmerksamkeit zur Selbstbeobachtung nur innerhalb bestimmter möglicher oder angenehmer Zeiträume übt. So aber weicht man der neuen Anstrengung unbewusst aus und das führt dazu, dass man *Conscious Realization* wie eine Technik praktiziert. Ebenso wie man es von der Meditation kennt, schafft man sich Inseln oder Freiräume, in denen man die „Übungen" (denn dann sind es nur noch Übungen) durchführt.

Das ist aber, nach unseren Erfahrungen, kein Weg, der allzu erfolgversprechend zu sein scheint. Besser ist es, gemäß der eigenen Ressourcen vielleicht zunächst nur ein geringeres Maß an möglichst lückenloser Aufmerksamkeit bereitzustellen und diesee dann entsprechend der persönlichen Fähigkeit nach und nach zu erhöhen. Die Kunst ist es hierbei, sich in zunehmendem Maße der Abwesenheit des „Beobachters" bewusst zu werden und immer wieder zu ihm zurückzufinden.

Im Grunde besteht das alltägliche Leben aus einem ständigen Wechsel von Situationen, wie wir sie in Level 1,2 und 3 beschrieben haben. Aufgabe des Praktizierenden sollte es also sein, ab dem Zeitpunkt an dem er eine gewisse Disziplin in allen drei Stufen erlangt hat, dazu überzugehen diese Aufmerksamkeit lückenlos über den ganzen Tag aufrecht zu erhalten. Hierbei ist es deutlich effektiver und nachhaltiger mit einem geringeren Maß an möglichst unterbrechungsfreier Aufmerksamkeit zu beginnen als sich eben solche zeitlichen „Inseln" zu schaffen die man als „Übungszeiträume" betrachtet und innerhalb welcher man dann all seine Energie aufzubringen versucht.

Dieser Prozess erfordert ein wenig Geduld und Wohlwollen in Bezug auf sich selber. Hilfreich, wenn nicht notwendig, ist die vorangegangene ausreichende Praxis der „Drei-Level-Übungen".

Vielleicht mögen manche Leser von der Unmöglichkeit eines solchen Unterfangens überzeugt sein, da sie glauben, nicht mehrere Dinge zugleich tun zu können. Das ist aber nur bedingt richtig und ohne auf die Details von verschiedenen gleichzeitig ablaufenden Hirnleistungen einzugehen, sei den skeptischen Lesern zugestanden, dass eine begrenzte Kapazität für verschiedene gleichzeitig ablaufende „Ich"-Prozesse durchaus gelten mag. Für die Fähigkeit des Beobachtens oder Wahrnehmens aber gilt das nur sehr bedingt. Die hierfür notwendigen Ressourcen werden durch die Abwesenheit verschiedener „Ich"-Prozesse bereitgestellt. Zuvor durch das „Ich" gebundene mentale Ressourcen also stehen jetzt für diesen neuen Aufmerksamkeitsprozess zur Verfügung. Diese Achtsamkeit wächst während des fortlaufenden Praktizierens dann wie ein Muskel, den man regelmäßig trainiert.

Mütter oder Eltern kennen diese Fähigkeit vielleicht, die man im ständigen Zusammenleben mit insbesondere kleinen Kindern häufig unbewusst entwickelt und trainiert. Gleich, was man auch gerade tun mag, wenn die kleinen Kinder in der Nähe sind, ist man immer mit einem, wenn auch kleinen Teil der Aufmerksamkeit bei ihnen. Es handelt sich hier oft nur um ein Mindestmaß an „Registrierungs-Kapazität". Sozusagen eine scharf geschaltete Alarmanlage, die nur Alarm im Sinne der Anforderung von mehr Aufmerksamkeit schlägt, wenn sich die Kinder außergewöhnlich verhalten oder etwas Ungewöhnliches geschieht. Betrachten Sie nun all ihre persönlichen inneren Prozesse und Empfindungen als ihr „inneres Kind" und beginnen Sie auf diese Weise mit der Betreuung desselben.[34]

Wie wir festgestellt haben, verschwindet das „Ich" mit dem Erscheinen des Beobachters. Darüber hinaus wissen wir seit Kapitel 13, dass wir selbst alltägliche Tätigkeiten und Situationen in Abwesenheit des „Ich" mit einem Gefühl von tiefer Glückseligkeit und in Abwesenheit von jeglichem Leid erleben können. Da eben diese vollständige Freiheit von psychischem Leid der natürlich zu erreichende Status ist, den die Consious Realization zu realisieren hilft, so gilt es eben genau diesen Seins-Zustand zunächst zu kultivieren. Raum für den Beobachter schaffen heißt demnach zugleich in zunehmendem Maße: Freiheit von psychischem Leid schaffen!

Realisationsphase
6. Stadium: Entscheidung/ Freiheit

Der rote Faden löst sich,
das ist die Eigenart des Lebens,
dort wieder wo er mal verwoben wurde
und wird von Anderen verwendet.
Ihn loszulassen spricht für das Leben
und damit für das Zuendeleben.
Michael Josef Sommer

Durch die Verstärkung des Beobachters als eine Entität jenseits vom „Ich" wird das „Ich" und die damit einhergehende Identifikation mit dem „Ich" nach und nach vom Beobachter getrennt oder abgelöst. Je mehr man in dem Bereich jenseits des „Ich" aufgeht, umso unabhängiger wird man von diesem. In demselben Umfang dieses Ablösungsprozesses verändert sich auch der Blickwinkel oder der Betrachtungspunkt weg von der Subjektivität und hin zur Objektivität.

Wenn man sich in einer Schneekugel befindet, nimmt man den Sturm in ihr als den *eigenen* Sturm wahr. Ist man jedoch außerhalb der Schneekugel, so sind alle ihre Bestandteile Einzelteile einer Gesamtkomposition, in welcher jedes Teilchen seinen Sinn und seinen Platz hat. Kein Richtig und Falsch existiert auf diese Weise. Es wird so zu einer Einheit, einer perfekten Gesamt-Choreographie.
Hierzu ein kleines Beispiel:

Wenn man ein Leben lang mutig sein wollte, seine Angst verdrängte und sie immer bekämpfen musste, realisiert man nun von diesem jenseitigen Blickwinkel aus – ganz natürlich – dass Mut nur aus

Angst besteht und das Mut lediglich das Resultat des Handelns gegen die Angst ist. Innerhalb dieser Erkenntnis erfährt man Angst und Mut als ein- und dieselbe psychische Bewegung. Hierdurch entfällt jedes Motiv, um gegen das Eine oder das Andere vorzugehen. Die vorher ein Leben lang aufgewendete Energie, um die Angst zu vermeiden, sie zu bekämpfen und zu unterdrücken, sowie jene Anstrengung, den Mut zu stärken und ihn aufrecht zu erhalten, steht nun diesem neuen, bewussten Menschen zur Gänze für unbedingte Emotionen wie wahre Freude und Glückseligkeit zur Verfügung.

Mut und Angst gleichen zwei Seglern auf einem Boot, auf welchem beide, sich gegenübersitzend versuchen, das Segel jeweils auf ihre Seite zu ziehen – ein unglaublicher Energieaufwand ohne erkennbare Ergebnisse.

Die Re-Integration der dissoziierten, also der abgespalteten psychischen Anteile, geschieht in der *Conscious Realization* durch die Realisation der Einheit des Geistes. Durch diesen Sprung auf eine „höhere" Ebene werden die negativen Bestandteile der Persönlichkeit, die das „Ich" innerhalb seines Entstehungsprozesses abgespalten hatte, als Teil derselben Gesamtkonstruktion wie das „Ich" erlebt und damit in den Geist re-integriert und wieder zu einer Einheit – zu *der* ursprünglichen Einheit zusammengefügt.

Durch die Erweiterung des Raumes, welchem wir zunächst – als eine Art Hilfskonstruktion – den Namen „Beobachter" gegeben haben, schafft man eine Distanz zu den Prozessen des „Ich". Die „Ich-Prozesse", Mechanismen und Konstruktionen sind mittels Durchlaufen der ersten drei Phasen der *Conscious Realization* bereits vom Praktizierenden verstanden, erkannt und empfunden worden. Das ist notwendig, um zu der Bereitschaft zu gelangen, sich von solchen Prozessen zugunsten des Raumes jenseits davon zu lösen. Sich zu lösen bedeutet zugleich, die Identifizierung mit diesen Prozessen aufzugeben.

Der von uns bislang so genannte „Beobachter" wird auf die Weise, zu einem anwachsenden Raum. Solcherart macht er nun nicht mehr nur einen kleineren Teil im Rahmen der „Persönlichkeit" aus. Vielmehr ist er nunmehr identisch mit dem Raum, innerhalb dessen sich die Identität oder die Persönlichkeit beziehungsweise das, was es vormals war, abspielt. Man *ist* nun nicht mehr die Schneekugel, sondern betrachtet sie jetzt von einem jenseitigen Standpunkt oder Raum aus.

Man findet im Verlauf der verschiedenen Epochen und Kontexte immer wieder unterschiedliche Benennungen für diesen hier von uns beschriebenen Raum. Einige nennen ihn das „reine Bewusstsein", andere den „reinen Geist", wieder andere sehen in ihm die Manifestation des Universums oder des göttlichen All. Der „Zustand vor deiner Geburt" oder der „Heilige Geist" sind weitere hierfür verwendete Bezeichnungen. Da es sich aber ohne jeden Zweifel hierbei um einen Raum jenseits von Gedanken und Begrifflichkeiten handelt, so kann er in keiner Weise durch solche eingefangen oder benannt werden.

Der reine Beobachter ist das reine Bewusstsein, ist der reine Geist!

Kapitel 16
Die Einheit des Geistes

*Keines von allen Dingen vergeht und keines
entsteht, was nicht auch schon vorher
vorhanden war. Indem sie sich aber
mischen und trennen, verändern sie sich.*

Anaxagoras

Die Welt des psychologischen Dualismus – durch das „Ich" kreiert – ist ein Spiegelbild der äußeren, dichotomischen Welt. In ihr wird durch jedes Streben und jedes Entstehen einer geistigen Bewegung unmittelbar die gegenteilige Bewegung bewirkt. Jede geistige Strömung, jede Erweckung eines Gedankens, eines Willens, einer Idee, bewirkt automatisch die Entstehung des Gegenteils und der entsprechenden Gegen-Frequenz. Das Eine kann ohne das Andere nicht existieren und wird in seiner Existenz durch das jeweils Gegenteilige bedingt.

Im Sonnenlicht der äußeren Welt muss jede materielle Existenz unmittelbar auch ihren Schatten produzieren. Tut jemand etwas Gutes aufgrund der Identifikation mit der Vorstellung, gut sein zu wollen, so lässt das zugleich das Konzept vom Schlechten entstehen. Das ist schon alleine bedingt durch die Möglichkeit zu versagen. Damit ist es simultan auch eine Bewegung weg von dieser Vorstellung des Schlechten. Wenn ich etwas will, entsteht darin automatisch die Idee oder die Sorge, etwas nicht zu erreichen oder nicht zu erhalten beziehungsweise die Angst, dasselbe wieder zu verlieren.

Je stärker der psychologische Drang zu etwas hin oder weg von etwas anderem ist, umso stärker ist die Sorge vor der jeweils gegenteiligen Entsprechung. Je mehr ich etwas begehre, umso größer die Angst davor, es nicht zu erhalten. All das ist Bestandteil der psychischen Zerrissenheit und daher ein Faktor menschlichen Leides. Wo ist der Ausweg aus diesem scheinbaren Paradox?

Sobald man sich bemüht, innerhalb seiner Suche nach der absoluten Freiheit vom Leid aus dem konstruierten Dilemma zu entfliehen, unterstützt man es ja zugleich im selben Moment. Denn auch diese Bewegung weg vom Leid nährt unmittelbar ihr Gegenteil und hält es auf diese Weise am Leben. Je mehr man also diesen Konstruktionen der eigenen Psyche entfliehen möchte, umso mehr fördert man sie zugleich.

Wenn man wirklich und wahrhaftig zu dieser Erkenntnis gelangt und sie zu einer unmittelbaren Erfahrung wird, so muss man also unvermeidbar auf solche Weise zur finalen „Ein-Sicht" gelangen.

Wenn

> ...man in seinem Streben mit dem Rücken zur Wand steht und derart leidet, dass man nichts auf der Welt mehr will, als diesem Dualismus zu entfliehen, wenn dies also die größte und einzige Passion ist: Eine „Ein-heit" in sich zu schaffen – so erreicht man doch nichts weiter, als immer mehr und mehr „Zwei-fel", „Zwie-tracht" und Konflikte in sich zu gebären.

Wenn

> ...man dann, schließlich irgendwann, mit Körper und Psyche ganz Wollen und ganz Streben ist. Wenn man im Feuer dieser Passion

brennt und an den Punkt gelangt, wo man erkennen muss, dass man alles getan, alles versucht hat.
Wenn
...man am Ende seiner Kräfte jedoch schließlich nichts weiter erreicht hat, als mit jeder Bewegung weg von dem, was ist, doch in Wahrheit wieder nur das Gegenteil genährt oder gestärkt zu haben, nämlich das, was nicht ist, oder das, was man vermeiden oder loswerden möchte. All das bleibt aber schon aus sich heraus immer das, was man erreichen möchte, und wird daher nie das, was gerade ist.
Wenn
...man also am Ende dieses Weges angelangt ist und einem nichts anderes übrig bleibt, als diesen Weg loszulassen, alles Streben, alles Erreichen-Wollen, alles Werden schließlich aufzugeben – dann...
Ja, was würde dann geschehen?

Dieses völlige Loslassen oder Zurücklassen der einen Seite, ganz ohne Motiv und Ziel, natürlich und aus sich heraus ohne weitere Erwartungen, bringt das unmittelbare Verschwinden des entsprechenden Gegenpols unmittelbar und unvermeidbar mit sich. Und wer schließlich alles Streben und alles Werden lässt und damit alle Angst, es nicht zu erreichen, und die Sorge vor dem „Nicht Genügen" auf dieselbe Weise verschwinden, dann bleibt nur noch das Unerreichbare und Unermessliche!

Dann bricht die Welt der Dualität zusammen. Sie fällt in sich zusammen zu – einer Einheit. Einer Einheit in sich selber. Das ist die Einheit, in welcher kein „Ich" mehr existiert, ja nicht mehr existieren kann. Denn auch das „Ich" beinhaltet das Bild und die Angst vor dem „Nicht-Ich", das die Menschen, die es nicht kennen, Tod nennen.

Diese Gewahr-Werdung ist die einzig wahrhafte und tatsächliche Veränderung. Diese Einheit ist jenseits aller Vorstellungen. Sie ist jenseits von Zeit. Jenseits von Gedanken.
Sie ist...
...Liebe,...Gott,...Mitgefühl,...Glückseligkeit,...Ewigkeit,...Energie!

Damit ist sie frei von jeglicher/m....
   ...Angst, ...Sorge, ...Leid, ...Missgunst, ...Hass, ...Vorurteil, ...Vergleich.

Sie ist frei von allen Ideen und Idealen und damit frei von einem „Ich". Innerhalb dieser Freiheit sieht man die Einheit hinter der von Idealen und Konstruktionen geschaffenen Trennung. Man sieht sozusagen den wahren „Geist" erst, wenn die falschen Bilder, Vorstellungen und Identifikationen verschwunden sind. Erst dann kann man erkennen, dass es nicht „meinen" Geist gibt, der getrennt von dem Geist der anderen ist. Wie könnte es auch – denn ohne ein „Ich" kann ein „meins" nicht sein. Nein, es ist vielmehr ein großer Geist, der weder Trennung oder Übergang noch zeitliche Begrenzungen aufweist.

Es existiert hier daher kein „Ich", es kann nur noch ein „Wir" existieren.

In diesem Sinne haben „wir" das Buch eben aus dieser Perspektive geschrieben. Es ist die Einladung, „uns" auf dem Weg durch den Prozess des Buches vom „Ich" mit all seinen persönlichen Neigungen, Interpretationen und Werten zum „Wir" samt der Abwesenheit von persönlichem Leid zu begleiten.

Das ist der Schritt zur absoluten „Einsicht in das Selbst".

„Heilung" – Das Leben in vollem Bewusstsein

Wir steigen in denselben Fluss,
und doch nicht in denselben,
wir sind es und wir sind es nicht.
Heraklit

Es gibt Augenblicke in unserem Leben,
in denen Zeit und Raum tiefer werden
und das Gefühl des Daseins
sich unendlich ausdehnt.
Charles Baudelaire

Das Erreichen des finalen Stadiums gleicht dem Sprung auf eine höhere Ebene. Bei diesem Sprung verliert man zunächst die Identifikation mit dem „Ich" und zugleich mit allem, was einen vorher noch ausgemacht hat. Auf solche Art scheint zunächst ein Leere, im Sinne der Abwesenheit von allem Bekannten zu entstehen. Die automatische Bewertung und der Vergleich dieses Zustandes mit dem altbekannten, entsteht aus der konditionierten Reaktion, mit der man jeder neuen Erfahrung begegnet. Man denkt über die Erfahrung nach, reflektiert sie und vergleicht sie, um sie im nächsten Schritt zu bewerten. Während man das tut, ist man jedoch wieder zurück im vormaligen Stadium: Das alte „Ich" hat sich diese Erfahrung unmittelbar zu eigen gemacht.

Die natürliche Gravitation der Gewohnheit bewirkt durch ihre Kraft zunächst noch ein häufiges Zurückkehren in alte Muster. Für uns drängt sich hierbei das Beispiel einer Rakete auf ihrem Weg zu Mond auf. Sie braucht mehr als 80% ihres Treibstoffes, um die Erdanziehung zu überwinden. Ist ihr das aber dann gelungen, so genügt wenig Energie, um sie schwerelos bis zum Mond und auch wieder zurückzubringen. Einer ähnlichen Gravitation unterliegt auch die, auf dem Weg in die Freiheit befindliche Psyche in Form von alten Gewohnheiten und Konditionierungen, die sie zu bewältigen hat. Man kann sagen, dass diese Kraft selbst bei intensiver Befreiungsarbeit etwa ein halbes Jahr in ihrer Stärke anhält.

Die Realisierung des neuen Bewusstseins durch den Sprung in den jenseitigen Bereich, kann nur im Jetzt, im jeweiligen Augenblick erfolgen. Man kann sich nicht darauf vorbereiten. Man muss zu jedem möglichen Zeitpunkt die jeweils notwendige Entscheidung treffen. Das Wort „Entscheidung" leitet sich vom lateinischen „Decisione" ab, was so viel wie „etwas herausschneiden" bedeutet. Gemäß Stadium fünf der *Conscious Realization*, „Entscheidung des Geistes", trennt man sich innerhalb dieses Stadiums von der Illusion beziehungsweise den Konstruktionen der Psyche. Man „schneidet" sie gleichsam aus dem Geist heraus, indem man sie als solche erkennt.

Entscheidet man sich, ist man wach und klar. Das Licht des Bewusstseins ist auf den Geist gerichtet, in welchem sich das Spiel der

Welt ereignet. In dem Moment ist man der Raum um die Schneekugel und die Schneekugel ist die Welt des „Ich". Hält aber das „Ich" die Lampe des Bewusstseins, so ist man limitiert und Teil der Welt, deren Spiel dann die eigene Realität bildet. Ist man aber „Ent-Schieden", so wird man Teil des einen Geistes, der den Raum um die Schneekugel bildet und damit zugleich alles beinhaltet.

Was bedeutet nun, nach all diesen Erkenntnissen, die bei der Definition vom Bewusstsein und der Suche nach dem vollständigen Bewusstsein ihren Anfang nahmen, ein 100%-iges Bewusstsein? Es bedeutet zugleich die Realisierung seines wahren Selbst. „Aufgehen in dem einen Geist", „Vollständige Klarheit" oder „Erwachen" könnten andere anwendbare Bezeichnungen sein. Mit dem Erreichen von absoluter geistiger Freiheit ist genau dieser Seins-Zustand gemeint.

Wir haben erfahren, dass unser Bewusstsein in seiner natürlichen Aufnahmefähigkeit begrenzt ist. Darüber hinaus wird es innerhalb seiner Begrenzung noch durch psychologische Konstruktionen und Automatismen, die sich gegenseitig nähren und aufrechterhalten, zusätzlich limitiert. Einen weiteren begrenzenden Beitrag hierzu leistet die dauerhafte Annektierung aller Sinneseindrücke durch das „Ich". Vermutlich stehen den meisten Menschen aufgrund dessen nur etwa 10% ihres eigenen Bewusstseins aktiv zur Verfügung. Das Erreichen des 100%igen Bewusstseins besteht also nicht darin, dessen Fähigkeiten oder seine natürlichen Kapazitäten zu erweitern, so wie es viele vielleicht annehmen würden. Hierbei handelt es sich um eine Fehlinterpretation, die man sehr häufig findet. Vielmehr geht es beim Erreichen des vollen Bewusstseins um die Fähigkeit beziehungsweise um die Realisation der Freiheit, sich der Gesamtheit des eigenen Bewusstseins zu bedienen.

Das kann nur in der von uns beschriebenen Form geschehen, nämlich indem man sich zunächst all seiner Inhalte entledigt, aufräumt und dann das „Haus" seines Bewusstseins dauerhaft „sauber" hält"! Dieses eigene Haus sauber zu halten, erreicht man durch absolute Wachheit und Achtsamkeit in Bezug auf sein Bewusstsein. Jedes Auftauchen eines Bestandteils gilt es als ein solches zu erkennen und zu realisieren.

Nichts hiervon kann und darf festgehalten werden.

Das Konzept von Lebenszeit ist Bestandteil der psychologischen Zeit und als solches ebenso eine Konstruktion. Das, was Leben wirklich ist und es als solches charakterisiert, findet in diesem Augenblick – und nur jetzt statt. Jedes Festhalten eines im Bewusstsein auftauchenden Bestandteils ist also ein Sich-dem-Leben-Entziehen. Das Leben ist Fluss und leben, heißt fließen. Was das „Ich" hingegen versucht, ist, das Wasser festzuhalten. Leben ist der freie Wind. Das „Ich" versucht aber, es zu *seinem* Wind zu machen und ihn einzufangen. All diese festgehaltenen Inhalte des Bewusstseins sind für das persönliche Leid der Menschen verantwortlich.

„Ich" leide. Was aber leidet, wo kein „Ich" ist?

Und doch...! Wenn wir aber nun, nach diesem Prozess, final nicht mehr Bestandteil der Welt der Illusionen sind, so leben wir dennoch für die Dauer unserer körperlichen Existenz in dieser Welt. Wie bewegen wir uns nun, nicht mehr als Bestandteil dieser „I-Society", aber immer noch innerhalb von ihr existierend? Auch hier gibt es kein System und keine Technik, um sich zurechtzufinden. Das Leben fließt und innerhalb dieses Flusses stellt es verschiedene, immer wieder wechselnde Anforderungen an die in ihr lebenden Organismen. Es ist an jedem Einzelnen, die in jedem Augenblick rechte und adäquate Antwort auf die jeweilige Anforderung des Lebens zu geben. Das bedeutet, „Ver-Antwort-ung" für das eigene Leben im wahrsten und ursprünglichen Sinne des Wortes zu übernehmen.

Was einem die *Conscious Realization* gibt, ist die Wahlmöglichkeit, sich der „Ich"-Welt zu entziehen oder in ihr zu leben. So oder so besteht das Leben aus einem fortdauernden Fluss im Wechsel von Achtsamkeit, Wachheit und Konzentration. Die Kunst ist es, sich zwischen diesen Zuständen hin und her zu bewegen. Hinein und hinaus mit spielerischer Leichtigkeit und Sicherheit. Das Leben ohne „Ich", ganz der eine Geist, ohne dieses Hinein und Hinaus, ist erreicht, wenn der körperliche Tod eintritt. Daher wird er von vielen sogenannten weisen Männern und Erleuchteten als Erlösung und Vollendung des Selbst erfahren. Sozusagen als die letzte Befreiung von den Fesseln des „Ich". Man mag sich der partiellen Notwendigkeit des „Ich" so gut es geht entziehen, indem man die Einsamkeit und Abgeschiedenheit von anderen Menschen Zivilisationen und Gemeinschaften wählt. So taten es zu allen Zeiten Heilsuchende in Klöstern und Einsiedeleien. Doch das ist nicht das volle Leben. Es ist vielmehr eine künstliche Isolation. Vielleicht könnte man es heutzutage „Leben light" nennen.

Eine ähnliche Isolation suchen viele innerhalb von künstlich geschaffenen Zeiträumen, in denen sie Meditation in abgeschiedenen Räumen oder an ruhigen Plätzen üben. Aber auch ein Zustand, der nur für eine begrenzte Zeit andauert und nur in künstlich geschaffener Umgebung aufrechterhalten werden kann, ist nicht unterschiedlich von anderen Formen zeitlicher Ablenkung.

Die „Kunst des Lebens" ist der spielerische und sichere Wechsel, hinein in die Welt des „Ich", wenn er angebracht und notwendig scheint, und verweilen im Zustand der Einheit und des tiefsten Friedens, wenn das Leben keinerlei andere Anforderungen stellt.

Das „Ich" ist ein notwendiger und angebrachter Bestandteil des Lebens. Konzentration ist Teil des „Ich", denn ich bin es, der sich auf etwas konzentriert und aus diesem Grunde störende oder ablenkende Bewusstseinsinhalte ausblendet. Wir tun es, wenn wir etwas schreiben, lesen, uns erinnern oder eine Arbeit verrichten. Ein Leben, wie wir es kennen, ohne „Ich" kann daher nicht sein, auch wenn es immer wieder Menschen oder selbst ernannte Gurus gibt, die behaupten, vollständig ohne ein „Ich" zu leben. Das ist nicht die Wahrheit. Wir können immer wieder Spuren von Eitelkeit, Wut, Ärger und Angst bei ihnen finden. Außerdem finden wir Erinnerungen. Ein Leben ohne ein „Ich" wäre ein Leben ohne jede Erinnerung. Die Verdammung des „Ich" und der Kampf darum, es loswerden zu wollen, kann nicht das Ziel und auch nicht die Lösung sein. Denn auf diese Weise schaffen wir nur ein neues und anderes „Ich", welches das alte loswerden möchte.

Menschen, die den Prozess der Befreiung erfolgreich durchlaufen haben, fiel es selbst nach einiger Zeit noch häufig schwer, zwischen den Stadien zu wechseln. Entweder erlagen sie erneut den Versuchungen des „Ich" und verweilten mehr als notwendig darin oder sie verweigerten sich dem Rückweg hinaus aus der Einheit des Geistes in die Trennung des „Ich".

Beim Erreichen absoluten Bewusstseins und damit absoluter Wachheit ist das Leben reine Kontemplation. Das bedeutet reine Beobachtung und reine Wahrnehmung. Dies gilt sowohl für die äußeren Ereignisse oder Gegebenheiten als auch für die inneren Reaktionen und Prozesse. Das Bewusstsein, nun befreit von einem festhaltenden Ich, reflektiert all das wie ein blanker Spiegel.

Innerhalb dieser Freiheit kann sich nun einstellen, was als unbedingte und damit ungetrübte zeitlose und vollständige Glückseligkeit beschrieben ist. Man könnte es auch als die absolute Zufriedenheit bezeichnen, da der hierfür notwendige Zustand vollständiger Abwesenheit von Konflikten in solchen Momenten erreicht ist. Das bildet die Wahrnehmung einer völlig neuen „Grundfrequenz". Ein Gefühl von tiefster Sicherheit in absoluter Unabhängigkeit von körperlichem Geschehen oder Ereignissen.

Ist man befreit von der Welt bedingten Leidens, so ist die Einladung groß, darin zu verweilen und sich von dieser Welt zurückzuziehen. Harrt man jedoch in diesem Leben aus oder kehrt in dieses Leben zurück, so verliert man nicht mehr die tiefe Qualität, die unverrückbare, unzerstörbare Basis und Sicherheit des ewigen Seins. Das Leben wird gleichermaßen zum Spiel und erhält damit einen Charakter von immenser Leichtigkeit. Man sieht die Welt und nimmt die Reaktionen wahr, gleich einem Film, den man sich anschaut. Man ist frei, in die Rolle des Hauptdarstellers zu schlüpfen, oder eben nicht. Übernimmt man sie, so kann man sie zu jederzeit wieder verlassen. Sie ist nicht die eigene Haut, sondern lediglich ein Mantel.

Erkennen des Angelangten

Es gibt keine Wirklichkeit als die, die wir in uns haben.
Darum leben die meisten Menschen so unwirklich,
weil sie die Bilder außerhalb für das Wirkliche halten
und ihre eigene Welt in sich gar nicht zu Wort kommen lassen.
Hermann Hesse, Demian

Wie lebt nun ein Mensch, der die Einsicht in das Selbst und damit die Einheit des Geists in sich realisiert hat, und wie mag er sich von den anderen Menschen in seinem Verhalten unterscheiden? Wie und woran könnte man ihn erkennen?

Das ist eine Frage, die wir oft gehört haben und vielfach diskutieren mussten. Natürlich handelt es sich bei dieser Frage um die des einzelnen „Ich", das die Sicherheit braucht, die Belohnung für die Aufgabe seiner selbst vor der Realisierung des Zustandes der Einheit zu erfahren. Es ist die Logik, die nicht glaubt, zweifelt und die den Betrug entlarven will, denn das ist unendlich viel einfacher, als selber alle notwendigen Anstrengungen zu unternehmen, um an diesen Punkt zu gelangen. „Wenn ich herausfinden kann, dass es diesen Status nicht gibt oder er es nicht wert ist, erreicht zu werden, kann ich mir viel Aufwand sparen", heißt es. Aber wer ist es, der das sagt? Das „Ich", im Kampf um sich selber! Es sollte klar sein, dass das „Ich" mit diesem Zweifeln keineswegs vorhat, sich selber aufzugeben, sondern, ganz im Gegenteil, sich diese Erfahrung zu eigen machen möchte, um sich damit zu stärken.

Wir werden der Frage dennoch an der Stelle begegnen, um auch hier eventuell vorhandene Missverständnisse zu vermeiden. Ein solcherart in der Einheit angelangter Mensch hat keine wie auch immer geartete Gemeinsamkeit mit den Menschen der „I-Society". Auch wenn er in ihrer Welt lebt, so ist er jedoch nicht beitragender Bestandteil von ihr. Die Menschen in seiner Umgebung bestehen aus Persönlichkeiten, Egos, die sich selber realisieren und von anderen bestätigt wissen möchten.

Ist der in sich geeinte Mensch auch nicht mehr von dieser Welt, so lebt er doch in ihr und muss, wie andere auch, für seinen täglichen Bedarf an Essen, Wärme und Kleidung sorgen. Er wird dies in keiner Weise tun, die einem anderen Ziele als dem dient, denn er hat kein Interesse, sich hervorzutun, erfolgreich zu sein, etwas zu erreichen oder für morgen zu horten. Ruhm, Bekanntheit oder Erfolg sind für ihn in nicht erstrebenswert.

Wie wird er sich anderen Menschen gegenüber verhalten? Wird er versuchen, auf sich selbst als besonderen Menschen aufmerksam zu machen? Wird er seine Mitmenschen zu missionieren suchen oder diese überzeugen wollen, ihm auf seinem Weg zu folgen?

Weder noch! Aber er wird ein tiefgreifendes Mitgefühl, für alle ihm begegnenden Wesen empfinden. Wird man ihm das ansehen?

Man wird es spüren, wenn man offen dafür und nicht zu sehr mit sich selber beschäftigt ist. Er wird vielleicht Menschen Impulse geben, wenn er glaubt, dass diese wie Samen im richtigen Boden die Möglichkeit haben aufzugehen und Früchte zu bringen. Er wird im Kontakt mit anderen Menschen vielleicht Zweifel säen, wenn er fühlt, dass diese den harten Boden zu sprengen vermögen, um ihn damit aufnahmefähig für die Samen zu machen.

Wird er sich in die Einsamkeit zurückziehen, um ein Leben als erleuchteter Einsiedler zu führen? Eher nicht, denn dafür ist er zu sehr ein Menschenfreund. Einsamkeit ist nicht das Leben. Aber er wird das Gleichgewicht zwischen äußerer Einsamkeit, – dem „All-ein(s)"-sein – und dem wahren Kontakt mit anderen Menschen suchen. Das Leben besteht eben aus den wahren Begegnungen mit anderen Menschen und dem rechten Handeln.

Würde man sich unter einem zur Einheit gelangten Menschen jemanden vorstellen, der unter allen Augen umhergeht, Wunder tut, predigt, immer lächelt, Menschen bekehrt und vielleicht mit grauem Haar in weißen Gewändern zwanzig Zentimeter über dem Boden oder gar über das Wasser geht? Nur dann, wenn man sich als „ver-zweifelter" „Ich"-Mensch ein Bild oder eine Idee von einer solchen Person macht, was immer nur eine falsche Vorstellung oder ein Ideal sein wird.

In Wahrheit wird ein zur Einheit gelangter Mensch sich oberflächlich nicht auffällig von anderen Menschen unterscheiden und nicht als solcher erkannt werden. Tatsache ist aber: Hat man selbst einmal diesen Zustand des Seins in der Einheit erreicht, erkennt man die ebenfalls im „Wir" verweilenden. Selbst wenn sie gerade nur Kartoffeln beim Händler kaufen.

Das Konzept der Erleuchtung

Der von uns beschriebene Zustand der Realisation seines wahren Selbst ist es, der häufig in der sogenannten spirituellen Welt als Erleuchtung beschrieben wird. Dieser Begriff ist im Laufe der Jahre zu einem Gefäß geworden, in welchem viele Vorstellungen und Hoffnungen enthalten sind. Man sucht Techniken und Methoden, um die Erleuchtung zu erlangen. Der Status der Erleuchtung wird, einmal erreicht, als andauernder Zustand des Seins ohne ein Ego oder ohne ein „Ich" beschrieben, in welchem man fortan selbstlos ein Leben in reinem Altruismus führt.

Wir hoffen, dass wir mit der Beschreibung der *Conscious Realization* hinreichend belegen konnten, dass es sich bei diesem Zustand keineswegs um einen festen, unveränderlichen Status handelt.

Das sogenannte „Erleuchtungs-Erlebnis" wird auch als „Erwachen" und ein Erleuchteter als ein Erwachter bezeichnet. Der letztere Begriff scheint dem, was wir beschreiben, näher zu sein, da es sich bei der Befreiung von seinen Konditionierungen und Konstruktionen in der Tat um eine Art *Aufwachen* handelt. Die ihren Mechanismen unterworfene Person schläft solcherart, dass sie sich nicht wachsam beobachtet, kein Auge für eben diese Mechanismen und Konstruktionen hat. Allenfalls die Auswirkungen dessen erreichen das Bewusstsein. Einmal erwacht, erkennt die Person, wie wir es in dem Prozess der *Conscious Realization* beschrieben haben, ihre innersten Mechanismen und Zusammenhänge als nutzlose Konstruktionen und führt sie zu einer Einheit zusammen. „wachen" aber ist kein Adjektiv, es ist ein Verb. Man muss es praktizieren. In jedem Augenblick! Natürlich ist die für das Wachbleiben notwendige Energie zu Beginn des Prozesses um ein Vielfaches höher. Irgendwann wird es sich dann umkehren und man wird die Notwendigkeit, sich in „Ich"-Prozesse zu begeben, als anstrengend empfinden. Gleich wie antagonistische Muskeln, die man trainiert, spürt man die Last nur bei dem untrainierten oder bislang weniger geforderten Muskel. Jedoch birgt gerade das auch die Gefahr, wieder „einzuschlafen". Kleine Momente der Unachtsamkeit schleichen sich ein, werden nicht bemerkt und reihen sich aneinander.

Der Sinn des Lebens

Sinn des Lebens: etwas, das keiner genau weiß.
Jedenfalls hat es wenig Sinn, der reichste Mann
auf dem Friedhof zu sein.
Sir Peter Ustinov

Die Frage nach dem Sinn des Lebens ist die bedeutendste aller Fragen. Große Philosophen haben sich über die Beantwortung oder die persönliche Annäherung an die Beantwortung dieser Frage definiert. Die Weltreligionen sind vielleicht nicht zuletzt aus dem Grund zu Weltreligionen geworden, weil sie, jede auf ihre eigene Weise, eine Antwort auf eben jene Frage bieten. Wir werden nun auch diese Frage beantworten – in der einzig adäquaten Weise. Durch die Wahrnehmung der Wahrheit.

Die Frage nach dem Sinn des Lebens entspringt, wie auch die Frage nach jedem anderen Sinn, dem Bedürfnis nach einem Ziel. Ohne ein Ziel oder einen Vergleich nämlich kann es kein Richtig und kein Falsch geben. Jede persönliche Bewertung ist auf die Realisierung der eigenen Identität hin ausgerichtet. Daher besteht das Leben der Menschen aus Streben und Erreichen. Das gilt für ihre äußere Welt ebenso wie für die einzelne Psyche. All das Werden und Erreichen der Menschen erfordert daher fast zwangsläufig ein größeres oder ein alles umfassendes Ziel, dem all die kleinen Strebungen untergeordnet sind und ihnen auf diese Weise erst einen Sinn geben.

Gäbe es also diesen großen logischen Sinn nicht, so wären alle kleinen, auf ein persönliches Leben bezogenen Ziele und Bestrebungen ebenfalls sinnlos.

Das wäre ein enormer Instanzen-Konflikt der – da unlösbar –, in den Augenblicken seines Zutagetretens eines psychologischen Überbaus bedürfte. Dieser besteht häufig in der Annahme, der Konstruktion oder des Glaubens an einen „höheren" Lebens-Zweck im Allgemeinen. Was dieser Sinn ist und woraus er besteht, darüber kann man nur Vermutungen anstellen. Dass es einen geben muss, sollte jedoch nun, aufgrund unserer Ausführungen, außer Frage stehen.

Der bis hierher gelangte Leser hat einen Einblick in sein Streben sowie dessen Entstehung erhalten. Ferner hat er die persönlichen Bestrebungen als Konditionierungen und Konstruktionen erkannt, die – mit Ausnahme des Selbstzweckes als Überbau – keinen weiteren tatsächlichen Zweck haben. Ein Puppenspiel also, um des Kompensationsversuches willen.

Die eigenen Ziele, Bestrebungen und Bewertungen also als Konstruktionen realisiert und damit als gegenstandslos erkannt, fragen wir uns nun erneut, von diesem solcherart „erwachten", jenseitigen Standpunkt aus:

Welchen Sinn verfolgt das Leben als solches?
Welchen Zweck hat das Bestaunen von Schönheit, ohne den Aspekt des Besitzanspruches?
Welches Ziel hat die Liebe zu einem Menschen, ohne die bedingten Emotionen des „Besitzen-wollens" oder des körperlichen Verlangens?
Welchen Sinn hat der bedingungslose, pure Genuss jeden Augenblickes?

Die unberührte Pflanze am Ende eines Tales, die nie von menschlichen Augen erblickt wurde, erfüllt bereits mit ihrer Existenz jenen vorhandenen Sinn. Alles ist miteinander verbunden, steht miteinander in Wechselwirkung und ist durch einander bedingt. Verändert man das Gewicht der einen Seite, so begründet das die entsprechende Veränderung der anderen. Das große Gleichgewicht kann nicht verändert werden, sondern nur seine Form der Manifestation. Das Ziel kann also nicht ein künftiges Gleichgewicht sein, da das gesamte Gleichgewicht auf einer höheren Ebene bereits existiert und niemals verändert werden kann.

Der Sinn des Lebens ist das Leben selbst.
Das Sein ist allumfassend und hat kein Ziel.
Welchen Sinn und welches Ziel hat die reine Zufriedenheit? – Sie ist!
Der Sinn des Lebens besteht im wahrhaften Genuss des wirklichen Lebens und der bloßen Existenz an sich.
Das ist keine Theorie oder ein Konzept. Jeder, der Glückseligkeit

im Sinne tiefer Zufriedenheit erfahren hat, wurde dieser Wahrheit teilhaftig.

Wer könnte in Augenblicken wahrhafter, vollständiger Zufriedenheit nach einem Sinn oder einem Ziel fragen?

Frieden braucht keinen Sinn. Frieden ist!

Niemand, der fragt, niemand der strebt, nichts mehr zu tun!
Das ist nur in völliger Abwesenheit von sämtlichen Unzufriedenheit bringenden Symptomen zu erreichen. Un-zufrieden zu sein, bedeutet, keinen Frieden zu haben. Frieden existiert nur in absoluter Ein-heit mit sich selber und damit mit dem Leben. Das bedeutet, mit sich in sich im Einklang zu sein, eins-sein, All-ein sein, heil sein und damit heilig sein.

Dies ist von jeher der Grundzustand allen Seins und auch der des Menschen im Allgemeinen. Es ist seine fundamentale Grundfrequenz. Die Menschen suchen ihr Leben lang danach, was sie glücklich macht, und sie suchen es in der irrigen Annahme, etwas finden oder ansammeln zu müssen. Die Wahrheit ist aber, dass sie sich dazu erst von etwas befreien müssen. Sie müssen sich all der Dinge entledigen die sie unglücklich machen und sie ent-zwei-en, ihnen Unzufriedenheit und Uneinigkeit bringen.

All das lässt die Menschen in ihrer Existenz ver-zwei-feln. Alle diese Leid bringenden Dinge sind aber nicht unterschiedlich von dem, der die Heilung sucht. Überwindet man diese Trennung, so überwindet man alle Polarität. Aus der „Zwei-heit" wird „Ein-heit" und aus Unglück und Glück wird Zufriedenheit und Seligkeit. Es gibt psychologisch gesehen kein Negativ zu vermeiden und kein Positiv zu erreichen, denn alles ist gut und perfekt, so wie es ist. Da ist niemand, der werden könnte, und nichts gibt es für ihn zu erreichen. Alles, was ist, ist Genuss und Zufriedenheit.

Welchen Sinn hat dann alles, fragen Sie? Verschwindet der Fragesteller, verschwindet auch die Frage und mit der Frage auch die Idee einer Antwort. Alles ist Teil derselben Konstruktion.

Es ist die Manifestation der Dualität – und das ist die Wahrheit!

Die Wahrheit

Die Wahrheit ist ewig sich selbst gleich;
wo sie strahlt, ist es gewiss Tag,
und je mehr der Mensch ihr in sich selbst
Gewicht gibt, je mehr lebt er im Licht.
Johann Heinrich Pestalozzi

Was ist die Wahrheit?

Die Wahrheit kann nur als solche wahrhaftig und wahr sein, wenn sie unter allen Umständen und zu jeder Zeit wahr ist. Wirkliche Wahrheit ist vollkommen, unabhängig von Personen, Zeiten und Orten. Wenn das, was gestern wahr war, heute falsch ist, dann kann es bereits gestern schon nicht die tatsächliche Wahrheit gewesen sein. Wenn meine Wahrheit sich von deiner unterscheidet, dann ist sie abhängig von Bewertung und Interpretation und daher nicht die wirkliche Wahrheit.

Wahrheit ist immer jetzt, denn der Vergangenheit gleich, wäre sie sonst Bestandteil der Erinnerung und daher nicht mehr tatsächlich wirklich. Das erklärt, warum man die Wahrheit niemals wissen kann, sondern sie sich nur unmittelbar erfahren lässt.

Könnte man sie wissen, wäre sie Teil der Vergangenheit und damit nicht mehr wahr.

Hätte die Wahrheit einen Zweck oder ein Ziel, so wäre sie hingegen Bestandteil der Zukunft und damit eine Fantasie

Wahrheit kann nicht gedeutet werden und ist daher niemals richtig oder falsch, denn wäre sie dies, so wäre sie eine Interpretation.

Wahrheit kann nur erfahren werden. In der Möglichkeit, sie zu erfahren aber, ist die Wahrheit universell und für jeden gleich.

Wahrheit ist also allgegenwärtig, frei von Interpretationen und Bewertungen, individuell und zeitlos. Sie kann nicht festgehalten oder übergeben werden.

Diese Worte sind nicht die Wahrheit, sie versuchen einen Geschmack der Wahrheit desjenigen, der eine Ahnung von ihr erhielt, weiterzugeben.

Etliche Bücher versuchten bereits, diese Ahnung der Wahrheit zu vermitteln, und wer scheiterte, tat dies, weil er sie zu verstehen oder interpretieren versuchte.

Die hier von uns verfassten Worte können zur Wahrheit werden, wenn Sie den Ausführungen dieses Buches in sich selbst folgen. Nur dort, also in sich selbst, finden Sie die wirkliche und tatsächliche Wahrheit, denn nur dort kann sie gefunden werden. Niemals in den Worten.

Wahrheit muss unter allen Umständen wahr sein und ein jeder muss sie in sich als die Wahrheit fühlen. Die Entität, welche die Wahrheit fühlt, ist jenseits jeder Persönlichkeit und jenseits von jedem „Ich".

Liebe ist Wahrheit.

Schönheit ist Wahrheit.

Staunen ist Wahrheit.

Einfühlen ist Wahrheit.

Zufriedenheit ist Wahrheit.

Befreit euch von allem, was nicht wahr und damit nicht die Wahrheit ist! Wie viel Zeit bleibt euch? Jede ungelebte Zeit auf dem Weg zur Unendlichkeit ist verloren und jede verlorene Zeit ist zu lang.

Fliegen ohne Flügel bedeutet schweben über Zeit und Raum und jenseits der Form.

Jeder Sinn von ‚Ich' separiert von den anderen verschwindet. Es gibt nur dieses Schweben in einem Ozean von unbegrenztem reinen Frieden mit immer wechselnden Formen von Wolken.

Hierfür brauchst du einen Geist, der so ist wie der Geist vor deiner Geburt.

Leben und Tod kommen aus derselben Quelle. Wenn man die Einheit in allem sieht, erkennt man den eigenen Körper als Staub auf der Erde und den Kreislauf von Geburt und Tod gleich dem Kreislauf von Tag und Nacht. Er kann nicht mehr von dem endlosen Wechsel gestört werden.

Quellen und Anmerkungen

1 Source: NIMH National Institute of Mental Health, http://www.nimh.nih.gov/health/statistics/prevalence/major-depression-among-adults.shtml accessed 12.08.15.

2 Source: World Health Organization Europe, http://www.euro.who.int/en/health-topics/noncommunicable-diseases/mental-health/data-and-statistics accessed 12.08.15.

3 Source: MIND, http://www.mind.org.uk/information-support/types-of-mental-health-problems/statistics-and-facts-about-mental-health accessed 12.08.15.

4 Source: OECD http://www.oecd-ilibrary.org/sites/health_glance-2013-en/04/10/index.html?itemId=/content/chapter/health_glance-2013-41-en accessed 12.08.15.

5 Anmerkung. Wir haben in diesem Buch bisweilen auf die Nennung beider Geschlechter verzichtet. Dies geschah nicht aus diskriminierenden Motiven, sondern einzig um eine flüssige Lesbarkeit des Textes zu gewährleisten. Wir weisen darauf hin, dass auch wenn nur ein Geschlecht im jeweiligen Zusammenhang genannt ist, selbstverständlich beide Geschlechter gemeint gemeind und beinhaltet sind.

6 OECD (2013), Health at a Glance 2013: OECD Indicators, OECD Publishing. http://dx.doi.org/10.1787/health_glance-2013-en Accessed 22.08.15. OECD (2013), Health at a Glance 2013: OECD Indicators, OECD Publishing. http://dx.doi.org/10.1787/health_glance-2013-en Accessed 22.08.15.

7 Immanuel Kant, Beantwortung der Frage: Was ist Aufklärung? in: Berlinische Monatsschrift, Dezember 1784, 481–494

8 Anttila, V. et al, (2013), 'Genome-wide meta-analysis identifies new susceptibility loci for migraine' Nature Genetics, 45, 912–917.

9 See, for example, Breslau, N., Davis, G.C. & Andreski, P. (1991) 'Migraine, psychiatric disorders, and suicide attempts: An epidemiologic study of young adults', Psychiatry Research, 37:1, 11–23.

10 See, for example, Turner, J.A. & Chapman, C.R. (1982) 'Psychological Interventions for Chronic Pain: a Critical Review. II. Operant Conditioning, Hypnosis, and Cognitive-Behavioral Therapy', Pain, 12, 23–46.

11 Hall, H. (1982-83), 'Hypnosis and the Immune System'. Journal of Clinical Hypnosis, 25:92-93.

12 Olness K., Culbert T. & Uden D., (1989) 'Self-Regulation of Salivary Immunoglobulin A by Children', Pediatrics, 83:1, 66-71.

13 Donaldson, V.W. (2000), 'A Clinical Study of Visualization on Depressed White Blood Cell Count in Medical Patients', Applied Psychophysiology and Biofeedback 25:2.

14 For example: Wechsler M.E., Kelley J.M., Boyd I.O.E., Dutile S., Marigowda G., Kirsch I., Israel E., Kaptchuk T.J. (2011), 'Active or placebo albuterol, sham acupuncture or no treatment in asthma'. New England Journal of Medicine 365: 119-126.

15 Reiser, M (2005), 'Kraftgewinne durch Vorstellung maximaler Muskelkontraktion", Zeitschrift für Sportpsychologie 12:11–21.

16 Ranganathan V.K., Siemionow V., Liu J.Z., Sahgal V., Yue G.H. (2004) 'From mental power to muscle power: gaining strength by using the mind', 42:7, 944-56.

17 We will look more closely at superstructures in Chapter 10.

18 Kruger, J. & Dunning, D. (1999), 'Unskilled and Unaware of It: how difficulties in recognizing one's own incompetence lead to inflated self-assessments', Journal of Personality and Social Psychology, 77:6, 1121–1134.

19 Wason, P.C. (1960), 'On the failure to eliminate hypotheses in a conceptual task', Quarterly Journal of Experimental Psychology 12:3, 129–140.

20 Stambor, Z. (2006), 'Stressed out nation', Monitor on Psychology, American Psychological Association, 37:4.

21 European Agency for Safety and Health at Work, https://www.healthy-workplaces.eu/en/stress-and-psychosocial-risks/facts-and-figures. Accessed 22.08.15.

22 'Stress macht krank', Stress-Studie Techniker Krankenkasse 2013.

23 Pöppel, E. (2004). 'Lost in time: a historical frame, elementary processing units and the 3-second window. Acta neurobiologiae experimentalis, 64, 295-301.

24 Hagura N, Kanai R, Orgs G & Haggard P (2012), 'Ready, Steady, Slow: action preparation slows the subjective passage of time'. Proc R Soc B: rspb.2012.1339v1-rspb20121339.

25 Csíkszentmihályi, M. (1990), Flow: The Psychology of Optimal Experience. New York: Harper and Row.

26 Braun, K.A., Ellis, R., Loftus, E., (2002) 'Make my Memory: How advertising can change our memories of the past', Psychology & Marketing 19(1) 1–23.

27 Wade, K.A., Garry, M., Read, J.D., Lindsay, D.S., (2002) 'A Picture is Worth a Thousand Lies: Using false photographs to create false childhood memories', Psychonomic Bulletin & Review, 9(3), 597–693.

28 Wir verwenden hier den Begriff „heilen" im tatsächlichen Sinne des Wortes von „heil machen" oder „zusammenbringen".

29 Siehe Kapitel 8: Die Ursache des Zeitgefühls

30 siehe Kapitel 4: Über Probleme und Konflikte

31 siehe: Kapitel 1

32 Brickman P, Coates D, & Janoff-Bulman R, (1978) 'Lottery Winners and Accident Victims: is happiness relative?', Journal of Personality and Social Psychology, 36:8 917-927.

33 Lykken D, & Tellegen A, (1996) 'Happiness Is a Stochastic Phenomenon', Psychological Science, 7:3.

34 Wir möchten der Vollständigkeit halber in diesem Zusammenhang darauf hinweisen, dass wir in keiner Weise einen Zusammenhang zwischen „unserem" inneren Kinde und dem „inneren Kind", wie er als fester Begriff in bestimmten Formen der Psychotherapie Verwendung findet, konstruiert wissen möchten. Wir unterstützen die in dieser Therapieform angewendete Abspaltung gewisser Persönlichkeitsanteile in keiner Weise und halten sie innerhalb des Einheitsprozesses sogar für Kontraproduktiv. Wir verwenden den Begriff des „inneren Kindes" hier lediglich in dem von uns angeführten Vergleich zur Bereitstellung von Aufmerksamkeit.

Über den Autor

Dirk de Sousa arbeitet als Autor und psychologischer Berater in der Schweiz in eigener Praxis. Seine Passion ist es Hilfesuchende von dem zu befreien, was er als die Ursache von psychologischem Leid in der heutigen Zeit erkannt hat. Seine Bücher betrachten unter anderem die unzulänglichen Ansätze unserer Gesellschaft sich von psychologischem Leid zu befreien. Er vermittelt in seinen Werken einen Geschmack von dem, was er als "Conscious Realisation" bezeichnet – ein ursprünglicher und natürlicher Ansatz jenseits von psychologischem Leid. De Sousa hat gezeigt, das der "*Conscious Realization*-Prozess" den Betroffenen nicht nur in Zeiten psychologischer Krisen helfen kann- vielmehr erlaubt diese „bewusste Realisation ihrer selbst" den Menschen die Wahrnehmung wahrer Zufriedenheit und Seligkeit – wenn diese sich dafür entscheiden. In Seminaren und Workshops befähigt er die Teilnehmer auf natürliche Weise

- ihr persönliches Leid zurückzulassen,
- Kinder mit dieser neuen Einsicht zu begleiten und dieses Bewusstsein in ihnen zu erwecken,
- eine lang anhaltende, glückliche Partnerschaft ohne Anstrengung zu führen.

Viele seiner Klienten können ihre hierdurch erlangte Fähigkeit zur Wahrnehmung von absoluter Zufriedenheit attestieren.

Informationen zu Büchern & Veranstaltungen : www.selbsteinsicht.eu

Danksagungen

Der Autor möchte all denen die an diesem Buch in irgendeiner Weise beteiligt waren, seinen tief empfundenen Dank aussprechen. Die Reihenfolge der hier benannten Personen steht in keinem Verhältnis zu deren Beitrag:
Sandra de Sousa, Demian de Sousa, Wolfgang Bassenauer, Andrea Iannetti, Dr. Erik Müller Schoppen, Matteo Greco, Carlo & Sabrina Pelloni, Anna Benegiamo, Frank Weinberg Topcam.ch, Lynne Brunni, Patrizia di Venti, Pedro Schmitt, Andreas Ebbert, Annette Scholonek, Dr. Paolo Calini, Marc Sachse, Benjamin Williamson, Louise Bostock, Dr. Mehdi Djallali, Carina Matzky & Sarah Tabibi & Daniel Paar Agentur Farbenkollektiv, Barbara Stanzl & Brett Fitzgerald von Spiralcat Translations, Bodo Henkel, Charlie Ray La Pat, Marco Gabbani.

Printed in Poland
by Amazon Fulfillment
Poland Sp. z o.o., Wrocław